Verlag Wissenschaft und Politik

Boris Meissner
Das Aktionsprogramm Gorbatschows

Die Neufassung des dritten Parteiprogramms der KPdSU

fingal VII/87

Umschlaggestaltung Studio SIGN, Frankfurt
Gesamtherstellung Werbedruck Zünkler, Bielefeld 11
Printed in Germany · ISBN 3-8046-8674-5

Inhaltsverzeichnis

I. Die Rolle des Parteiprogramms in der Entwicklung des sowjetkommunistischen Einparteistaates

Der besondere Charakter der Sowjetunion ist in einem dualistischen Staatsaufbau und seiner ideologischen Begründung zu sehen. Einerseits weist der Sowjetstaat das äußere Erscheinungsbild einer Sowjetrepublik, dem das Rätesystem zugrunde liegt, auf. Die föderativen Formen sind dabei dazu bestimmt, die Einheit des Vielvölkerstaates zu wahren. Andererseits liegt aufgrund seiner inneren Herrschaftsstruktur die ganze Machtfülle bei einer einzigen zugelassenen Partei, die zentralistisch, aber nicht föderativ aufgebaut ist.[1]

Die allein herrschende Kommunistische Partei der Sowjetunion (KPdSU) ist nach der Gründung des sowjetischen Bundesstaates in Gestalt der Union der Sozialistischen Unionsrepubliken (abgekürzt UdSSR oder Sowjetunion) aus der Kommunistischen Partei Rußlands (KPR) hervorgegangen. In beiden Fällen handelte es sich um die Fortsetzung der von Lenin gegründeten bolschewistischen Partei, was bis 1952 in einem Zusatz in Klammern zum Parteinamen zum Ausdruck kam.

Die Bolschewisten bildeten zunächst nur den radikalen Flügel der Sozialdemokratischen Partei Rußlands (SDAPR), deren Gründung 1898 zum Ausgangspunkt der Bildung eines Mehrparteiensystems wurde. Das besondere Wesen der bolschewistischen Partei, das 1903 zur Spaltung der russischen Sozialdemokratie führte, ist entscheidend durch die Parteilehre Lenins bestimmt worden, die sich von der Parteiauffassung von Marx und Engels wesentlich unterschied.

Die Sowjets, d. h. die Räte, in denen zunächst alle linken Parteien vertreten waren, sind spontan aus dem revolutionären Geschehen in Rußland 1905 und 1917 hervorgegangen.

Die Machtergreifung der bolschewistischen Partei, die sich 1912 endgültig organisatorisch verselbständigt hatte, in der Oktoberrevolution von 1917, sollte mit der Beseitigung des Mehrparteiensystems den demokratischen Ansätzen, die anfänglich mit den Sowjets verbunden waren, ein Ende bereiten. Mit der permanenten Einparteidiktatur, die sich in der Bürgerkriegszeit herausbildete, war ein bisher unbekannter neuer Staatstyp entstanden. Mit dem Sowjetstaat in seiner veränderten diktatorischen und militanten Gestalt hatte der erste Einparteistaat die weltgeschichtliche Bühne betreten.

Der emigrierte russische Historiker Michail Heller erblickt in der Einparteiherrschaft nicht nur den entscheidenden Faktor zum Verständnis des besonderen Wesens des Sowjetstaates, sondern auch die Ursache für den Bruch, der in der geschichtlichen Entwicklung Rußlands eingetreten ist.[2]

Die These Hellers von einem geschichtlichen Nullpunkt ist ebenso übertrieben wie der von ihm zu Recht zurückgewiesene Versuch, eine direkte Verbindungslinie von dem Zaren Iwan dem Schrecklichen bis Stalin und seinen Nachfolgern herzustellen. Unbestritten ist jedoch, daß sich die Entstehung des ersten Einparteistaates in der Geschichte nicht nur auf die Entwicklung Rußlands, sondern auch der übrigen Welt entscheidend ausgewirkt hat. Sind doch damit neuartige Formen der Machtkonzentration in den Händen der Herrschenden geschaffen worden, die in bis dahin ungeahntem Maße die Lenkung und Mobilisierung der beherrschten Volksmassen ermöglichten.

Auf der anderen Seite sind auch die Schwächen eines Einparteisystems deutlich geworden, die hauptsächlich durch die ungenügende rechtliche Begrenzung der staatlichen Allmacht, den fehlenden demokratischen Konsens und die begrenzten Kommunikationsmöglichkeiten bedingt sind.

Die bolschewistische Einparteiherrschaft wies im Zeichen der »Neuen Ökonomischen Politik«, zu der sich Lenin 1921 entschloß, zunächst eine freiere, autoritäre Form auf, die eine ganze Reihe von Freiräumen enthielt.

Ihre totalitäre Ausprägung sollte sie erst in der von Stalin ab 1929 durchgeführten »Revolution von oben« finden. Die forcierte Industrialisierung auf planwirtschaftlicher Grundlage, die Vollsozialisierung aller wesentlichen Lebensbereiche und die Zwangskollektivierung der Landwirtschaft sollten sich auf die ökonomisch-soziale Struktur Rußlands und seine Machtstellung stärker auswirken als die revolutionären Ereignisse von 1917. Sie festigte die Machtstellung der politisch-administrativen Bürokratie und führte zur Anerkennung der neuen Intelligenz als einer der sozialen Hauptgruppen.

Den tiefgehenden ökonomischen und sozialen Umbruch konnte Stalin einerseits durch die Anwendung von totalitären Herrschaftsmethoden, andererseits durch einen Appell an den Sowjetpatriotismus, der die Verbindung eines imperialen und eines ethnischen Nationalismus darstellt, erreichen.[3]

Durch Massensäuberungen, denen unter anderem die meisten Kampfgefährten Lenins zum Opfer fielen, gelang es Stalin, ab 1934 eine persönliche Autokratie zu errichten, die er nach dem für die Sowjetunion siegreichen Ausgang des Zweiten Weltkrieges weiter festigen konnte.

Auf der anderen Seite mußte die despotische Entartung seiner Selbstherrschaft die Kluft zwischen dem Staat und der Gesellschaft vergrößern und sich auf die Leistungsfähigkeit des Gesamtsystems negativ auswirken.

Nach dem Tode Stalins im März 1953 hat es Chruschtschow, der Malenkow sehr bald von der Macht verdrängt hatte, verstanden, die »führende Rolle« der Partei wiederherzustellen und durch seine Geheimrede gegen Stalin auf dem XX. Parteikongreß der KPdSU im Februar 1956 einen Kurswechsel in der bisherigen sowjetischen Innen- und Außenpolitik zu vollziehen.[4] Mit diesem bewußt gesetzten revolutionären Akt leitete Chruschtschow den Prozeß einer verstärkten »Entstalinisierung« und damit einer begrenzten Liberalisierung ein. Sie war dazu bestimmt, die geschlossene Sowjetgesellschaft nach innen und nach außen offener und damit gegenüber dem Westen konkurrenzfähiger zu machen. Dem Zweck, die sozialökonomische Entwicklung der Sowjetunion auf diese Weise zu beschleunigen, diente auch eine stärkere Betonung der eschatologischen Züge der marxistisch-leninistischen Ideologie. Chruschtschow hoffte offenbar dadurch die im Spätstalinismus verlorengegangene Dynamik wiederzugewinnen. Die Verbindung von Utopie und Realpolitik, die dieser Dynamik zugrunde lag, ist für die von der bolschewistischen Partei verfolgte revolutionäre Theorie und Praxis kennzeichnend gewesen.[5] Eine wesentliche Rolle als Mittler zwischen den beiden Polen fiel dabei dem Parteiprogramm zu. Es sollte eine Konkretisierung der Theorie unter Beibehaltung seiner utopischen Züge ermöglichen und damit die Grundlage für die Strategie der Partei in einem überschaubaren Zeitabschnitt bilden, an die sich die einzuschlagende Taktik anzupassen hatte.

Dem Parteiprogramm fiel damit die Aufgabe zu, die prinzipielle Zielsetzung der Partei für eine längere Periode zu bestimmen und zugleich die Wege aufzuzeigen, die seiner Verwirklichung dienen sollten.[6]

In diesem Sinne hatte das erste Parteiprogramm der bolschewistischen Partei von 1903[7] die revolutionäre Umwälzung durch den Sturz der zaristischen Autokratie und nicht etwa die »Diktatur des Proletariats« zum Ziel. Erst nach der Oktoberrevolution, die zur Errichtung der »Diktatur des Proletariats« geführt hatte, setzte sich die Forderung nach einem neuen Parteiprogramm gegenüber der Absicht, das alte Parteiprogramm nur zu revidieren, durch. Das zweite Parteiprogramm von 1919[8] bedeutete jetzt die Fixierung der langfristigen Innen- und Außenpolitik der Partei, die zugleich für den Sowjetstaat verbindlich war.

Den Parteitagen der KPdSU fiel die Aufgabe zu, mit der jeweiligen Generallinie die mittelfristige Politik für die Partei und damit auch den Staat festzulegen.

Im Mittelpunkt des zweiten Parteiprogramms stand der Aufbau des Sozialismus. Lenin wandte sich in seinem Schlußwort gegen die Auffassung, daß der Sozialismus mit einem Schlage entstehen könnte. Die Hauptaufgabe des Parteiprogramms sei es, die konkreten Schritte beim Übergang vom Kapitalismus zum Sozialismus aufzuzeigen, nicht aber das Zukunftsbild eines noch nicht abgeschlossenen Prozesses zu entwerfen.

Lenin ist von der Möglichkeit eines erfolgreichen Aufbaus des Sozialismus in der Sowjetunion, nicht aber von seiner Vollendung ausgegangen. Stalin hat mit seiner Lehre vom »Sozialismus in einem Lande«, die er nach dem Tode Lenins 1924 entwickelte und die er 1939 zu einer Lehre vom »Kommunismus in einem Lande« ausweitete, das Parteiprogramm von 1919 in einem sehr weitgehenden Maße revidiert.

Der XVIII. Parteikongreß der KPdSU im März 1939, mit dem Stalins »Revolution von oben« abgeschlossen wurde, sprach sich daher für die Abfassung eines neuen Parteiprogramms aus. Dazu ist es unter der Herrschaft Stalins nicht mehr gekommen.

Chruschtschow erneuerte die Forderung nach der Ausarbeitung eines neuen Parteiprogramms auf dem XX. Parteitag. Mit seiner These vom Beginn des umfassenden Aufbaus des Kommunismus in der Sowjetunion, die er auf dem XXI. Parteikongreß der KPdSU im Januar 1959 aufstellte, versuchte er den Aufbruch der Sowjetunion zu neuen Ufern zu bewirken.

Die Konzeption Chruschtschows vom umfassenden Aufbau des Kommunismus bildete die Grundlage für das dritte Parteiprogramm der KPdSU, das auf dem XXII. Parteikongreß der KPdSU im Oktober 1961, zusammen mit einem neuen Parteistatut, angenommen wurde.[9] Sie wurde durch die Volksstaatskonzeption Chruschtschows, auf die später noch einzugehen sein wird, ergänzt.

Der utopische Charakter des Parteiprogramms kam im Zwanzigjahrplan, der von 1961 bis 1980 die wirtschaftliche und gesellschaftliche Entwicklung der Sowjetunion bestimmen sollte, sehr deutlich zum Ausdruck. Mit seiner Hilfe sollte die materiell-technische Basis, d. h. das Fundament einer kommunistischen Gesellschaft, in der Sowjetunion errichtet werden. Auf dem Wege zu diesem Ziel sollten die Vereinigten Staaten als die westliche Führungsmacht in wirtschaftlicher Hinsicht nicht nur eingeholt, sondern überholt werden. Der übertriebene Optimismus Chruschtschows gipfelte in dem Schlußsatz des Parteiprogramms »Die Partei verkündet feierlich: Die heutige Generation der Sowjetmenschen wird im Kommunismus leben!«

II. Die Modifizierung des dritten Parteiprogramms von 1961 und der Vorschlag einer Neufassung unter Breshnew

Auf dem XXII. Parteitag war Chruschtschow bestrebt, die Entstalinisierung weiter voranzutreiben. Es gelang ihm aus mehreren Gründen nicht, den von ihm angestrebten umfassenden Umbruch herbeizuführen. Er verfügte über kein klares Reformkonzept und war in seinen Maßnahmen auch viel zu sprunghaft. Insgesamt bedeuteten seine Reformmaßnahmen nur Teilzugeständnisse an die Realität und ließen sich mit Lenins »Neuer Ökonomischer Politik« nicht vergleichen. Zweitens wurde seine zwiespältige Reformpolitik, die 1957 und 1962 zu einer tiefgehenden Umgestaltung der Staats-, Partei- und Wirtschaftsverwaltung führte, von einem wesentlichen Teil der herrschenden politisch-administrativen Bürokratie, die unter dem Stalinismus groß geworden war, als eine Bedrohung ihrer Interessen und Vorrechte empfunden.[10] Es zeigte sich, daß die Reformkräfte, die hauptsächlich der wissenschaftlich-kulturellen und weniger der technischen Intelligenz, teilweise aber auch fortschrittlichen Teilen der Bürokratie angehörten, noch zu schwach waren, um tiefgehende gesellschaftliche Veränderungen herbeizuführen.
Die Befürchtung der sowjetischen Machtelite, daß der Vorrang, den Chruschtschow zuletzt, ähnlich wie früher Malenkow, der Konsumgüterindustrie und Landwirtschaft einräumte, die Verteidigungsfähigkeit der Sowjetunion schwächen könnte, ebenso wie die Unzufriedenheit mit seinem Führungsstil führten im Oktober 1964 zu seinem Sturz.
Die Politik, die von Chruschtschow im Zeichen der »Entstalinisierung« betrieben wurde, läßt sich als eine Politik der gelenkten Evolution charakterisieren. Diese Politik ist von seinen Nachfolgern auf einem niedrigeren Anspruchsniveau, die im Begriff vom »entwickelten Sozialismus« zum Ausdruck kam, mit einigen Veränderungen fortgeführt worden.
Der Zwanzigjahrplan, der völlig unrealistische Ziele enthielt, wurde von ihnen fallengelassen. Durch eine ideologische Phasenverschiebung wurde eine Abkehr von den unhaltbaren Voraussagen im Parteiprogramm in die Wege geleitet, ohne die utopische Zielsetzung, die in der marxistisch-leninistischen Ideologie begründet ist, aufzugeben.
Die Theorie von der »entwickelten sozialistischen Gesellschaft«, die zuerst von Ulbricht auf die Verhältnisse in der DDR bezogen worden war, bot dabei

der »kollektiven Führung« mit Breshnew als Generalsekretär an der Spitze die Möglichkeit, aus der ideologischen Sackgasse, in die Chruschtschow die Partei gebracht hatte, herauszukommen.[11]

Die »entwickelte sozialistische Gesellschaft« ist seit 1971 als ein Stadium auf dem in zwei Phasen gegliederten Weg vom Kapitalismus zum Kommunismus bezeichnet worden. Die Auffassung Ulbrichts, daß es sich bei der »entwickelten sozialistischen Gesellschaft« um eine »relativ selbständige Gesellschaftsformation« handeln würde, wurde zurückgewiesen. Gleichzeitig ist von der Untergliederung des Stadiums des »entwickelten Sozialismus« in zwei Etappen ausgegangen worden: die Etappe der Herausbildung oder Gestaltung der entwickelten sozialistischen Gesellschaft und die Etappe der »entwickelten sozialistischen Gesellschaft«, in der sich nur die Sowjetunion befinden würde. Diese Theorie ermöglichte es, bei der Behandlung der Entwicklungsperspektiven der Sowjetunion von einer realistischeren Beurteilung der Lage auszugehen. Andererseits konnte aufgrund der Behauptung, daß sich die Volksdemokratien, auch wenn sie entwickelter wären, erst in der ersten Etappe befinden würden, am ideologischen Führungsanspruch der Sowjetunion gegenüber den anderen »sozialistischen Staaten« weiter festgehalten werden.

Die ideologischen Korrekturen, die mit Hilfe der Theorie von der »entwickelten sozialistischen Gesellschaft« vorgenommen wurden, legten eine umfassende Revision des geltenden Parteiprogramms nahe. Die Notwendigkeit zu einer Neufassung des Parteiprogramms wurde durch die Annahme der neuen Bundesverfassung der UdSSR im Oktober 1977 noch verstärkt. Im Sinne der veränderten ideologischen Grundposition wurde die neue Bundesverfassung der UdSSR, die eine Reihe programmatischer Aussagen enthielt, als Verfassung der »entwickelten sozialistischen Gesellschaft« bezeichnet. Darüber hinaus war es erforderlich, die zahlreichen innen- und außenpolitischen Veränderungen, die im Verlauf der »Breshnew-Ära« stattfanden, bei der Revision des Parteiprogramms zu berücksichtigen. Wenn diese Veränderungen nach innen geringer waren als nach außen, so lag dies einerseits daran, daß die innere Entwicklung der Sowjetunion durch zahlreiche Widersprüche gekennzeichnet war. Außerdem wurde die Durchführung einer Reformpolitik durch die Festigung der Stellung der politisch-administrativen Bürokratie nach der Aufhebung der Verwaltungsreformen Chruschtschows behindert.

Daher ist der Weg, der mit der Wirtschafts- und Verwaltungsreform Kossygins 1965 beschritten wurde, nicht geradlinig weiter verfolgt worden. Die behutsame Kaderpolitik Breshnews verhinderte einen zeitigen Generationswechsel und förderte damit die bürokratische Erstarrung des bestehenden Systems.

Nach außen erreichte die Sowjetunion unter Breshnew mit der militärischen Parität im Verhältnis zu den Vereinigten Staaten den bisherigen Höhepunkt ihrer Macht. Durch diese Entwicklung ist der politische Einfluß der Streitkräfte auf die Sowjetpolitik, wie die Interventionsentscheidungen im Falle der Tschechoslowakei 1968 und Afghanistan 1979 zeigten, vergrößert worden. Auf der anderen Seite war die 1965 begonnene und seit 1975 beschleunigte Aufrüstung sowie das weltpolitische Engagement, ungeachtet der Vorteile einer stärkeren weltwirtschaftlichen Verflechtung, mit hohen Kosten verbunden, welche die wirtschaftliche Entwicklung der Sowjetunion hemmten.

Durch diese Wechselwirkung von Innen- und Außenpolitik sind die inneren Probleme der Sowjetunion weiter vermehrt worden. Diese Lage hat immer wieder Kurskorrekturen in der Sowjetpolitik erforderlich gemacht. Die letzte erfolgte auf dem XXVI. Parteikongreß der KPdSU im Februar/März 1981.[12] Für eine größere Kursänderung fehlten Breshnew, der aufgrund seiner gesundheitlichen Anfechtungen immer stärker in die überalterte »kollektive Führung« eingebunden wurde, das notwendige Problembewußtsein und die Kraft.

Auf dem XXVI. Parteitag, dessen Regie weitgehend in den Händen Tschernenkos lag, wurde von Breshnew vorgeschlagen, unter Berücksichtigung der seit 1961 stattgefundenen Entwicklung die notwendigen Abänderungen und Ergänzungen an dem weiter geltenden Parteiprogramm vorzunehmen.[13]

Breshnew betonte in Verbindung mit diesem Vorschlag, daß sich die Entwicklung der Sowjetunion zum Kommunismus nur über die Etappe der »entwickelten sozialistischen Gesellschaft« vollziehen könne. Er bezeichnete sie als eine »notwendige, gesetzmäßige und geschichtlich lange Periode in der Entwicklung der kommunistischen Gesellschaftsformation«.

In Einklang mit dem Vorschlag Breshnews ist das Zentralkomitee der KPdSU in einer Parteitagsentschließung beauftragt worden, eine Neufassung des Parteiprogramms bis zum nächsten Parteikongreß vorzulegen.

III. Die Frage der Neufassung des Parteiprogramms unter Andropow und Tschernenko

Die Nachfolgekrise und die Erscheinungen eines Interregnums setzten bereits zu Lebzeiten Breshnews ein. Durch die kurz aufeinander folgenden Führungswechsel nach seinem Tode im November 1982 ist dieser Eindruck eines Interregnums noch verstärkt worden. Den Hoffnungen auf eine Wende, die Andropow als Nachfolger Breshnews geweckt hatte, bereiteten der schnelle Fortgang seiner Krankheit und sein früher Tod ein Ende.

Die gleichen Erwartungen lagen bei Tschernenko als dem zweiten Nachfolger Breshnews von vornherein nicht vor. Infolge seines schlechten Gesundheitszustandes sollte er eine noch kürzere Zeit als Andropow an der Spitze der KPdSU und damit des Sowjetstaates stehen. Die Arbeit an der Neufassung des Parteiprogramms ist dadurch nicht beeinträchtigt worden, da sowohl Andropow als auch Tschernenko an ihr besonders interessiert waren. Dabei sind anfangs zwischen ihnen in der Beurteilung des Entwicklungsstandes und der gesellschaftlichen Lage der Sowjetunion deutliche Unterschiede festzustellen gewesen. Andropow hat sowohl in seinem Gedenkartikel anläßlich des 100. Todestages von Karl Marx im Februar 1983[14] als auch in seiner Rede auf dem ZK-Plenum am 15. Juni 1983[15] die Auffassung vertreten, daß die in der Sowjetunion erreichte »entwickelte sozialistische Gesellschaft« keineswegs vollkommen sei. Dies bedeutete, daß seiner Auffassung nach die sozialistische Gesellschaft in der Sowjetunion noch nicht die notwendige Reife erlangt habe. Andropow erklärte, daß die Sowjetunion in ihrer Entwicklung eine »historische Stufe« erreicht habe, »da tiefgehende Veränderungen der Produktivkräfte und eine dementsprechende Vervollkommnung der Produktionsverhältnisse nicht nur herangereift, sondern unvermeidlich geworden sind«. Er forderte daher, daß die Neufassung des Parteiprogramms dieser »objektiven Notwendigkeit« Rechnung tragen müsse und daher »ein Programm der planmäßigen und allseitigen Vervollkommnung des entwickelten Sozialismus und somit auch des weiteren Fortschreitens zum Kommunismus« sein müsse.

Tschernenko sprach dagegen in seinem Referat am 14. Juni 1983[16], das der Rede Andropows vorausging, nur von der Vervollkommnung des angeblich erreichten »reifen Sozialismus«.

14

Dieser Unterschied ließ erkennen, daß Andropow den Entwicklungsstand der Sowjetunion wesentlich kritischer und zugleich realistischer als Tschernenko beurteilte. Dieser war zwar ebenfalls der Auffassung, daß es sich beim »entwickelten Sozialismus« um eine lange Etappe handeln würde. Er hielt jedoch an der unter Breshnew gebrauchten Bezeichnung »reifer Sozialismus« fest und hielt es für gerechtfertigt, davon bereits am Beginn und nicht etwa in der Mitte der Etappe zu sprechen.

Andropow hatte auf die Folgen hingewiesen, die sich aus der fehlenden Übereinstimmung der ökonomischen Realfaktoren ergeben könnten. In seinem Marx-Artikel hatte er in diesem Zusammenhang betont, daß die nichtantagonistischen Widersprüche unter bestimmten Umständen eine besondere Schärfe erlangen könnten. Vor ihm hatten einige sowjetische Ideologen aufgrund der Entwicklung in Polen sogar von der Möglichkeit antagonistischer Widersprüche im Sozialismus gesprochen.

Tschernenko hatte die These Andropows in Übereinstimmung mit einem Grundsatzartikel von Kossolapow, dem Hauptschriftleiter des »Kommunist«, in der »Prawda« vom 4. März 1983 (»Der Sozialismus als ganzheitliches System«) eingeschränkt. Eine Verschärfung der nichtantagonistischen Widersprüche würde danach durch einen fortbestehenden individuellen und nicht einen sozialen Antagonismus hervorgerufen, sei infolgedessen für das bestehende System nicht so gefährlich und lasse sich daher auch leichter überwinden.

Nach dem Tode Andropows übernahm Tschernenko den Vorsitz der ZK-Kommission zur Vorbereitung einer Neufassung des Parteiprogramms. Auf der Sitzung am 25. April 1984[17] ging er auf die Grundgedanken ein, die bei der Neufassung zu berücksichtigen wären. Dabei war eine Annäherung an die Grundeinstellung Andropows festzustellen. Tschernenko sprach jetzt nicht mehr vom »reifen Sozialismus«, sondern nur vom bisher »erreichten Grad der sozialökonomischen Reife der neuen Gesellschaft«. Er betonte, daß das Parteiprogramm »eine realistische und allseitig ausgewogene Charakteristik des entwickelten Sozialismus« geben müsse. Es könne daher als »Programm der Vervollkommnung des entwickelten Sozialismus« nur dann wirksam sein, wenn es von den bestehenden Realitäten ausgehe. An den »Perspektiven« und den »Endzielen« des geltenden Parteiprogramms sei weiter festzuhalten, doch müßte bei der Neufassung »das Hauptgewicht auf die historisch überschaubare Zukunft und die Ziele, die die derzeitigen Generationen erreichen können«, gelegt werden.

Bei dem Begriff »Neufassung« würde die Betonung auf dem Wort »neu« liegen. In dem Parteiprogramm soll die »Idee vom Verschmelzen zweier Revolutionen – der wissenschaftlich-technischen und der sozialen« – ihren Niederschlag finden. Das Programm soll nur die Grundlinien der Entwicklung aufzeigen, von »quantitativen Kennziffern« und Einzelheiten dagegen absehen.

»Es soll kurz gefaßt, klar und exakt sein, es muß so sein, daß es leicht erfaßt und verstanden werden kann.«

Die Konkretisierung der im Programm enthaltenen Aufgaben sei aus den Fünfjahrplänen und den langfristigen Zielprogrammen zu entnehmen. Unter diesen hob Tschernenko das »Komplexprogramm des wissenschaftlich-technischen Fortschritts der UdSSR für die Jahre 1986 bis 2005« besonders hervor.

Tschernenko erklärte bereits damals, daß der größte Teil des neugefaßten Parteiprogramms Fragen der inneren Entwicklung des Landes gewidmet sein sollte. Von ihrer Lösung würden letztlich die Erfolge in der Außenpolitik und beim Wettbewerb des Sozialismus mit dem modernen Kapitalismus, der von ihm wesentlich stärker als von Chruschtschow beurteilt wurde, abhängen. Da die »äußeren Bedingungen sehr kompliziert und veränderlich« seien, wäre dafür Sorge zu tragen, »daß die in der Neufassung des Programms formulierten Einschätzungen und Positionen über ein zuverlässiges Maß an Beständigkeit verfügen«.

Tschernenko betonte, daß das zentrale und übergreifende Thema des gesamten Dokuments die Partei selbst wäre. Es sei »wichtig darzustellen, daß das Anwachsen der führenden Rolle der Partei und die Festigung der sozialistischen Demokratie ein einheitlicher, unteilbarer und gesetzmäßiger Prozeß ist«.

Im Anschluß an Tschernenko nahmen eine Reihe weiterer Kommissionsmitglieder, mit Gorbatschow als dem damaligen zweiten ZK-Sekretär an der Spitze, Stellung zur Gestaltung der Neufassung. Auf Vorschlag Tschernenkos wurde vorgesehen, daß der fertiggestellte Entwurf des neugefaßten Parteiprogramms nach seiner Bestätigung durch ein ZK-Plenum innerhalb der Partei im Rahmen der Berichtswahlkampagne vor dem XXVII. Parteikongreß der KPdSU eingehend diskutiert werden sollte. Die Hoffnung Tschernenkos, diesen Parteitag zu erleben, sollte sich nicht erfüllen. Doch ist der von ihm vorgeschlagene Zeitplan nach seinem Tode genau eingehalten worden.

Andropow legte in der von ihm betriebenen Politik großen Nachdruck auf die Innenpolitik und dabei vor allem auf die Reformmaßnahmen, die dazu beitragen sollten, die wirtschaftlichen Schwierigkeiten der Sowjetunion zu überwinden. Die von ihm getroffenen Maßnahmen bestanden einerseits in einer Kampagne zur Bekämpfung der Korruption, des Cliquenwesens und des allgemeinen Schlendrians. Sie waren verbunden mit der Forderung nach mehr Disziplin, Ordnung und Arbeitsleistung. Andererseits betrafen sie begrenzte Reformen in der Industrie und Landwirtschaft. In Verbindung mit dem im Mai 1982 aufgestellten »Lebensmittelprogramm«, für das sich Tschernenko und Gorbatschow besonders eingesetzt hatten, ist im landwirtschaftlichen Bereich ein durchgehender agro-industrieller Komplex geschaffen worden, der die Gewinnung der landwirtschaftlichen Produkte mit ihrer Verarbeitung und ihrem Vertrieb verbindet.[18] Im Rahmen dieser organisatorischen Umgestaltung sind »Gruppenkontrakte« eingeführt worden, welche die Brigadeform der Arbeitsorganisation in den Kolchosen stärker auf kleinere, familiär verbundene Gruppen umstellten.[19] Gleichzeitig ist im Rahmen ausgewählter Industriezweige mit Experimenten begonnen worden, die unter begrenzter Erweiterung der Rechte der Produktionsvereinigungen und Betriebe bei Verringerung der Planauflagen einer Intensivierung der Produktion dienten, wobei als Bewertungsgrundlage das erzielte Endprodukt vorgesehen wurde. Zugleich ist auch im industriellen Bereich mit der Einführung von Gruppenkontrakten bei den Produktionsbrigaden begonnen worden.[20] Den Betriebsdirektoren ist teilweise das Recht zugestanden worden, bis 10 Prozent der Arbeiter zu entlassen und die dadurch eingesparten Mittel für eine Erhöhung der Prämien zu verwenden.

Aus der Rede Andropows, die auf dcm ZK-Plenum am 26. Dezember 1983, d. h. kurz vor seinem Tode, verlesen wurde[21] und offenbar eine Gemeinschaftsarbeit darstellte, ging hervor, daß die Ergebnisse der Wirtschaftsexperimente »die Grundlage für die Ausarbeitung entsprechender Vorschläge für die Volkswirtschaft insgesamt« bilden sollten. Es wurde darauf hingewiesen, daß das Politbüro innerhalb des kommenden Fünfjahrplans von 1986 bis 1990 und der »Hauptrichtungen der wirtschaftlichen und sozialen Entwicklung der UdSSR« für einen längeren Zeitraum ein »Komplexprogramm für die Entwicklung der Konsumgüterproduktion und des Systems der Dienstleistungen« ausarbeiten würde, welches das »Landwirtschaftsprogramm« ergänzen sollte. Gleichzeitig wurde erklärt, daß die Frage »herangereift« sei, »ein Programm zur komplexen Vervollkommnung des gesamten Leitungsmechanismus«, d. h. einer umfassenden Reform der Wirtschaftsverwaltung, das bereits von Breshnew gefordert worden war, auszuarbeiten. Es sollte »ein wichtiger Bestandteil« der von Tschernenko im gleichen Maße wie von Andropow angestrebten Neufassung des Programms der KPdSU sein.

Der in dieser Rede enthaltene Satz »Alle unsere Anstrengungen in der Wirtschaft sind letztendlich auf die Erhöhung des Lebensniveaus des Volkes gerichtet. Das ist das sozialpolitische Hauptziel unserer Pläne« klang bereits damals mehr nach Tschernenko als nach Andropow.

Tschernenko war nach dem zweiten Führungswechsel bestrebt, die unter seinem Vorgänger eingeleitete Reformpolitik fortzusetzen, andererseits die Kontinuität mit der »Breshnew-Ära« zu wahren.[22] Dies galt auch im Hinblick auf eine wohlwollendere Behandlung der Bürokratie, die durch die Kampagne Andropows gegen Korruption und Schlendrian aufgeschreckt worden war. Infolgedessen machte sich der innenpolitische Immobilismus, der wesentlich zur Verringerung des wirtschaftlichen Wachstums beigetragen hatte, wieder stärker bemerkbar.

IV. Die Aufstellung des Aktionsprogramms Gorbatschows und seine Verankerung im Entwurf des neugefaßten Parteiprogramms

Michail Gorbatschow, der an der Seite Tschernenkos die Sowjetpolitik seit dem Herbst 1984 maßgeblich bestimmte, war bestrebt, die Aufbruchstimmung, wie sie anfangs unter Andropow bestanden hatte, wiederzubeleben. Wie der letzte programmatische Aufsatz Tschernenkos im Dezember-Heft des »Kommunist« 1984 zeigte[23], bestanden zwischen ihm und Gorbatschow keine prinzipiellen Unterschiede. Dieser legte nur im stärkeren Maße den Nachdruck auf eine beschleunigte Intensivierung der Wirtschaft. Dies wurde in seiner Grundsatzrede am 10. Dezember 1984[24] sehr deutlich. Sie wurde von ihm auf einer Ideologiekonferenz gehalten, die der Durchführung der Beschlüsse des ZK-Plenums vom Juni 1983 diente. Er bezeichnete in ihr die Intensivierung der Wirtschaft als eine »zentrale Aufgabe«, die mit dem Einsatz aller vorhandenen Mittel in kürzester Frist gelöst werden müsse.

Der dritte Führungswechsel nach dem Tode Tschernenkos[25] bot Gorbatschow die Möglichkeit, seine Vorstellungen von der Notwendigkeit einer beschleunigten Modernisierung der sowjetischen Wirtschaft und Gesellschaft weiter zu entwickeln und zur verbindlichen Generallinie der Partei erheben zu lassen.

In diesem Sinne forderte er bereits in seiner Antrittsrede als neuer Generalsekretär am 11. März 1985 eine »entscheidende Wende« in der Wirtschaftspolitik. Die Sowjetunion müsse »in kurzer Frist die vordersten Positionen in der Wissenschaft und Technik und den Welthöchststand in der Produktivität der gesellschaftlichen Arbeit erreichen«.

Auf der ersten Plenartagung des Zentralkomitees unter seiner Leitung am 23. April 1985 ist seine Forderung nach einer »Beschleunigung der sozialökonomischen Entwicklung des Landes auf der Grundlage des wissenschaftlich-technischen Fortschritts« zur Richtlinie auf dem Wege zum XXVII. Parteikongreß der KPdSU erklärt worden.[26] Auf seine Veranlassung wurde gleichzeitig beschlossen, den Parteitag am 25. Februar 1986 zu beginnen. Das historische Datum erinnerte an die berühmte Geheimrede Chruschtschows gegen Stalin vor genau dreißig Jahren, die den Prozeß einer verstärkten »Entstalinisierung« eingeleitet hatte. Auf einer ZK-Beratung zu Fragen des wissenschaftlich-technischen Fortschritts am 12. Juni 1985, dem ZK-Plenum am

2. Juli 1985, sowie in Reden in Leningrad und Dnjepropetrowsk am 17. Mai und 27. Juni 1985 hat Gorbatschow seine Konzeption von der beschleunigten Intensivierung der Wirtschaft näher erläutert.[27] Er sprach sich dabei für eine »neue »Qualität« der wirtschaftlichen Entwicklung aus, die ein »rasches Vorankommen in strategisch wichtigen Richtungen« ermögliche. Der Übergang zur Intensivierung sollte durch eine strukturelle Umgestaltung der Produktion und eine veränderte Investitionspolitik erreicht werden. Investitionen sollten vor allem der Entwicklung strategisch wichtiger Volkswirtschaftszweige dienen. Gorbatschow betonte in diesem Zusammenhang besonders den Maschinenbau, die Elektronik, die Elektrotechnik, die Biotechnologie. Er bezeichnete diese Industriezweige als »Katalysatoren des Fortschritts«. Eine Umrüstung der Produktion sollte vor allem in diesen Bereichen stattfinden. Gorbatschow betonte, daß es »im Grunde genommen um die Neurüstung aller Zweige der Volkswirtschaft auf der Grundlage moderner Erkenntnisse der Wissenschaft und Technik« gehe. Zu diesem Zweck soll ein Programm »zur Rekonstruktion aller Betriebe, aller Bereiche« ausgearbeitet werden.

Die Konzeption Gorbatschows von der beschleunigten sozialökonomischen Entwicklung ist in dem Entwurf, wie er unter Tschernenko erarbeitet wurde, verankert worden. Die Verknüpfung mit diesem Entwurf ist aus dem Referat deutlich geworden[28], mit dem Gorbatschow als neuer Vorsitzender der Programmkommission den überarbeiteten Entwurf[29] am 15. Oktober 1985 dem ZK-Plenum zur Bestätigung vorlegte.

In seiner Begründung folgte er im wesentlichen den Ausführungen Tschernenkos. Er betonte aber noch stärker als dieser die Notwendigkeit einer »Beschleunigung der sozialökonomischen Entwicklung des Landes«, um »zu einer neuen Qualität der sowjetischen Gesellschaft« zu gelangen. In diesem Zusammenhang wiederholte er seine Forderung nach »einer neuen technischen Rekonstruktion der Volkswirtschaft« und »ihren Übergang auf den intensiven Entwicklungsweg«. Seine gleichzeitige Betonung der Bedeutung einer umfassenden Sozialpolitik entsprach der Linie, die von Tschernenko bereits unter Breshnew verfolgt worden war. Neu war dagegen die besondere Hervorhebung einer »vollständigeren Realisierung der sozialistischen Selbstverwaltung«. Neu war auch im außenpolitischen Teil seine Behauptung, daß die »größeren kapitalistischen Mächte«, vor allem die Vereinigten Staaten, eine »soziale Revanche auf der Grundlage der Erlangung militärischer Überlegenheit« anstreben würden.

Der Entwurf der Neufassung des Parteiprogramms ist durch den Entwurf des neugefaßten Parteistatuts[30] ergänzt worden. Der wirtschaftspolitischen Konkretisierung des Parteiprogramms dienten die Entwürfe der »Hauptrichtungen der wirtschaftlichen und sozialen Entwicklung der UdSSR für die Jahre 1986 bis 1990 und für den Zeitraum bis zum Jahre 2000«.[31]

V. Die Diskussion des Entwurfs des neugefaßten Parteiprogramms und seine Bestätigung durch den XXVII. Parteitag

Der Entwurf des neugefaßten Parteiprogramms ist nach seiner Bestätigung durch das Zentralkomitee am 26. Oktober 1985 in der Sowjetpresse veröffentlicht worden. Die Veröffentlichung des Entwurfs des abgeänderten Parteistatuts folgte am 2. November 1985. Beide Dokumente wurden anschließend zusammen öffentlich diskutiert. Diese Diskussion war in der üblichen Weise von oben gelenkt. Dies bedeutete, daß nur bestimmte ausgewählte Diskussionsbeiträge veröffentlicht wurden. Diese waren inhaltsreicher und auch für Kritik wesentlich offener als früher. Dies gilt nicht nur für die Zuschriften in der Sowjetpresse, sondern auch für die entsprechenden Beiträge in den Zeitschriften. Im »Kommunist«, der theoretischen und politischen Zeitschrift des Zentralkomitees der KPdSU, war eine besondere Rubrik für die Diskussion des jeweiligen Entwurfs vorgesehen. In der »Partijnaja Shisn'« ebenso wie in der Sowjetpresse wurden die Entwürfe meist gemeinsam behandelt.

Die längeren Beiträge in den Partei- und Fachzeitschriften befaßten sich vor allem mit den Teilen des Entwurfs der Neufassung des Parteiprogramms, auf deren Stichworte Gorbatschow bei der Vorlage des Entwurfs besonderen Wert gelegt hatte.[32]

In der Sowjetpresse war es neben der »Prawda«, die von Afanasjew, einem Vertrauten Gorbatschows, als Chefredakteur geleitet wird, vor allem die »Literaturnaja Gaseta«, welche die sowjetische Intelligenz anspricht, die sich bei der Veröffentlichung kritischer Zuschriften hervortat. Allerdings wurden dabei auch die Grenzen der gelenkten Diskussion erkennbar. Die Kritik betraf hauptsächlich die Tätigkeit des Staatsapparates und der Wirtschaftsverwaltung, teilweise auch des Parteiapparats. Dagegen durften Leserbriefe über die miserablen Zustände in den Zwangsarbeitslagern, Haftanstalten und psychiatrischen Kliniken nicht veröffentlicht werden.[33] Bei brisanteren Themen, wie der Nationalitätenfrage, durfte nur eine sehr geringe Zahl von Zuschriften abgedruckt werden.

Trotz der Schranken, die der Kritik gesetzt waren, wies sie im innenpolitischen Bereich eine ungewohnte Schärfe auf. Dies wurde in der redaktionellen Zusammenstellung kritischer Äußerungen in der »Prawda« vom 13. Februar 1986 besonders deutlich. In diesen wurden vor allem die Privilegien und Sondervergünstigungen der Funktionäre scharf kritisiert. Als Beispiele wurden Spezialgeschäfte, Spezialrestaurants und Spezialkrankenhäuser genannt. Es wurde gesagt, daß viele Parteimitglieder nur wegen dieser und anderer Privilegien in die KPdSU eingetreten wären. Dabei wäre ihnen zustatten gekommen, daß die Aufnahme in die Partei in formalisierter Art und Weise gehandhabt werde und daher oft aufgrund von Wartelisten vollzogen würde. Dies sei »absurd«, schließlich sei »die Partei kein Kaufhaus«. Unter den zahlreichen Beispielen des Machtmißbrauchs wurden zwei Lokalpolitiker aus Usbekistan erwähnt, die »ihre Taschen mit denen des Staates verwechselt« und ihren Verwandten und Landsleuten leitende Posten verschafft hätten.

In einer Zuschrift wurde den Funktionären zugestanden, höhere Löhne zu erhalten, Privilegien jedoch abgelehnt, weil sie die soziale Ungleichheit vergrößern würden.

Der leitende Funktionär (načalnik) möge sich wie alle anderen in die Schlangen vor den Geschäften einreihen, vielleicht würden sie dann schneller verschwinden.

In einem der eingegangenen Briefe wurde erklärt, daß zwischen dem Zentralkomitee und der Arbeiterklasse eine hin und her schwankende »fast unbewegliche, träge und zähflüssige parteiadministrative Schicht« bestehen würde, »die radikale Änderungen nicht wünscht«. Da von ihr ein Verzicht auf Privilegien und die mit ihnen verbundenen »besonderen Wohltaten« nicht erwartet werden könnte, wurden zu ihrer Abschaffung gesetzlich festgelegte periodische Massensäuberungen unter Einschluß des Parteiapparats gefordert. Sie wären notwendig, um »die vergifteten Wurzeln des Bürokratismus, des böswilligen Mißbrauchs der beruflichen Stellung, der Vetternwirtschaft, des ›feinen Lebens auf Kosten des Staates‹ aus dem Leben der Partei herauszureißen«.

Von dem verantwortlichen Redakteur wurden Massensäuberungen als Methode zwar zurückgewiesen, jedoch die Notwendigkeit einer umfassenden Reinigung (očiščenie) auf der Grundlage individueller Säuberungen (čistka) bejaht.

Der Begriff »parteiadministrative Schicht« (partijno-administrativny sloj) deutet darauf hin, daß es der sowjetischen Bevölkerung teilweise durchaus bewußt ist, daß die Herrschaft in der Sowjetunion in erster Linie durch die politisch-administrative Bürokratie ausgeübt wird. Die Gefahr, die mit dem Gebrauch dieses Begriffs für die herrschende Hochbürokratie verbunden ist, veranlaßte die Redaktion der »Prawda« am 19. Februar 1986 zu einem Rückzieher.

Auf dem XXVII. Parteikongreß der KPdSU im Februar/März 1980 ist die Diskussion über die Privilegien der Spitzenfunktionäre erneut von Jelzin, dem neuen Leiter der großen Moskauer Parteiorganisation, wieder aufgegriffen worden.[34] Er forderte die Abschaffung »ungerechtfertigter materieller Vorteile« führender Parteifunktionäre und deren Verpflichtung, Rechenschaft über ihre Tätigkeit abzulegen. Er attackierte die »Konjunkturpolitiker mit Parteibuch« und setzte sich für eine Reorganisation des ZK-Apparats ein.

Dieser Vorstoß wurde vom zweiten ZK-Sekretär Ligatschow abgewehrt.[35] Dieser setzte sich zwar scharf mit der früheren Kaderpolitik auseinander, warf aber zugleich einzelnen sowjetischen Presseorganen, und dabei vor allem der »Prawda«, »Fälle von Versagen« bei der Wiedergabe der kritischen Zuschriften vor. In Ergänzung zu ihm wurde von Alijew, als einem weiteren Politbüromitglied, auf einer Pressekonferenz das Vorhandensein ungerechtfertigter Privilegien von führenden Parteifunktionären geleugnet.

Diese Auseinandersetzung zeigte, daß im Rahmen der zugelassenen Diskussion über die beiden Entwürfe ein besonders wunder Punkt der Einparteidiktatur, der im Parteiprogramm nur am Rande behandelt wird, berührt worden ist.

Auf dem XXVII. Parteitag sind die Ergebnisse der gelenkten Diskussion der beiden Entwürfe zusammen mit dem Rechenschaftsbericht des Zentralkomitees in dem politischen Bericht, der von Gorbatschow als Generalsekretär am 25. Februar 1986[36] erstattet wurde, behandelt worden. Früher ist zu diesen wichtigen Parteidokumenten immer ein gesondertes Referat gehalten worden. Dies war beim zweiten Parteiprogramm auf dem VIII. Parteikongreß im März 1919 durch Lenin und beim dritten Parteiprogramm auf dem XXII. Parteitag im Oktober 1961 durch Chruschtschow der Fall. Von diesem Verfahren wurde auf dem XXVII. Parteitag abgesehen. Für alle drei Bestandteile des politischen Berichts wurden gesonderte Kommissionen eingerichtet, deren Stellungnahmen durch ihre Leiter am 1. März 1986 dem Parteitag mitgeteilt wurden.[37] Diese Funktion wurde im Falle des politischen Berichts durch Ligatschow, bei der Neufassung des Parteiprogramms und der Abänderung des Parteistatuts von den späteren ZK-Sekretären Jakowlew, dem Leiter der Propagandaabteilung, und Rasumowskij, dem Leiter der Partei-Organisations-Abteilung und damit Kaderchef des Zentralkomitees, ausgeübt.

Der Parteitag stimmte zunächst dem politischen Bericht in einer Resolution vom 5. März 1986 zu.[38] Er bestätigte sodann die Neufassung des Parteiprogramms und die Abänderung des Parteistatuts. Diese beiden Dokumente wurden zusammen in der »Prawda« vom 7. März 1978 veröffentlicht.[39] Am 5. März 1986 wurden auch die Direktiven zum neuen Fünfjahrplan 1986 bis 1990 und dem Perspektivplan bis zum Jahre 2000 verabschiedet.[40]

Auf »die Ergebnisse der Erörterung der Neufassung des Programms und der Abänderung am Statut der Partei« ist Gorbatschow im sechsten und letzten Hauptteil des politischen Berichts eingegangen. Die Vorschläge, die Neufassung als das vierte Parteiprogramm der KPdSU zu bezeichnen, lehnte er dabei entschieden ab. Er begründete diese Ablehnung mit der Feststellung, daß die im Parteiprogramm enthaltenen Ziele noch nicht erreicht worden seien. Wahrscheinlich wollte er sich mit dem Wortlaut der Neufassung, die zu einem großen Teil unter Tschernenko erarbeitet worden war, nicht ganz identifizieren. Außerdem behielt er dadurch mehr Spielraum für seine künftige Innen- und Außenpolitik.

Die endgültige Fassung des Parteiprogramms weist erwartungsgemäß keine wesentlichen Änderungen auf. Der Entwurf ist im Grunde nur in stilistischer Hinsicht überarbeitet worden. Als sehr viel weitgehender und gewichtiger haben sich die Änderungen des Entwurfs des Parteistatuts erwiesen.

Zum Entwurf der Neufassung des Parteiprogramms sollen sich nach Mitteilung Gorbatschows mehr als sechs Millionen Menschen geäußert haben. Von einigen Diskussionsteilnehmern sei eine noch kürzere und straffere Fassung des Parteiprogramms empfohlen worden. Andere hätten eine »eingehendere Darstellung von Parametern der wirtschaftlichen und sozialen Entwicklung« befürwortet. In einer Reihe von Briefen sei vorgeschlagen worden, »die Chronologie der Zeitabschnitte präziser herauszuarbeiten, die die sowjetische Gesellschaft auf ihrem Wege zum Kommunismus durchlaufen wird«. Gorbatschow wies diese Vorschläge mit der Feststellung zurück, daß das Programm die Aufgabe habe, zur klaren Formulierung der von der Partei verfolgten Ziele ein »umfassendes Bild von der heutigen Welt und von den wichtigsten Tendenzen und Gesetzmäßigkeiten ihrer Entwicklung« zu vermitteln. Er sagte zugleich unter Berufung auf Lenin, das Programm müsse, um »streng wissenschaftlich« zu sein, »von absolut feststehenden Fakten ausgehen, sich durch ökonomische Exaktheit auszeichnen«. Es dürfe »Unangemessenes nicht versprechen«. Die Festsetzung eines »chronologischen Rahmens für das Erreichen programmatischer Ziele« sei ungerechtfertigt. Er fügte hinzu:»Fehlkalkulationen in der Vergangenheit sollten uns eine Lehre sein.« Nach Gorbatschow würde lediglich feststehen, »daß die Realisierung des gegenwärtigen Programms über das laufende Jahrhundert hinausgeht«. Er betonte dabei, daß sich nur »die Aufgaben, die in den kommenden 15 Jahren zu lösen sind, konkreter definieren lassen«. In diesem Zusammenhang verwies Gorbatschow neben der in diesem Sinne gehaltenen Neufassung des Parteiprogramms auf den Fünfjahrplan und den Langzeitplan bis zum Jahre 2000. Gorbatschow sagte, daß sich die Stellungnahmen und Zuschriften hauptsächlich auf Fragen der Sozialpolitik, der »Selbstverwaltung des Volkes« und die geistig-ideologische Erziehung des sowjetischen Menschen bezogen hätten. Die Vorschläge zu einer umfassenden Säuberung der Partei wurden von Gorbatschow abgelehnt. Nach seiner Auffassung würde »kein Bedarf an einer besonderen Säuberungskampagne in den Reihen der KPdSU« bestehen.

VI. Der Aufbau und die besonderen Wesenszüge der Neufassung des Parteiprogramms

Dem Umfange nach macht die Neufassung des Parteiprogramms fast genau die Hälfte der ursprünglichen Fassung aus. Das Parteiprogramm von 1961 gliederte sich in zwei Hauptteile, wobei die Außenpolitik vor der Innenpolitik behandelt wurde. Die Neufassung weist dagegen vier Hauptteile neben der Einführung auf. Im Einklang mit den Aussagen Tschernenkos überwiegt dabei die Innenpolitik gegenüber der Außenpolitik. Im ersten Teil sind diesmal die innen- und außenpolitischen Aspekte miteinander verbunden worden. Der zweite und der vierte Teil befassen sich mit der Innenpolitik, während der dazwischen liegende dritte Teil der Außenpolitik gewidmet ist.

Der abweichende Aufbau des neugefaßten Parteiprogramms ist aus der folgenden Gegenüberstellung der Gliederung der alten und neuen Fassung des dritten Parteiprogramms der KPdSU zu ersehen.

Beim Vergleich der beiden unterschiedlichen Gliederungen sind außer der ideologischen Zurückstufung des Entwicklungsstandes der Sowjetunion, die sich in den Überschriften bemerkbar macht, noch eine Reihe weiterer Änderungen bemerkenswert. Sie sind überwiegend im innenpolitischen Bereich festzustellen.

Von Chruschtschow wurde das bestehende Wirtschaftssystem für die »Schaffung und Entwicklung der materiell-technischen Basis des Kommunismus«, d. h. für den Eintritt in die kommunistische Endphase, für hinreichend erachtet. Von Gorbatschow ist aber eine beschleunigte Fortentwicklung in der Etappe des entwickelten Sozialismus, d. h. immer noch in der sozialistischen Vorphase, nur möglich, wenn dieses System grundlegend umgestaltet und vervollkommnet wird. Die Sozialpolitik wird in der Neufassung nicht auf die »Steigerung des materiellen Wohlstandes des Volkes« beschränkt. Sie wird nicht nur als Begriff neu eingeführt, sondern auch im weiteren Sinn als eine Gesellschaftspolitik aufgefaßt. Daher wird die Klassen- und Nationalitätenpolitik in dieses Kapitel einbezogen. Bei dem angestrebten gesellschaftlichen Wandel werden die sozialen Klassen und Gruppen in einem bisher nicht vorliegenden neuen Unterkapitel behandelt, während die Nationalitäten die besondere Beachtung, die sie 1961 in einem eigenen Kapitel fanden, verlustig gegangen sind.

Neu ist die Einführung des bereits in der Unionsverfassung von 1977 vorliegenden Begriffs des »politischen Systems«, wobei auf eine Gliederung in drei
Unterkapitel und auf die besondere Hervorhebung der Streitkräfte verzichtet worden ist.

Im außenpolitischen Bereich sind nur in den Überschriften, sonst aber keine
wesentlichen Änderungen im Aufbau festzustellen. Der Unterteil im Kapitel
VI über die Zusammenarbeit der sozialistischen Länder ist mit dem »sozialistischen Weltsystem« im Kapitel I des dritten Teils vereinigt worden. Von
der besonderen Hervorhebung der »friedlichen Koexistenz« in der Überschrift eines Kapitels ist abgesehen worden. Dafür wird die Abrüstung in
Verbindung mit dem »Kampf für den Frieden« besonders betont.

In inhaltlicher Hinsicht sind die Unterschiede zwischen der neuen und alten
Fassung bedeutsamer. Sie sind aber nicht so groß, daß man tatsächlich von
einem völlig neuen Parteiprogramm sprechen kann. Im wesentlichen stellt
die Neufassung eine kürzere Zusammenfassung des bisherigen Parteiprogramms dar. Ihre Grundfassung, die einen dogmatischen Charakter aufweist, ist hauptsächlich unter Tschernenko erarbeitet worden. Infolgedessen
überwiegt bei ihr die Kontinuität. Auf sie ist das Aktionsprogramm Gorbatschows, das sich in der Wirtschaftspolitik durch eine größere Dynamik auszeichnet, gleichsam aufgepfropft worden.

Sprachlich war das Parteiprogramm Chruschtschows, das einen stärkeren
Optimismus ausstrahlt, attraktiver. Die Neufassung ist in ihren Formulierun-
gen vorsichtiger. Der Zweckoptimismus, der mit den ideologischen Aussagen verbunden ist, wirkt daher sehr viel künstlicher. Sie enthält weiterhin
nicht nur zahlreiche Widersprüche, sondern weist auch einige ideologische
Behauptungen auf, die von einem marxistisch-leninistischen Standpunkt
fragwürdig sind.

Infolge ihres zwiespältigen Charakters ist die Neufassung nicht als das Programm einer »entscheidenden Wende« und damit eines wirklichen Kurs-
wechsels anzusehen.

Vergleich zwischen der alten und neuen Fassung des dritten Parteiprogramms der KPdSU

Alte Fassung 1961	Neue Fassung 1986
Einleitung	Einleitung
Erster Teil: Der Übergang vom Kapitalismus zum Kommunismus – der Entwicklungsweg der Menschheit	Erster Teil: Der Übergang vom Kapitalismus zum Sozialismus und Kommunismus – Hauptinhalt der gegenwärtigen Epoche
I. Die historische Unvermeidlichkeit des Übergangs vom Kapitalismus zum Sozialismus;	II. Der Kampf zwischen den Kräften des Fortschritts und der Reaktion in der heutigen Welt
II. Die weltgeschichtliche Bedeutung der Oktoberrevolution und des Sieges des Sozialismus in der Sowjetunion;	I. Die Große Sozialistische Oktoberrevolution und der Aufbau des Sozialismus in der UdSSR
	Dritter Teil Die Aufgaben der KPdSU in der internationalen Arena, im Kampf für Frieden und sozialen Fortschritt
III. Das sozialistische Weltsystem;	I. Die Zusammenarbeit mit den sozialistischen Ländern
IV. Die Krise des Weltkapitalismus;	III. Die Beziehungen zu den kapitalistischen Ländern. Der Kampf um dauerhaften Frieden und Abrüstung
V. Die internationale revolutionäre Bewegung der Arbeiterklasse;	IV. Die KPdSU in der internationalen kommunistischen und Arbeiterbewegung
VI. Die nationale Befreiungsbewegung;	II. Die Festigung der Beziehungen zu den national befreiten Ländern
VII. Der Kampf gegen die bourgeoise und die reformistische Ideologie; VIII. Die friedliche Koexistenz und der Kampf für den allgemeinden Frieden;	III. Die Beziehungen zu den kapitalistischen Ländern. Der Kampf um dauerhaften Frieden und Abrüstung
Zweiter Teil: Die Aufgaben der Kommunistischen Partei der Sowjetunion beim Aufbau der kommunistischen Gesellschaft;	Zweiter Teil Die Aufgaben der KPdSU bei der Vervollkommnung des Sozialismus und dem allmählichen Übergang zum Kommunismus
Präambel: Der Kommunismus, die helle Zukunft der ganzen Menschheit;	I. Die kommunistische Perspektive der UdSSR und die Notwendigkeit der Beschleunigung der sozialökonomischen Entwicklung

26

Alte Fassung 1961	Neue Fassung 1986
I. Die Aufgaben der Partei auf dem Gebiet der wirtschaftlichen Aufbaus, der Schaffung und Entwicklung der materiell-technischen Basis des Kommunismus. 1. Die Entwicklung der Industrie, des Bau- und Verkehrswesens und ihre Rolle bei der Schaffung der produktiven Kräfte des Kommunismus; 2. Die Entwicklung der Landwirtschaft und der gesellschaftlichen Verhältnisse im Dorf; a) Die Schaffung eines Überflusses an landwirtschaftlichen Erzeugnissen; b) Die Kolchose und Sowchose auf dem Wege zum Kommunismus; Umgestaltung der gesellschaftlichen Verhältnisse im Dorf; 3. Die Leitung der Volkswirtschaft und Planung;	II. Die Wirtschaftsstrategie der Partei (1) Die Beschleunigung des wissenschaftlich-technischen Fortschritts – Hauptziel der Erhöhung der Effektivität der Produktion (2) Die strukturelle Umgestaltung der gesellschaftlichen Produktion (3) Die Vervollkommnung der sozialistischen Produktionsverhältnisse, des Verwaltungssystems und der Wirtschaftsmethoden
II. Die Aufgaben der Partei auf dem Gebiet der Steigerung des materiellen Wohlstandes des Volkes. 1. Die Gewährleistung eines hohen Einkommens- und Konsumniveaus für die ganze Bevölkerung; 2. Die Lösung des Wohnraumproblems und einer wohlgeordneten Lebensweise; 3. Die Verkürzung der Arbeitszeit und weitere Verbesserung der Arbeitsbedingungen; 4. Die Sorge um die Gesundheit und die Verlängerung der Lebensdauer; 5. Die Verbesserung der Lebensbedingungen der Familie und der Lage der Frau. Unterhalt der Kinder und der Arbeitsunfähigen auf Kosten der Gesellschaft;	III. Die Sozialpolitik der Partei (1) Die Erhöhung des Wohlstandes, die Verbesserung der Arbeits- und Lebensbedingungen der sowjetischen Menschen (2) Die Überwindung der Klassenunterschiede, die Herausbildung einer sozialhomogenen Gesellschaft

27

Alte Fassung 1961	Neue Fassung 1986
III. Die Aufgaben der Partei auf dem Gebiet des staatlichen Aufbaus und der weiteren Entwicklung der sozialistischen Demokratie;	IV. Die Entwicklung des politischen Systems der sowjetischen Gesellschaft
1. Die Sowjets und die Entwicklung der demokratischen Prinzipien der staatlichen Verwaltung;	
2. Die weitere Hebung der Rolle der gesellschaftlichen Organisationen;	
3. Staat und Kommunismus. Die Stärkung der Wehrmacht und der Verteidigungsbereitschaft der Sowjetunion;	
IV. Die Aufgaben der Partei auf dem Gebiet der nationalen Beziehungen;	III. Die Sozialpolitik der Partei (3) Das weitere Aufblühen und die Annäherung der sozialistischen Nationen und Völkerschaften
V. Die Aufgaben der Partei auf dem Gebiet der Ideologie, Erziehung, Bildung, Wissenschaft und Kultur;	V. Ideologische Erziehungsarbeit, Bildung, Wissenschaft und Kultur
1. Auf dem Gebiet der Bildung des kommunistischen Bewußtseins;	(1) Auf dem Gebiet der ideologischen Erziehungsarbeit
2. auf dem Gebiet der Volksbildung;	(2) Auf dem Gebiet der Volksbildung
3. auf dem Gebiet der Wissenschaft;	(3) Im Bereich der Wissenschaft
4. auf dem Gebiet des kulturellen Aufbaus, der Literatur und Kunst;	(4) Auf dem Gebiet des kulturellen Aufbaus der Literatur und Kunst
VI. Der Aufbau des Kommunismus in der Sowjetunion und die Zusammenarbeit der sozialistischen Länder;	
VII. Die Partei in der Periode des entfalteten Aufbaus des Kommunismus; Schlußwort	Vierter Teil Die KPdSU als führende Kraft der sowjetischen Gesellschaft

VII. Die innenpolitischen Aspekte des neugefaßten Parteiprogramms und die innenpolitische Generallinie der KPdSU

1. Die Beurteilung des Entwicklungsstandes und der Entwicklungsperspektiven der UdSSR in der Neufassung[41]

Der Hauptunterschied zwischen der alten und der neuen Fassung des Parteiprogramms ist in der gegensätzlichen Beurteilung des Entwicklungsstandes der Sowjetunion zu sehen.

In der Einführung zur Fassung von 1961 wurde das Parteiprogramm als »Programm für den Aufbau der kommunistischen Gesellschaft« bezeichnet. Als das höchste Ziel der Partei wurde die Errichtung einer kommunistischen Überflußgesellschaft genannt. In der Einleitung der Neufassung wird dagegen das Parteiprogramm als »Programm der planmäßigen und allseitigen Vervollkommnung des Sozialismus, des weiteren Voranschreitens der sowjetischen Gesellschaft zum Kommunismus auf der Grundlage der Beschleunigung der sozialökonomischen Entwicklung des Landes« bezeichnet. Die innere Entwicklung der Sowjetunion wird im Kapitel »Die Große Sozialistische Oktoberrevolution und der Aufbau des Sozialismus in der UdSSR« im ersten Hauptteil (»Der Übergang vom Kapitalismus und Kommunismus – Hauptinhalt der gegenwärtigen Epoche«) aus einer ideologischen Sicht näher geschildert. Dabei wird auf die Erfolge hingewiesen, die der Sowjetunion den Eintritt in die »Etappe des entwickelten Sozialismus« ermöglicht haben, zugleich aber angedeutet, warum es der Sowjetunion nicht gelungen ist, beim Übergang vom Sozialismus zum Kommunismus weiter zu gelangen. Ohne die Namen der Vorgänger Gorbatschows, die jeweils in einer längeren Periode die Geschichte der Sowjetunion bestimmt haben, zu nennen, wird versteckt an ihnen Kritik geübt und ihnen damit die Schuld an den innenpolitischen Schwierigkeiten, welche die Entwicklung der Sowjetunion verlangsamt hätten, zugewiesen. Dabei beziehen sich die kritischen Äußerungen über die »Folgen des Personenkults« und die »Abweichung von den Leninschen Normen« auf Stalin, die »Fehler des Subjektivismus und Voluntarismus« auf Chruschtschow. Breshnew wird in dem Kapitel »Die kommunistische Perspektive der UdSSR und die Notwendigkeit der Beschleunigung der sozialökonomischen Entwicklung« im zweiten Hauptteil (»Die Aufgaben der

KPdSU bei der Vervollkommnung des Sozialismus und dem allmählichen Übergang zum Kommunismus«) mit der Bemerkung kritisiert, daß in den siebziger und frühen achtziger Jahren die Erfordernisse einer allseitigen Modernisierung vernachlässigt worden seien. Es wären »ungünstige Tendenzen und Schwierigkeiten« aufgetreten. Sie seien dadurch bedingt gewesen, »daß Veränderungen in der ökonomischen Situation wie auch der Notwendigkeit tiefgreifender Umwandlungen in allen Lebensbereichen nicht rechtzeitig und mit der notwendigen Weise eingeschätzt und nicht mit der erforderlichen Konsequenz durchgesetzt wurden«. Es wird betont, daß damit »die umfassendere Nutzung der Möglichkeiten und Vorzüge der sozialistischen Gesellschaftsordnung behindert und die Vorwärtsbewegung gehemmt« worden sei. Diese könne unter den »gegenwärtigen inneren und internationalen Bedingungen« nur durch »Beschleunigung der sozialökonomischen Entwicklung des Landes« erfolgreich fortgesetzt werden. Zu diesem Zweck werden bestimmte Maßnahmen auf ökonomischem, sozialem, politischem und geistigideologischem Gebiet gefordert, auf die in den späteren Kapiteln ausführlicher eingegangen wird.

An der Begriffsbestimmung des Kommunismus wird festgehalten. Er wird in der Neufassung genauso definiert wie in der alten Fassung. Der Unterschied ist darin zu sehen, daß jetzt selbst die Schaffung seiner Grundlagen in einer weiten Ferne gesehen wird.

In der Neufassung wird bewußt darauf verzichtet, »die Merkmale des vollständigen Kommunismus im einzelnen vorauszusagen«. Andererseits wird betont, daß das allmähliche Hinüberwachsen des Sozialismus in den Kommunismus von den objektiven Entwicklungsgesetzen der Gesellschaft bestimmt werde, »die nicht außer acht gelassen werden dürfen«. Chruschtschow wird mittelbar der Vorwurf gemacht, durch eine vorzeitige Einführung kommunistischer Prinzipien den Entwicklungsstand überschätzt zu haben. Trotzdem wird im Unterschied zu der früheren Kritik Molotows an Chruschtschow davon ausgegangen, daß die sozialistische Gesellschaft in der Sowjetunion einen so hohen Entwicklungsstand erreicht habe, daß es nur der technologischen Erneuerung ihrer materiell-technischen Basis und der »Aktivierung des gesamten Systems der politischen, gesellschaftlichen und ideologischen Einrichtungen« bedürfen würde, um den Übergang vom Sozialismus zum Kommunismus schneller zu vollziehen. Im Entwurf wurde davon ausgegangen, daß das Ergebnis dieser Umgestaltung »nach Lenins Worten« der »ganzheitliche Sozialismus« (cel'nyj socializm), d. h. der Vollsozialismus, sein werde. Anscheinend wurde die Angabe eines Zwischenzieles auf dem Wege zum Vollkommunismus aus ideologischen und politischen Gründen nicht als zweckmäßig angesehen. Daher ist in der Endfassung beim Ergebnis der im Stadium des »entwickelten Sozialismus« vorgesehenen Umgestaltung nur von einem »qualitativ neuen Zustand der sowjetischen Gesell-

schaft« die Rede, »der die gewaltigen Vorzüge des Sozialismus in allen Lebensbereichen voll zur Geltung bringt«. Geblieben sind die anschließenden
Sätze: »Damit wird ein historischer Schritt auf dem Wege zur höheren Phase
des Kommunismus getan. Die Partei richtet ihre Politik, ihre ökonomische
und soziale Strategie sowie die Aufgaben der organisatorischen und ideologischen Arbeit stets auf die kommunistische Perspektive aus.«

Das Aktionsprogramm Gorbatschows, das diesen Zustand herbeiführen
soll, ist in erster Linie ein wirtschaftspolitisches Programm, das durch sozialpolitische Maßnahmen ergänzt wird. Es steht im Mittelpunkt des Kapitels
»Die ökonomische Strategie der Partei« im zweiten Hauptteil und betrifft einen Teil des Kapitels über »Die Sozialpolitik«. Die weiteren Teile dieses Kapitels behandeln das Verhältnis der Partei zur Gesellschaft. Das gleiche gilt
im wesentlichen auch für das Kapitel »Ideologische Erziehungsarbeit, Bildung, Wissenschaft und Kultur«. Dagegen ist die »führende Rolle« der Partei
im Herrschaftssystem aus dem Kapitel »Die Entwicklung des politischen Systems der sowjetischen Gesellschaft« und dem vierten Hauptteil (»Die
KPdSU als führende Kraft der sowjetischen Gesellschaft«) zu ersehen. Dabei wird die Abänderung des Parteistatuts ergänzend heranzuziehen sein.

Von diesen drei Schwerpunkten soll bei der folgenden Analyse, die nicht alle
Teilbereiche gleichmäßig berücksichtigen kann, ausgegangen werden. Sie
soll dazu dienen, ein klareres Bild über den innenpolitischen Aspekt des Parteiprogramms unter Berücksichtigung der Ausführungen auf dem XXVII.
Parteitag und der gesellschaftlichen Wirklichkeit der Sowjetunion zu
gewinnen.

2. Das wirtschafts- und sozialpolitische Aktionsprogramm Gorbatschows

In dem Kapitel »Die Wirtschaftsstrategie der Partei« haben die Grundgedanken des Aktionsprogramms Gorbatschows ihren Niederschlag gefunden.[42]
In ihm wird die Beschleunigung des wissenschaftlich-technischen Fortschritts
als der »Haupthebel der Erhöhung der Effektivität der Produktion« bezeichnet, eine »strukturelle Umgestaltung der gesellschaftlichen Produktion« und
»die Vervollkommnung der sozialistischen Produktionsverhältnisse, des
Verwaltungssystems und der Wirtschaftsmethoden« im Sinne der früheren
Ausführungen Gorbatschows gefordert. Als die Grundfrage der Wirtschaftsstrategie der Partei wird »die entscheidende Beschleunigung des wissenschaftlich-technischen Fortschritts« bezeichnet. Es gelte, »eine neue technische Rekonstruktion der Volkswirtschaft zu verwirklichen«. Dieser Zweck
soll durch eine »schnelle Erneuerung des Produktionsapparates, durch die
weitgehende Einführung der modernen Technik« und durch »tiefgreifende
Strukturveränderungen in der Wirtschaft« erreicht werden. Sie soll mit einer

»maximalen Erhöhung des technischen Niveaus und der Qualität der Erzeugnisse« verbunden sein. Zur Verwirklichung dieser Zielsetzung sollen der Maschinenbau, dem eine »Schlüsselrolle« zugewiesen wird, der Brennstoff- und Energiekomplex unter beschleunigtem Ausbau der Kernenergie, der Agrar-Industriekomplex, der Ausbau der Infrastruktur und die »beschleunigte Entwicklung« der Produktivkräfte Sibiriens und des Fernen Ostens beitragen. Gleichzeitig sollen die Arbeitsproduktivität wesentlich erhöht, die vorhandenen Ressourcen besser genutzt und die Qualität der Erzeugnisse verbessert werden. Damit werden Forderungen wiederholt, die unentwegt bereits unter Chruschtschow und Breshnew erhoben worden sind.

Die konkreten Ziele, die mit dieser Wirtschaftsstrategie erreicht werden sollen, sind nicht so unrealistisch wie im Zwanzigjahrplan Chruschtschows. Doch dürften die angestrebte Steigerung der Arbeitsproduktivität auf das 2,3- bis 2,5fache und die Verdoppelung des gesamten Produktionspotentials bei gleichzeitiger technologischer Erneuerung bis zum Jahre 2000 viel zu anspruchsvoll sein. Das gleiche gilt für das Bestreben, die Modernisierung der Schwerindustrie mit der gleichzeitigen verstärkten Entwicklung der Konsumgüter und des »gesamten Dienstleistungswesens« zu verbinden.

Von Gorbatschow ist im politischen Bericht auf dem XXVII. Parteitag die Strategie zur Beschleunigung der sozialökonomischen Entwicklung, mit der wieder ein höheres Wirtschaftswachstum in der Sowjetunion erreicht werden soll, als »der Schlüssel zu allen unseren Problemen« bezeichnet worden. Er betonte zugleich, daß ohne ein solches beschleunigtes Wirtschaftswachstum »die sozialen Programme nur ein frommer Wunsch bleiben werden«. Auf diese Rahmenbedingungen wird in Verbindung mit der »Vervollkommnung der sozialistischen Produktionsverhältnisse« im Parteiprogramm näher eingegangen. Damit wird die Forderung nach einer »stabilen Übereinstimmung« der Produktionsverhältnisse mit den »sich dynamisch entwickelnden Produktivkräften« erhoben. Zugleich wird zugegeben, daß es zwischen ihnen empfindliche »nichtantagonistische Widersprüche« gibt, die eine »Beschleunigung des sozialökonomischen Fortschritts« nur gestatten, wenn sie »rechtzeitig« aufgedeckt und gelöst werden.

Die angestrebte Vervollkommnung der Wirtschaftsführung soll auf der Grundlage des »demokratischen Zentralismus« bei gleichzeitiger »Festigung und Mehrung des gesellschaftlichen Eigentums an den Produktionsmitteln« erfolgen. Obgleich es sich beim »demokratischen Zentralismus« in der sowjetischen Auslegung um ein autoritäres Organisationsprinzip handelt, geht das Parteiprogramm bei ihm von der Einheit zweier Elemente, dem zentralistischen und dem dezentralistischen, aus.

Damit erweckt es den Eindruck, als ob jedem der beiden Elemente bei der Durchführung der Beschleunigungsstrategie gleiche Bedeutung zukommen würde.

Diesem Zweck sollen die folgenden Maßnahmen, die im politischen Bericht konkretisiert worden sind, dienen:

1. Die Erhöhung der Wirksamkeit der Planung als Instrument der Wirtschaftspolitik. Sie soll durch das Staatliche Plankomitee (GOSPLAN) herbeigeführt werden, dem die Funktion eines »wissenschaftlich-ökonomischen Stabes« zufallen soll. Die Ministerien sollen nur allgemeine Verwaltungsfunktionen ausüben.
2. Erweiterung der Selbständigkeit und Verantwortlichkeit der Vereinigungen und Betriebe
3. Ausdehnung der wirtschaftlichen Rechnungsführung und Festlegung langfristiger ökonomischer Normative
4. Flexiblere Preisgestaltung und erhöhte Rolle des Kredits
5. Einführung moderner Organisationsformen in der Wirtschaftsverwaltung. Schaffung neuer Verwaltungsorgane für Komplexe miteinander verflochtener Wirtschaftszweige
6. Gewährleistung einer optimalen Verbindung zwischen der Zweig- und Territorialverwaltung der Wirtschaft
7. Einbeziehung der Werktätigen in die Produktionsleitung und Fortentwicklung des »sozialistischen Wettbewerbs«.

Weder die im Parteiprogramm vorgesehenen Maßnahmen noch die weiteren Vorschläge, die von Gorbatschow auf dem XXVII. Parteitag gemacht wurden, erscheinen als ausreichend, um die von ihm angestrebte »radikale Reform«, die den Erfolg bei der Beschleunigungsstrategie verbürgt, zu verwirklichen.

Sie bewegen sich alle in den engen Grenzen, die durch die zentrale Planwirtschaft und das »sozialistische Eigentum« gesetzt sind. In Ergänzung zu dem im politischen Bericht vorgesehenen größeren Spielraum der Kolchose und Sowchose bei der Verfügung über überplanmäßige Erzeugnisse soll der gesamte genossenschaftliche Sektor im Verhältnis zum Staatseigentum erweitert werden. Das betrifft die Wiederherstellung der Ende der sechziger Jahre abgeschafften genossenschaftlichen Produktionsbetriebe ebenso wie die Ausweitung des genossenschaftlichen Handels. Außerdem soll die Förderung der individuellen Betätigung im Dienstleistungsbereich zu einer besseren Versorgung der Bevölkerung beitragen. Die ersten Maßnahmen bedeuten die Abkehr von einer bisher vertretenen ideologischen Grundposition, die auf eine schrittweise Beseitigung des genossenschaftlichen Sektors gerichtet war. Die anderen Maßnahmen sind durch den Artikel 17 der Unionsverfassung von 1977 gedeckt, solange es sich um die persönliche Arbeit eines Bürgers oder seiner Familienmitglieder handelt.

Diese begrenzten Reformmaßnahmen werden sich nur in einem längeren Zeitraum auswirken. Das gleiche gilt für die verstärkte Durchsetzung der wirtschaftlichen Rechnungsführung und das »Gruppensystem«, mit dem erst in der Landwirtschaft und dann in der Industrie experimentiert wurde und das 1987 auf die gesamte Industrie und das Bauwesen übertragen werden soll. Insgesamt können sie nur zu einer bestimmten Verbesserung des bestehenden Systems der zentralen Planwirtschaft, an dem ausdrücklich festgehalten wird, nicht aber zu einer wesentlichen Verstärkung seiner Effektivität beitragen.

Die Ausführungen Gorbatschows zur Umgestaltung des Wirtschaftsmechanismus sind vorläufig auch viel zu vage, um von dieser Seite wesentliche Antriebe zu erwarten. Im Hinblick auf die Reform der Wirtschaftsverwaltung ist er ein schlüssiges Konzept weiterhin schuldig geblieben. Die angestrebte »bedeutende Erweiterung der wirtschaftlichen Selbständigkeit und Verantwortung der Vereinigungen und Betriebe« ist bei gleichzeitiger Erhöhung der Effektivität der zentralisierten Planung und der Schaffung neuer zentraler Organe für die Leitung der einzelnen Wirtschaftszweige, d. h. der wesentlichen Beibehaltung einer Kommandowirtschaft, nicht vorstellbar. An neuen Lenkungsorganen sind bisher das »Staatliche Agroindustrielle Komitee« für die Landwirtschaftsverwaltung und die Büros des Ministerrats der UdSSR für den Maschinenbau, den Brennstoff- und Energiekomplex sowie das Verkehrswesen geschaffen worden. Ihr Verhältnis zu den ihnen unterstellten Ministerien und Staatskomitees und von diesen zu den Produktionsvereinigungen und Betrieben ist noch nicht klar erkennbar. Ihre koordinierende Funktion ist ebenso wie die Konzentration der Wirtschaftsverwaltung auf Kosten der Branchenministerien nicht neu. Das eine hat Stalin 1940, das andere Malenkow 1953 sowie in einer abweichenden Form Chruschtschow 1957 bereits versucht. Es ist auch fraglich, ob mit der von Gorbatschow gleichzeitig angestrebten territorialen Dezentralisierung der Wirtschaft größere Erfolge zu erreichen sein werden als mit den regionalen Volkswirtschaftsräten Chruschtschows. Diesmal soll wenigstens die organisatorische Verbindung der Wirtschafts- mit der Staatsverwaltung erhalten bleiben. Viel wird davon abhängen, in welchem Maße die Kompetenzen der Republiken und lokalen Sowjets auf wirtschaftlichem Gebiet tatsächlich erweitert werden. Unbeantwortet ist auch die wichtige Frage, ob die Betriebe, deren Entscheidungsspielraum vergrößert werden soll, wieder die ihnen 1965 verliehene Rechtspersönlichkeit erhalten sollen. Sie ist ihnen 1974 mit wenigen Ausnahmen zugunsten der Produktionsvereinigungen entzogen worden. Unklar ist in diesem Zusammenhang auch, wie die Frage »einer rationellen Kombination von größeren, mittleren und kleineren Betrieben« ohne eine völlige Veränderung der bestehenden Wirtschaftsverwaltung gelöst werden soll.

Gorbatschow geht von der richtigen Einsicht aus, wenn er feststellt, daß die Praxis »die Haltlosigkeit der Vorstellungen bewiesen« habe, »wonach eine Übereinstimmung der Produktionsverhältnisse und des Charakters der Produktivkräfte im Sozialismus gleichsam zwangsläufig zustande kommt«. Er meinte jedoch, daß die sozialistischen Produktionsverhältnisse auch in der heutigen Zeit genügend Spielraum bieten würden, wenn sie »ständig vervollkommnet werden«.

Es mag dahingestellt sein, in welcher Weise er diese »Vervollkommnung« am liebsten durchführen würde. Von entscheidender Bedeutung ist, daß am Übergewicht des Staatseigentums als Grundlage einer nur geringfügig veränderten zentralen und damit administrativen Planwirtschaft festgehalten wird. Von einer Erweiterung des persönlichen Eigentums im Dienstleistungsbereich und seiner Zulassung im Produktionsbereich, zum Beispiel in bestimmten Bereichen der Konsumgüterindustrie, ist ebensowenig die Rede wie von der Verbindung des Planungssystems mit Marktelementen. Das gleiche gilt für eine Erweiterung des begrenzten Privatbesitzes an Land und Vieh im landwirtschaftlichen Bereich. So fehlen die wesentlichen Merkmale einer »radikalen Reform«, von der Gorbatschow sprach, die eine schnellere Steigerung des Wirtschaftswachstums herbeiführen könnten. Daran kann auch der Übergang zu ökonomischen Leitungsmethoden wie der in Aussicht gestellten flexibleren Preisgestaltung und einer erhöhten Rolle des Kredits als Lenkungsinstrument wenig ändern.

Die besondere Hervorhebung der Sozialpolitik im Parteiprogramm im Sinne einer Gesellschaftspolitik[43], die »ein wirkungsvolles Instrument zur Beschleunigung der Entwicklung des Landes, zur Erhöhung der Leistungsbereitschaft und der gesellschaftspolitischen Aktivität der Massen, zur Herausbildung des neuen Menschen und zur Durchsetzung der sozialistischen Lebensweise« und damit »einen wichtigen Faktor der politischen Stabilität der Gesellschaft« bildet, geht im wesentlichen auf Tschernenko zurück. Er ist es auch gewesen, der für die »umfassendere Verwirklichung der sozialen Gerechtigkeit« besonders eingetreten ist. Andererseits entspricht dieses Kapitel teilweise den Forderungen der Professorin Tatjana Saslawskaja, die in der von ihr hauptsächlich erarbeiteten »Nowosibirsker Studie«[44] für eine Ergänzung der Reform des Wirtschaftsmechanismus durch eine solche des »sozialen Mechanismus« eingetreten war.

Im Hinblick auf die Sozialpolitik im engeren Sinn, die hier zu betrachten ist, sind viele Maßnahmen, die der »Erhöhung des Wohlstandes« und der »Verbesserung der Arbeits- und Lebensbedingungen« des sowjetischen Menschen dienen sollen, nicht so weitgehend, wie sie von Chruschtschow im Parteiprogramm von 1961 vorgesehen worden waren.

Damals war von einer wesentlichen Verkürzung der Arbeitszeit bei gleichzeitiger Erhöhung der individuellen Entlohnung und des Mindesturlaubs die Rede. Jetzt wird die Leistungsbezogenheit des Lohnes stärker betont. Die weitere Erhöhung des Realeinkommens der Werktätigen wird von den »ökonomischen Möglichkeiten des Landes« abhängig gemacht. Auch bei der Vergrößerung der »gesellschaftlichen Konsumtionsfonds«, die zur Finanzierung wesentlicher Lebensbereiche, von Freizeiteinrichtungen und von bevölkerungspolitischen Maßnahmen dienen, geht die Neufassung nicht so weit wie 1961. Dagegen wird erneut »die volle Befriedigung der wachsenden Nachfrage der Bevölkerung nach qualitativ hochwertigen und verschiedenartigen Massenkonsumgütern« und die »beschleunigte Lösung des Wohnungsproblems«, das allerdings nicht mehr als das »akuteste Problem« gilt, in Aussicht gestellt. Auch bei der Ankündigung von kostenlosen Leistungen im Gesundheitswesen und bei der Möglichkeit einer wesentlichen Verlängerung der Lebensdauer ist die Neufassung vorsichtiger. Besonderer Nachdruck wird auf die Bekämpfung der Trunksucht gelegt.

Die Familienpolitik spielt aufgrund der Bevölkerungsentwicklung in der Neufassung eine größere Rolle als 1961. Die »verstärkte Sorge um die Familie« wird als ein »Anliegen von großer staatlicher Bedeutung« bezeichnet. Zugleich wird eine »weitere Verbesserung der Lage der Mütter« gefordert. Neu ist die erhöhte Aufmerksamkeit für die »sozialen Probleme der Jugend« und die Bereitschaft, die »materielle Lage der Arbeits- und Kriegsveteranen« zu verbessern.

Konkretere Ausführungen zur Sozialpolitik waren im politischen Bericht enthalten. Sie betrafen den ganzen gesellschaftspolitischen Bereich und nicht nur sozialpolitische Maßnahmen im engeren Sinn. Gorbatschow erklärte, daß die Unterschätzung sozialer Fragen in der Vergangenheit das Interesse der Werktätigen an den Arbeitsergebnissen verringert und »zum Nachlassen der Disziplin und zu weiteren negativen Erscheinungen geführt« habe. Dazu hätte ein bestimmtes »technokratisches Herangehen« an diese Fragen wesentlich beigetragen. Den Dreh- und Angelpunkt der Überlegungen zur weiteren Hebung des Volkswohlstandes und einer besseren Arbeitsmoral bildete im Bericht eine leistungsbezogene Auslegung des Begriffs der » sozialen Gerechtigkeit«, die bereits in den Schriften Tschernenkos festzustellen war. Sie soll durch eine Reform des Lohnsystems erreicht werden, die von leistungsorientierten Löhnen ausgehen und von einer Tendenz zur Gleichmacherei abrücken soll. Gorbatschow betonte, daß »die Lohnpolitik des Staates eine strenge Abhängigkeit des Lohnes von der Qualität und Quantität der Arbeit sichern« müsse. Die Erhöhung der Tarifsätze und Gehälter der Arbeiter und Angestellten in Produktionsbereichen soll erstmals »in den Grenzen und aus den Mitteln erfolgen, die von den Betrieben selbst erwirtschaftet werden«. An anderer Stelle wies Gorbatschow darauf hin, daß es durchgesetzt werden muß, »daß die Höhe der Lohnfonds der Betriebe unmittelbar mit den Einnahmen von der Realisierung ihrer Erzeugnisse verknüpft wird«. Er sagte: »Wir dürfen uns nicht länger damit abfinden, daß Mitarbeiter der Betriebe, die untaugliche Erzeugnisse herstellen, ein sorgenfreies Leben führen und Löhne, Prämien und andere Bezüge im vollen Maße erhalten.« Unklar ist, wie diese Zielsetzung ohne Entlassungen von Arbeitern und Angestellten verwirklicht werden soll. Allein aufgrund der forcierten Technologisierung wird im laufenden Fünfjahrplan damit gerechnet, daß etwa 22 Millionen Arbeiter, die eine manuelle Tätigkeit ausüben, freigesetzt werden. Da eine rasche Umsetzung von Massen entlassener oder frei werdender Werktätigen große Schwierigkeiten bereiten würde, bedeutet dies, daß die Sowjetunion in den nächsten Jahren zusätzlich zu der jetzt bereits bestehenden regionalen Arbeitslosigkeit mit einer durch die Beschleunigungsstrategie verursachten allgemeinen Arbeitslosigkeit in einem größeren Umfange rechnen muß. Um einer solchen entgegenzuwirken, soll ein »System der kontinuierlichen Ausbildung« zu einer Steigerung der fachlichen Qualifikation beitragen. Eine effektivere Kontrolle soll nicht nur dem »Maß der Arbeit«, sondern auch dem »Maß des Verbrauchs« dienen. Ein Konsumdenken soll genauso bekämpft werden wie die Tendenz zur Gleichmacherei. Angestrebt wird, die Bedürfnisse der Bevölkerung nicht nur durch eine bessere Versorgung mit Lebensmitteln aufgrund des »Lebensmittelprogramms«, sondern auch durch das hinreichende Angebot von Waren und Leistungen zu befriedigen. Letzteres soll mit Hilfe des Komplexprogramms für die Entwicklung der Konsumgüterproduktion und des Dienstleistungsbereichs erreicht werden. Weitere Maßnahmen betreffen Verbesserungen auf dem Gebiet des Wohnungswesens, des Gesundheitsschutzes und der Gesundheitspflege, des Umweltschutzes und bei der »rationellen Nutzung der natürlichen Ressourcen«. Sie werden in Übereinstimmung mit dem Parteiprogramm ergänzt durch Bemühungen um eine Festigung der Familie, wobei junge Familien besonders gefördert werden sollen, durch die Schaffung besserer Arbeits- und Lebensbedingungen für die Frauen sowie durch die verstärkte Sorge um die ältere Generation, insbesondere die »Arbeits- und Kriegsveteranen«.

Mit der Wirtschaftsstrategie der Partei ist die Reform des Bildungswesens[45], auf die im letzten Kapitel des zweiten Hauptteils eingegangen wird, unmittelbar verknüpft. Eine empfindliche Schwäche der sowjetischen Wirtschaft bildet neben den Problemen, die mit einer »Kommandowirtschaft« verbunden sind, die Unzulänglichkeit des wirtschaftlichen Managements und die geringe Qualifikation der Masse der Arbeiter. Zur Überwindung dieser Schwäche sind von der Kreml-Führung bereits in der zweiten Hälfte der »Breshnew-Ära« eine Reihe von konkreten Maßnahmen getroffen worden. So ist eine zentrale Einrichtung zur Ausbildung der leitenden Kader im wirtschaftlichen Bereich, d. h. von Wirtschaftsmanagern, errichtet worden. Weitere Maßnahmen sind darauf gerichtet gewesen, die Ausbildung von Spezialisten mit Hochschul- und höherer Fachschulbildung besser zu organisieren und zu planen. In engem Zusammenhang mit diesen Bemühungen stand ein erneuter Kurswechsel in der Bildungspolitik, der in der Bildungsreform von 1984, an der Tschernenko besonderes Interesse zeigte, ihren Niederschlag gefunden hat. Der Schwerpunkt der schulischen Bildung, insbesondere in den oberen Klassen der allgemeinbildenden Schulen, soll vor allem auf die Vorbereitung zum Beruf gelegt werden. Die Ausbildung an den Berufsschulen soll wesentlich verbessert werden. Diese Zielsetzung soll durch eine engere Verbindung des Unterrichts mit der praktischen Arbeit, wie sie Chruschtschow bereits mit seiner Bildungsreform 1958 angestrebt hatte, erreicht werden. Auch die Hochschulausbildung soll stärker auf den praktischen Beruf ausgerichtet werden. Auf diese Weise soll eine verstärkte Koppelung des Bildungs- und Beschäftigungssystems erreicht werden.

Im Parteiprogramm wird im Sinne dieser Zielsetzung eine weitere »Vervollkommnung des Systems der Volksbildung« durch »allmählichen Übergang zur allgemeinen Berufsbildung« gefordert. Angestrebt wird eine verstärkte Annäherung der beiden Schultypen. In der Perspektive soll es »zu einer Verschmelzung der Berufs- und allgemeinbildenden Schule« und damit zu einer vollen Verwirklichung der »polytechnischen Schule« kommen.

Die Hochschul- und Fachschulbildung soll aufgrund der »Anforderungen des wissenschaftlich-technischen Fortschritts« weiterentwickelt werden und vor allem den Bedarf der Volkswirtschaft an hochqualifizierten Fachleuten sichern.

In Ergänzung zu den Maßnahmen zur Verbesserung der Ausbildung von leitenden Kadern und Spezialisten sind bisher schon erhöhte Anstrengungen zur Verbesserung der Qualifikation von Arbeitern, die in der Produktion tätig sind, gemacht worden. Der weiteren Entwicklung des »Qualifizierungssystems« wird im Parteiprogramm »große Bedeutung« zugemessen.

3. Das Verhältnis der Partei zur Gesellschaft

a) Die Behauptung von der sozialen Homogenität

Die Probleme im Verhältnis der KPdSU zur Gesellschaft, die über Fragen der Sozialpolitik im engeren Sinn hinausführen, ergeben sich aus der besonderen Struktur der sowjetischen Gesellschaft. Diese ist auf der einen Seite eine Industriegesellschaft, die aufgrund des bestehenden Herrschafts- und Wirtschaftssystems ein besonderes soziales Gefüge aufweist. Auf der anderen Seite handelt es sich bei ihr um eine multinationale Gesellschaft eines Vielvölkerstaates, die durch eine ganz bestimmte Nationalitätenstruktur gekennzeichnet ist.

Im Parteiprogramm wird behauptet, daß in beiden Fällen ein so hoher Integrationsgrad erreicht worden ist, daß die sowjetische Gesellschaft sowohl in sozialer als auch nationaler Hinsicht einen homogenen Charakter aufweist. Diese Behauptung, die in zwei Unterkapiteln näher ausgeführt wird, kommt im Begriff des einheitlichen Sowjetvolkes zum Ausdruck. Seine Entstehung als Folge der Festigung der »sozialistischen gesellschaftlichen Verhältnisse« wird im ersten Hauptteil besonders hervorgehoben. Das Sowjetvolk (sovetskij narod) wird dabei nicht nur als eine neue »internationale«, sondern auch »soziale« Gemeinschaft von Menschen bezeichnet. Die Theorie vom einheitlichen Sowjetvolk, die zuerst im nationalitätenpolitischen Bereich entwickelt worden ist, wurde bereits in Verbindung mit der Unionsverfassung von 1977 auf den sozialen Bereich übertragen.[46] Infolgedessen wird das Unterkapitel, das sich mit der Sozialstruktur der sowjetischen Gesellschaft befaßt, mit »Die Überwindung der Klassenunterschiede, die Herausbildung einer sozial homogenen Gesellschaft« überschrieben.

Als eine »wichtige Gesetzmäßigkeit der Entwicklung der sozialen Beziehungen in der gegenwärtigen Etappe« werden »die Annäherung der Arbeiterklasse, der Kolchosbauernschaft und der Intelligenz« und »die Herausbildung einer klassenlosen Struktur der Gesellschaft« bezeichnet.

Im Zusammenhang mit dieser Annahme wird die These wiederholt, die bereits von Breshnew, vermutlich unter dem Einfluß Tschernenkos, auf dem XXVI. Parteitag 1981 vertreten wurde.[47] Danach würde »die Herausbildung der klassenlosen Gesellschaft in unserem Lande sich im wesentlichen im historischen Rahmen der ersten, der sozialistischen Phase der kommunistischen Gesellschaftsformation vollziehen«.

Begründet wird diese Entwicklung in der üblichen ideologischen Weise mit der voranschreitenden Aufhebung der Gegensätze zwischen geistiger und körperlicher Arbeit und zwischen Stadt und Land. Abgesehen davon, daß sich diese Entwicklung in der Sowjetunion erst in ihren Anfängen befindet, wird bei dieser Begründung nicht beachtet, daß die marxistisch-leninistische Ideologie auf dem Wege zur »klassenlosen Gesellschaft« auch den Übergang vom Leistungs- zum Bedürfnisprinzip, aufgrund eines Produktionsüberflusses, und die Schaffung eines neuen Menschen, der die Arbeit als das persönliche Hauptbedürfnis empfindet, voraussetzt.

Eine weitere Voraussetzung ist die mit der Theorie vom »absterbenden Staat« verbundene Vorstellung von dem Abbau jeder Herrschaftsorganisation und ihre Ersetzung durch eine gesellschaftliche Selbstverwaltung. Dies dürfte der Grund sein, warum im Parteiprogramm besonderes Gewicht auf die Schaffung einer »sozialistischen Selbstverwaltung« und die Rolle der »Arbeitskollektive« als ihrer Zellen gelegt wird. Ein Abbau des bestehenden Partei- und Staatsapparates ist weder im Parteiprogramm noch in den Beschlüssen des XXVII. Parteitages vorgesehen. Auch an eine tatsächliche Beschränkung der absoluten Parteidiktatur ist nicht gedacht. Es ist außerdem völlig ungewiß, in welchem Ausmaße den »Arbeitskollektiven« tatsächlich Mitwirkungsrechte in den Betrieben zugestanden werden sollen. Von einer Arbeiterselbstverwaltung, etwa nach jugoslawischem Vorbild, ist weiterhin keine Rede.

Die Feststellung, daß die »völlige Überwindung« der sozialen Unterschiede und die Herausbildung einer sozial homogenen Gesellschaft erst »in der höheren Phase des Kommunismus zum Abschluß« komme, läßt den Spielraum für Auslegungen offen. Wesentlich ist, daß trotz dieser Einschränkung an der These, daß es möglich sei, die klassenlose Gesellschaft »im wesentlichen« in der niederen Phase des Sozialismus zu erreichen, festgehalten wird. Ausschlaggebend ist, daß in der Gegenwart nirgends eine so große Diskrepanz wie zwischen dieser Verheißung des Parteiprogramms und der gesellschaftlichen Wirklichkeit der Sowjetunion besteht.[48]

Der soziale Annäherungs- und Integrationsprozeß, von dem das Parteiprogramm ausgeht, hat aufgrund des bisher erreichten niedrigen Reifegrades der sowjetischen Industriegesellschaft nur in einem sehr begrenzten Umfange stattgefunden. Dagegen hat sich die soziale Differenzierung in der gesamten sowjetischen Gesellschaft und ihren einzelnen Teilgruppen weiter verstärkt. Diese Entwicklung ist durch die Fortführung des Verstädterungsprozesses, die territoriale Ausdehnung der Industrialisierung, die auch den asiatischen Bereich der Sowjetunion stärker erfaßt hat, und durch eine weitere Erhöhung des Bildungsstandes der Bevölkerung wesentlich gefördert worden.

Aus der Entwicklung der letzten Jahrzehnte ist zu ersehen, daß der Anteil der Angestellten in Stadt und Land zugenommen hat, der Arbeiter dagegen nur auf dem Lande. Dabei war man auf sowjetischer Seite bestrebt, durch Übertragung des Arbeiterstatus auf Teile der Angestelltenschaft diese allgemeine Entwicklungstendenz zu verdecken. Der Hauptteil der Angestelltenschaft wird heute durch die »Intelligenz« gebildet, d. h. vor allem von Spezialisten mit höherer Bildung.[49] Ihre Zahl hat sich zwischen 1960 und 1984 von 8,8 Millionen auf 33 Millionen vergrößert. Die Zahl der Spezialisten mit Hochschulbildung wuchs dabei von 13,5 Millionen (40 Prozent) auf 14 Millionen (42 Prozent). In der KPdSU machten die Spezialisten mit höherer Bildung 1983 mit 9,9 Millionen 54,7 Prozent aller Parteimitglieder aus. Auf der anderen Seite ist zwar die Differenzierung in der Arbeiterschaft vorangeschritten, doch übten nach Andropow 40 Prozent noch eine manuelle Tätigkeit aus. Die Zahl der Kolchosbauernschaft hat zwar infolge des Verstädterungsprozesses abgenommen, doch ist der Anteil der Beschäftigten in der Landwirtschaft, verglichen mit den westlichen Industrieländern, weiterhin sehr hoch.

Bei dieser Lage ist kaum zu erwarten, daß die »Arbeiterklasse« die »entscheidende« Rolle in dem Annäherungs- und Integrationsprozeß spielen kann, von dem das Parteiprogramm ausgeht. Diese Funktion kann auch die Intelligenz, die überwiegend aus den Spezialisten mit höherer Bildung besteht, nicht leisten, obgleich sie über die Hälfte der Parteimitglieder ausmacht. Dies liegt daran, daß nicht ihr, sondern der Bürokratie, die als soziale Großgruppe im Parteiprogramm gar nicht vorkommt, die »führende Rolle« sowohl im Staat als auch in der Wirtschaft zufällt.[50] Die Bürokratie überschneidet sich mit der Intelligenz, deckt sich aber nicht mit ihr. Nicht nur die wirtschaftliche, sondern auch die politisch-administrative Bürokratie rekrutiert sich hauptsächlich aus der technischen Intelligenz, die infolgedessen mehr Einfluß als die wissenschaftlich-kulturelle Intelligenz, die in der Sowjetunion als die »schöpferische Intelligenz« (tvorčeskaja intelligencija) bezeichnet wird, besitzt. Die eigentliche Herrschaft wird aufgrund des Nomenklatur-Systems der Partei von einer Hochbürokratie, welche die Oberschicht der politisch-administrativen Bürokratie bildet, ausgeübt. Bei der wirtschaftlichen Bürokratie bilden die Wirtschaftsmanager, bei der wissenschaftlich-kulturellen Intelligenz eine Prestigeelite, bestehend aus Wissenschaftlern, Schriftstellern und Künstlern, die jeweilige Spitzengruppe.

Das Macht-, Informations- und Planungsmonopol, das von der KPdSU in Anspruch genommen wird, liegt tatsächlich in den Händen der herrschenden Hochbürokratie. Daher ist die KPdSU aufgrund ihrer heutigen sozialen Struktur in erster Linie als eine Interessenvertretung der Hochbürokratie, die sich teils aus der Partei-, teils aus der Staatsbürokratie zusammensetzt, anzusehen.

In der Sowjetunion liegt somit eine ausgesprochene Klassengesellschaft vor.[51] Bei einer verstärkten Modernisierung, die mit dem Aktionsprogramm Gorbatschows angestrebt wird, ist eher eine weitere Differenzierung als eine Nivellierung dieser Gesellschaft zu erwarten. Das schließt die Veränderung des sozialen Kräfteverhältnisses zwischen den heute bereits vorhandenen sozialen Gruppen und Schichten nicht aus. Daß die gegenwärtige Kreml-Führung mit ihnen rechnet, wird aus der Feststellung ersichtlich, daß die KPdSU, solange soziale Unterschiede existieren, es als ein »Anliegen von erstrangiger Bedeutung« halte, »in ihrer Politik die Besonderheiten in den Interessen der Klassen und sozialen Schichten zu berücksichtigen«.

Die These von der Herausbildung einer klassenlosen Gesellschaft »im wesentlichen« in der Etappe der »entwickelten sozialistischen Gesellschaft«, damit also noch in der sozialistischen Vorphase, steht nicht nur im Widerspruch zur gegenwärtigen sozialen Struktur der sowjetischen Gesellschaft und zu ihren wahrscheinlichen Entwicklungstendenzen. Sie ist auch vom Standpunkt der bisherigen marxistisch-leninistischen Ideologie höchst fragwürdig. Das gleiche gilt für die Feststellung am Beginn des ersten Kapitels über die kommunistische Perspektive im zweiten Hauptteil: »Das Endziel der KPdSU ist der Aufbau des Kommunismus in unserem Lande.« Diese Aussage steht im Widerspruch zur weltrevolutionären Zielsetzung, an der im ersten Hauptteil festgehalten wird. Nach der bisherigen Auffassung konnte der kommunistische Aufbau in einem Lande begonnen, aber nicht vollendet werden. Das Endziel in Gestalt einer vollendeten klassenlosen Gesellschaft könnte somit nur im Weltumfange erreicht werden. Nur so kann die Erwähnung des End-ziels in der Einführung verstanden werden. In diesem doppeldeutigen Ge-brauch des Ausdrucks »Endziel« kommt der widersprüchliche Charakter des neugefaßten Parteiprogramms besonders deutlich zum Ausdruck.

b) Die angebliche Lösung der »nationalen Frage«

Der sowjetische Vielvölkerstaat weist über hundert Nationen, Völkerschaf-ten und Volksgruppen auf, von denen ein Teil gewaltsam in den sowjetischen Staatsverband einverleibt worden ist. Der »nationalen Frage« kommt daher in der sowjetischen Gesellschaft eine zentrale Bedeutung zu.

Seit der Annahme des ursprünglichen Parteiprogramms von 1961 sind immer wieder Spannungen und Konflikte zwischen der staatstragenden großrussi-schen Nation und den nichtrussischen Nationalitäten, in bestimmten Regio-nen teilweise zwischen ihnen selbst, aufgetreten. Dies zeigt, daß die Behaup-tung in dem Unterkapitel über die Nationalitätenprobleme: »Die nationale Frage, die uns die Vergangenheit hinterlassen hatte, wurde in der Sowjet-union erfolgreich gelöst«, keineswegs der Wirklichkeit im Vielvölkerstaat entspricht. Dies ist auch aus den Wandlungen der sowjetischen Nationalitä-tenpolitik bis zur Neufassung des Parteiprogramms zu ersehen.[52] Chru-schtschow war anders als Stalin bereit, den Interessen der nichtrussischen Nationalitäten stärker Rechnung zu tragen, betrieb aber eine widerspruchs-volle Nationalitätenpolitik. Auf der einen Seite trugen seine Reformmaß-nahmen, die auf der Dezentralisierung der Staats- und Wirtschaftsverwal-tung beruhten, zu einer Wiederbelebung des Sowjetföderalismus und damit zur Stärkung der Eigenständigkeit der einzelnen Völker bei. Auf der anderen Seite gewannen mit der These vom Beginn des umfassenden Aufbaus des Kommunismus in der Sowjetunion die Zentralisierungs- und Russifizie-rungsbestrebungen neuen Auftrieb. Sie kamen in dem Kapitel des Parteipro-gramms von 1961, das sich mit der »neuen Etappe« der nationalen Beziehun-gen befaßte, deutlich zum Ausdruck.

In ihm wird einerseits festgestellt, daß die Nationen im Sozialismus aufblü-hen und ihre Souveränität festigen würden. Andererseits wird erklärt, daß die »neue Etappe« in den nationalen Beziehungen »durch die weitere Annä-herung der Nationen und die Erreichung ihrer völligen Einheit« charakteri-siert sein würde. Im Verlauf des »Aufbaus des Kommunismus« sollten sich »gemeinsame Züge der Kultur, der Moral und der Lebensweise« herausbil-den und eine allen Sowjetnationen gemeinsame »internationale Kultur« ent-wickeln, die durch die russische Sprache zu einer Einheit integriert würde. Allerdings wird im Parteiprogramm betont, daß das Verschwinden der natio-nalen Unterschiede, besonders der Unterschiede in der Sprache, ein Prozeß sei, »der wesentlich längere Zeit in Anspruch nimmt als das Verschwinden des Klassenunterschiedes«. Diese Feststellung bezog sich auf die angestrebte Verschmelzung der Völker und Volksgruppen in der Sowjetunion zu einer Einheitsnation mit russischer Sprache.

Beim Übergang vom Sozialismus zum Kommunismus wurden von Chruschtschow zwei Tendenzen unterschieden. Auf der einen Seite würde eine »stürmische und allseitige Entwicklung« der Nationalitäten stattfinden. Auf der anderen Seite würde der Annäherungsprozeß auf der Grundlage des proletarischen Internationalismus und des Sowjetpatriotismus weiter vorangetrieben. Zur Beschleunigung dieses Prozesses würden beitragen: die Entwicklung der russischen Sprache zur »zweiten Muttersprache«, der verstärkte Austausch von nationalen Kadern und die Schaffung der im Parteiprogramm vorgesehenen »einheitlichen Wirtschaftsorgane für jeweils mehrere Republiken«, deren Aufbau nach dem Sturz Chruschtschows eingestellt wurde.

Auf diese Weise hoffte Chruschtschow, eine zunehmende Vermischung der Bevölkerung der einzelnen Sowjetrepubliken zu bewirken. Die dadurch erreichte Verwischung der nationalen Unterschiede, gefördert durch das »Absterben der Staatsgrenzen«, sollte im Endergebnis zur allmählichen Verschmelzung zu einer Einheitsnation mit russischer Sprache führen.

Unter Breshnew kam es zu einer eingehenden Diskussion des Nationsbegriffs, die den Anstoß zur Aufstellung der bereits erwähnten These von dem einheitlichen Sowjetvolk gab, die von ihm auf dem XXIV. Parteitag 1971 verkündet wurde.

Breshnew erklärte, daß in den Jahren des sozialistischen Aufbaus »eine neue historische Gemeinschaft der Menschen – das Sowjetvolk« – entstanden sei. Er stellte das Sowjetvolk als eine im Verhältnis zu den einzelnen Nationen der Sowjetunion qualitativ höhere Erscheinung der Menschengemeinschaft dar. Gemeint war mit diesem Begriff das im Verlauf der Entwicklung erreichte Ergebnis des Integrations- und Assimilationsprozesses.[53]

Das Sowjetvolk war offenbar als die Übergangsform zu dem im Parteiprogramm anvisierten Ziel einer einheitlichen Sowjetnation gedacht. Breshnew vermied es jedoch, von einer »Verschmelzung« als Ziel der angestrebten »allmählichen Annäherung« zu sprechen. Auch in der Parteitagsentschließung war bei der Behandlung der nationalen Beziehungen nur von der dialektischen Verbindung des »Aufblühens« und der »Annäherung« der einzelnen Nationen die Rede[54], wobei die Notwendigkeit einer »Festigung der Union der Sozialistischen Sowjetrepubliken« und der Berücksichtigung der »Gesamtinteressen des Sowjetstaates« besonders betont wurde. Von Breshnew wurde außerdem die führende Rolle der Großrussen im Rahmen des Sowjetvolkes besonders hervorgehoben.

Der Russifizierungspolitik im sprachlichen Bereich dienten auch die verstärkten Bestrebungen, das Russische als »zweite Muttersprache« in der gesamten Sowjetunion durchzusetzen.

Die verstärkte Zentralisierungs- und Russifizierungspolitik im Zeichen der »Internationalisierung« hat zu einer wachsenden Unruhe und zu einem zunehmenden Widerstand unter den nichtrussischen Nationalitäten geführt. Sie veranlaßten Breshnew auf dem XXVI. Parteitag 1981, eine vorsichtigere Linie in der Nationalitätenpolitik einzuschlagen.[55] Er gab jetzt zu, daß die festgefügte »Einheit der sowjetischen Nationen« nicht besagen würde, »daß alle Fragen auf dem Gebiet der nationalen Beziehungen bereits gelöst sind«. Er unterließ es, die führende Rolle des russischen Volkes innerhalb der sowjetischen Nationen und die Forderung nach der russischen Sprache als der dominierenden »zweiten Muttersprache« besonders zu betonen. Breshnew erklärte, daß die KPdSU, der angeblich Chauvinismus und Nationalismus fremd seien, Tendenzen, mit denen die nationalen Besonderheiten künstlich verwischt werden, ablehnen würde, und er forderte von seiten der Partei »Feingefühl und Aufmerksamkeit« gegenüber den mit einem »großen multinationalen Staat« verbundenen Problemen. Aus den weiteren Äußerungen Breshnews war andererseits zu ersehen, daß an dem »Prozeß der allseitigen Annäherung«, d. h. der Assimilierungspolitik, festgehalten wurde. Die Fortführung der Russifizierung wurde mittelbar mit der Notwendigkeit begründet, den Neubürgern anderer Nationalitäten, deren Zahl sich in einzelnen Republiken »beträchtlich erhöht« habe, d. h. vor allem den Großrussen, »ihre spezifischen Bedürfnisse in bezug auf Sprache, Kultur und Lebensbedingungen« zu gewährleisten. Der taktische Rückzug wurde ideologisch durch eine Phasenverschiebung im Assimilationsprozeß gerechtfertigt. Seit dem XXIV. Parteitag 1971 ist davon ausgegangen worden, daß sich das »einheitliche Sowjetvolk« im vollen Umfange herausgebildet habe. Jetzt wurde die »Herausbildung der Kultur des einheitlichen Sowjetvolkes – einer neuen sozialen und internationalen Gemeinschaft« – als ein noch zu erreichendes Ziel hingestellt.

Eine wesentliche Änderung in dieser Haltung trat weder unter Andropow noch Tschernenko, die beide mit der Nationalitätenfrage vertraut waren, ein. Das gleiche ist auch bei Gorbatschow, der aus dem Nordkaukasus stammt, nicht der Fall gewesen. Er scheint jedoch eine ambivalentere Einstellung zur »nationalen Frage« zu haben als seine beiden Vorgänger. Er erweckte daher zunächst den Eindruck, daß er die von ihm angestrebte Intensivierung der Wirtschaft, ähnlich wie Stalin, hauptsächlich mit Hilfe der nationalistischen Triebkraft verwirklichen wollte. In seiner ersten programmatischen Rede vom 10. Dezember 1984[56], d. h. noch vor seinem Machtantritt, bezeichnete er den Sowjetpatriotismus als »eine der größten geistigen Errungenschaften unserer Gesellschaft«. Aus Ausführungen während seines Aufenthalts in der Ukraine im Frühjahr 1985 war zu entnehmen, daß für ihn die Sowjetunion in erster Linie Rußland bedeutete. Später ist er, wie der Entwurf der Neufassung des Parteiprogramms der KPdSU erkennen ließ, auf die von Tschernenko vertretene Linie eingeschwenkt. Eine Änderung in dem Unterkapitel ist aufgrund der Diskussion des Entwurfs nicht erfolgt. In der Überschrift und in den Ausführungen zu diesem Thema selbst wird an dem dialektischen Verhältnis des »weiteren Aufblühens der Nationen und Völkerschaften« als auch ihrer »ständigen Annäherung« festgehalten. Sie soll »auf der Grundlage der Freiwilligkeit, Gleichheit und brüderlichen Zusammenarbeit« erfolgen. Betont wird dabei, daß es »gleichermaßen unzulässig ist, herangereifte objektive Entwicklungstendenzen künstlich zu forcieren oder zu behindern«. Zugleich wird erklärt, daß diese Entwicklung erst »in ferner historischer Perspektive zur völligen Einheit der Nation führen« würde.

Aus der Notwendigkeit der »Vervollkommnung der nationalen Beziehungen« würden der Partei »gesetzmäßig neue Aufgaben« entstehen. Als gegenwärtige Hauptaufgaben werden bezeichnet:

1. die größtmögliche Festigung und Entwicklung des »einheitlichen multinationalen Bundesstaates«, die unter gleichzeitiger »Erhöhung der Rolle« der einzelnen Republiken und sonstigen nationalen Gebietskörperschaften bei »aktiver Beteiligung der Werktätigen aller Nationalitäten an der Arbeit der Macht- und Verwaltungsorgane« erfolgen soll,
2. »die Stärkung des materiellen und geistigen Potentials jeder Republik im Rahmen des einheitlichen Volkswirtschaftskomplexes«. Zu diesem Zweck soll die Arbeitsteilung zwischen den Republiken »konsequent« vertieft werden. Außerdem soll auf die Intensivierung des Austausches von Spezialisten und Facharbeitern besonderer Nachdruck gelegt werden,
3. »die Entwicklung der einheitlichen Kultur des Sowjetvolkes mit sozialistischem Inhalt« unter gleichzeitiger »Entwicklung und Annäherung der nationalen Kulturen« bei Berücksichtigung der »eigenständigen progressiven Traditionen« der einzelnen Nationalitäten.

Insgesamt überwiegt bei den »Hauptaufgaben« die Tendenz zu einer weiteren Zentralisierung, doch wird an den »Leninschen Prinzipien des sozialistischen Föderalismus« und damit an der Vielfalt der wechselseitigen nationalen Beziehungen festgehalten. Wichtig ist in diesem Zusammenhang die Festlegung: »Auch künftig wird die freie Entwicklung und gleichberechtigte Anwendung der Muttersprache für alle Bürger der UdSSR gewährleistet.« Die Beherrschung der russischen Sprache als »Mittel der Verständigung« wird zwar propagiert, doch wird das Russische nicht als »zweite Muttersprache«, wie in einer Zuschrift gefordert wurde, festgeschrieben.

Vor dem XXVII. Parteikongreß der KPdSU haben besonders weitgehende personelle Veränderungen, die den Charakter von Säuberungen aufwiesen, in den fünf zentralasiatischen Unionsrepubliken stattgefunden.[57] Dabei sind, abgesehen von Kasachstan, in allen Republiken die Ersten Parteisekretäre ausgetauscht worden. Auf dem XXVII. Parteitag wurden vor allem bestimmte Entwicklungen in Usbekistan, Turkmenistan und Kirgisistan scharf kritisiert. Es fiel andererseits auf, daß Gorbatschow im politischen Bericht des Zentralkomitees außer der Leningrader Parteiorganisation die Parteiorganisationen einiger nichtrussischer Unionsrepubliken lobend hervorhob.

Die territoriale Dezentralisierung, die Gorbatschow mit einer begrenzten Erweiterung der Rechte der Republiken und lokalen Sowjets vorsieht, könnte ähnlich wie unter Chruschtschow die wirtschaftliche Entwicklung in der Ukraine und den kleineren nichtrussischen Unionsrepubliken im europäischen Bereich der Sowjetunion fördern. Dies gilt vor allem für Republiken im Baltikum und im südlichen Kaukasus. In ihnen ließen sich die geplanten Reformmaßnahmen, die teilweise bereits früher von Schewardnadse in Georgien durchgeführt wurden[58], leichter verwirklichen. Nach Gorbatschow sollen alle Republiken einen Beitrag »zur Entwicklung eines einheitlichen volkswirtschaftlichen Komplexes« leisten, der »ihrem gewachsenen ökonomischen und geistigen Potential entspricht«.

Im politischen Bericht wurde die Behauptung wiederholt, daß in der Sowjetunion »die nationale Unterdrückung und die nationale Ungleichheit ein für allemal« abgeschafft seien. Das Sowjetvolk wurde dabei »als eine qualitativ neue soziale und internationale Gemeinschaft, vereint durch die Gemeinsamkeit der ökonomischen Interessen, der Ideologie und der politischen Ziele«, charakterisiert. Gorbatschow wandte sich jedoch gegen die Vorstellung von einer »Problemlosigkeit der nationalen Prozesse«. Er betonte, daß es weiterhin Widersprüche in der Nationalitätenfrage geben würde, womit er mittelbar zugab, daß sie tatsächlich noch nicht befriedigend gelöst ist. Unter Berufung auf Lenin forderte er »besondere Hellhörigkeit und Umsicht« von der Partei »in allem, was die Nationalitätenpolitik anbelangt«, und daher »höchst aufmerksam und prinzipiell in den nationalen Beziehungen zu sein«. Entscheidend wird in der nächsten Zeit sein, ob die praktische Nationalitätenpolitik dieser vorsichtigeren Linie entsprechen wird.[59] Die Möglichkeit, daß sich Gorbatschow zur Durchsetzung seines Aktionsprogramms zu einem Rückgriff auf den allrussischen Nationalismus veranlaßt sehen könnte, ist aufgrund seiner früheren Äußerungen nicht auszuschließen.

Von wesentlicher Bedeutung ist, daß die Großrussen, die heute nur etwa die Hälfte der Bevölkerung ausmachen, in der KPdSU und im besonderen Maße in der Partei- und Staatsbürokratie eine dominierende Stellung besitzen. 1981 waren bei einer Gesamtzahl von 17,4 Millionen Parteiangehörigen 10,5 Millionen, d. h. 60 Prozent, Großrussen, während ihr Bevölkerungsanteil 1979 nur 52,4 Prozent betrug.[60] Dieser Anteil ist in der obersten Partei- und Staatsführung noch wesentlich größer und hat sich unter Gorbatschow noch erhöht.

4. Die Partei als Kernstück des Herrschaftssystems

a) Das Verhältnis der Partei zum Gesamtstaat[61]

In Übereinstimmung mit der geltenden Bundesverfassung der UdSSR wird die KPdSU im Parteiprogramm nicht nur als »Kern des politischen Systems«, sondern auch als die »führende und lenkende Kraft der sowjetischen Gesellschaft« bezeichnet. Gemeint ist damit, daß die Partei das Kernstück eines Herrschaftssystems bildet, das sich auf die gesamte Staats- und Gesellschaftsordnung erstreckt. Im Kapitel »Die Entwicklung des politischen Systems der sowjetischen Gesellschaft« wird das Verhältnis der Partei zu den einzelnen staatlichen und gesellschaftlichen Organisationen und damit zum Staat in seiner Gesamtheit behandelt.

Der Begriff »politisches System« ist aus der geltenden Unionsverfassung in das neugefaßte Parteiprogramm übernommen worden. Neben dem Begriff des »politischen Systems« findet sich im Parteiprogramm auch der Begriff der »politischen Ordnung«. Beide Begriffe haben sich aus der Ausweitung der Staatslehre zu einer politischen Theorie in der Sowjetunion ergeben.[62] Die »politische Ordnung der sozialistischen Gesellschaft« wird dabei meist als der engere Begriff angesehen, da er sich auf die institutionelle Seite beschränkt. Im Parteiprogramm werden im institutionellen Bereich beide Begriffe gleichgesetzt, doch schließt das »politische System« auch die »sozialistische Selbstverwaltung des Volkes«, auf die Gorbatschow besonderes Gewicht legt, ein.

In institutioneller Hinsicht unterscheidet sich das »politische System der sowjetischen Gesellschaft« kaum von früheren Charakterisierungen des sowjetischen Herrschaftssystems. Soweit das politische System nur als eine gesamtstaatliche Organisation gesehen wird, ist kein wesentlicher Unterschied zum Grundmodell, das auf Lenin und Stalin zurückgeht, festzustellen. Ebenso wie im »Mechanismus« oder »System« der »Diktatur des Proletariats«, das unter Chruschtschow als »Mechanismus« oder »System« der »sozialistischen Demokratie« bezeichnet wurde, steht die KPdSU als führende und lenkende Kraft im Mittelpunkt von Gesellschaft und Staat. Die Herrschaft wird nur durch sie als richtunggebende Kraft verwirklicht. Sie tut es aber nicht unmittelbar, sondern mit Hilfe der staatlichen und gesellschaftlichen Organisationen, die um sie als dem »Kern des politischen Systems« gruppiert sind. Der sowjetische Staat, die Gewerkschaften, der Komsomol, die genossenschaftlichen und anderen gesellschaftlichen Organisationen werden im Parteiprogramm als die der Führung durch die Partei unterworfenen »anderen Glieder« des politischen Systems bezeichnet. Bemerkenswert ist, daß im Parteiprogramm eindeutiger als in der Unionsverfassung festgestellt wird, daß die KPdSU die Arbeit der Staatsorgane und gesellschaftlichen Organisationen »im Rahmen der Verfassung lenkt und koordiniert«.

Der Sowjetstaat wird als »Hauptinstrument zur Vervollkommnung des Sozialismus in unserem Lande« bezeichnet. In der »internationalen Arena«, d. h. nach außen, würde er »die Funktionen des Schutzes der sozialistischen Errungenschaften, der Stärkung der Positionen des Weltsozialismus, der Zurückweisung der aggressiven Politik der imperialistischen Kräfte, der Entwicklung der friedlichen Zusammenarbeit mit allen Völkern« erfüllen.

Den Ausführungen über den Sowjetstaat liegt die unter Chruschtschow entwickelte Theorie vom »Staat des gesamten Volkes«[63] in einer der gesellschaftlichen Phasenverschiebung angepaßten Form zugrunde. Die marxistisch-leninistische Staatslehre ging bis zum Parteiprogramm von 1961 davon aus, daß jeder Staat eine Diktatur, d. h. die umfassendste Form einer Herrschaftsorganisation, darstellen würde. Solange Klassenunterschiede bestanden, mochten sie auch nichtantagonistischer Art sein, war es unzulässig, zwischen dem Staat und der Diktatur zu unterscheiden. Diese Auffassung ist von Chruschtschow mit der These, daß die »Diktatur des Proletariats« mit dem Beginn des umfassenden Aufbaus des Kommunismus nach innen abgestorben sei, revidiert worden. In der alten Fassung des Parteiprogramms wurde gesagt, daß die »Diktatur des Proletariats«, nachdem sie »den vollständigen und endgültigen Sieg des Sozialismus« – der ersten Phase des Kommunismus – und den Übergang der Gesellschaft zum umfassenden Aufbau des Kommunismus gesichert hat, »ihre historische Mission« erfüllt habe. Sie sei daher vom »Standpunkt der inneren Entwicklung der UdSSR« nicht mehr notwendig. Aus dem Sowjetstaat, der als proletarische Diktatur, d. h. als ein Klassenstaat, entstanden sei, wäre ein »Staat des gesamten Volkes« geworden. Aus dieser Behauptung leitete das Programm den Schluß ab, »daß die Diktatur der Arbeiterklasse früher aufhört, notwendig zu sein, als der Staat abstirbt«. Der »allgemeine Volksstaat« sei dagegen berufen, »bis zum völligen Siege des Kommunismus fortzubestehen«.

Chruschtschows Lehre vom »Staat des gesamten Volkes« stellte eine klare Abweichung von der bis dahin gültigen marxistisch-leninistischen Staatslehre dar. Hatte doch Lenin im Einklang mit Marx und Engels die Auffassung vertreten: »Jedweder Staat ist ›eine besondere Repressionsgewalt‹ gegen die unterdrückte Klasse. Darum ist *jeder* Staat *unfrei* und *kein* Volksstaat.«[64]

Die Herausbildung der klassenlosen Gesellschaft und die Auflösung der proletarischen Übergangsdiktatur sollten gleichlaufend stattfinden. Im Ergebnis sollte die Selbstverwaltung der emanzipierten Gesellschaft die auf Gewalt beruhende Klassendiktatur des Staates ablösen. Ein Staat ohne Klassenherrschaft war von einem marxistisch-leninistischen Standpunkt ebenso unvorstellbar wie soziale Klassen ohne einen Staat, der mit Hilfe seiner Zwangsgewalt die Einheit der divergierenden Klassenkräfte bewirkte.

Chruschtschow ist in Verbindung mit der Volksstaatslehre immer davon ausgegangen, daß die »Diktatur des Proletariats« nur nach innen abgestorben sei. Nach außen blieb sie weiterhin wirksam. Dies bedeutete, daß der Klassenkampf im Inneren der Sowjetunion angeblich ein Ende gefunden hatte, während er auf der internationalen Ebene weiterging.

In dem neugefaßten Programm ist ebenfalls davon die Rede, daß die »Diktatur des Proletariats nach Erfüllung ihrer historischen Mission« in die »politische Organisation aller Werktätigen« und der »proletarische Staat« in den »Staat des gesamten Volkes« hinübergewachsen sei.

Nur wird jetzt, ebenso wie in der Unionsverfassung, der »Staat des gesamten Volkes« auf die Etappe des »entwickelten Sozialismus« und nicht auf den Beginn der kommunistischen Endphase bezogen. Im Unterschied zur Sowjetunion wird dagegen bei den Volksdemokratien, die sich nach sowjetischer Auffassung erst in der Etappe des Aufbaus des »entwickelten Sozialismus« befinden, vom Fortbestand der »Diktatur des Proletariats« ausgegangen.

An dieser Auffassung dürfte sich nichts geändert haben. Dagegen wird die These Chruschtschows, daß die »Diktatur des Proletariats« in der Sowjetunion nur nach innen, nicht aber nach außen weggefallen sei, nicht mehr vertreten.

Die Begründung für den Wegfall der »Diktatur des Proletariats« und damit für die Herausbildung des »Staates des gesamten Volkes« bildete die auch in der Neufassung enthaltene Behauptung, daß »mit der Beseitigung der Ausbeuterklassen« schrittweise die Unterdrückungsfunktion des Staates entfallen ist. Es verblieben angeblich nur die »Klassen« der Arbeiter und Kolchosbauern sowie die soziale Schicht oder Gruppe der Intelligenz, die unter Führung der Arbeiterklasse harmonisch zusammenarbeiten würden. In der alten Fassung des Parteiprogramms hieß es: »Die Ausübung ihrer Rolle als Leiter der Gesellschaft wird die Arbeiterklasse beenden, wenn der Kommunismus erbaut ist, wenn die Klassen verschwunden sind.« Auf der anderen Seite ging Chruschtschow davon aus, daß die Partei auch dann noch bestimmte politische Funktionen beibehalten würde. Diese These stand in einem eindeutigen Widerspruch zur marxistisch-leninistischen Grundauffassung, daß die Herausbildung der »klassenlosen Gesellschaft« die Herrschaftslosigkeit und damit das Absterben des Staates, sondern auch der Partei als einer Herrschaftsorganisation voraussetzt.

Die Herrschaft über Menschen sollte im Sinne dieser Vorstellung durch eine Verwaltung von Sachen durch die Menschen selbst, somit eine »kommunistische Selbstverwaltung«, ersetzt werden. Die These Chruschtschows von der Unsterblichkeit der Partei ist zwar fallengelassen worden, im Vorgriff auf die angestrebte Idealgesellschaft ist aber jetzt von der »sozialistischen Selbstverwaltung« als einer neuen Kategorie die Rede. Daher wird im Parteiprogramm die »strategische Linie der Entwicklung des politischen Systems« darin gesehen, »die sowjetische Demokratie, die sozialistische Selbstverwaltung des Volkes auf der Grundlage einer täglichen, aktiven und wirksamen

Teilnahme der Werktätigen, ihrer Kollektive und Organisationen an der Lösung der Fragen des staatlichen und gesellschaftlichen Lebens immer umfassender zu verwirklichen«.

Bei der Verwirklichung dieser Zielsetzung ist weder an eine Änderung in der gegenwärtigen Form der Einparteiherrschaft noch an die Übertragung von Staatsfunktionen an gesellschaftliche Organe, wie sie Chruschtschow vorschwebte, gedacht. Offenbar sollen nur die Partizipationsmöglichkeiten im System der Sowjets und der Produktionsverwaltung erhöht werden. Dabei soll den »Arbeitskollektiven«[65], wie wir bereits sahen, als »Zellen der sozialistischen Selbstverwaltung« eine besondere Rolle zufallen. Das Gesetz über die Arbeitskollektive vom 17. Juni 1983[66] hat den Arbeitern und Angestellten äußerst geringe Partizipationsmöglichkeiten eröffnet. Es ist unklar, ob mit diesen und anderen Ausführungen im Parteiprogramm an einen höheren Grad an Selbst- und Mitbestimmung gedacht ist. Ein Selbstverwaltungssystem nach jugoslawischem Vorbild dürfte kaum angestrebt werden.

Von größeren Partizipationsmöglichkeiten im politischen Bereich[67] wird außerdem so lange nicht die Rede sein, wie der Intelligenz und den anderen sozialen Gruppen nicht ein größerer Anteil an der politischen Macht, die vorläufig nur bei der herrschenden Hochbürokratie liegt, ermöglicht wird.

Im neugefaßten Parteiprogramm wird »die Entwicklung und Stärkung des sowjetischen sozialistischen Staates« und »die immer umfassendere Ausprägung seines demokratischen, seines allgemeinen Volkscharakters« als »Kernfrage der Politik der Partei« bezeichnet.

Diese Kernfrage wird sich, solange die totalitären Züge der Einparteiherrschaft in der Sowjetunion überwiegen, mit Sicherheit nicht lösen lassen. Jedenfalls dürften die Maßnahmen, die im Parteiprogramm vorgesehen sind, dazu kaum ausreichen.

Das gilt sowohl für die Ausführungen über die Aktivierung der Tätigkeit der zentralen und lokalen Sowjets[68], der Gewerkschaften[69], der Genossenschaften, des Komsomol, der »freiwilligen Verbände« und der »Organe der gesellschaftlichen Eigeninitiative« der Bevölkerung ebenso wie für die Maßnahmen, die für die »Demokratisierung der Verwaltung«, die Erhöhung der Wirksamkeit der Volkskontrolle und die »Festigung der Rechtsgrundlagen des staatlichen und gesellschaftlichen Lebens« vorgesehen sind. Von ihnen war bereits 1961 ausführlich die Rede, ohne daß der angestrebte Demokratisierungseffekt trotz der inzwischen erfolgten Verfassungsgesetzgebung größer geworden wäre. Ohne Wiederaufnahme der mit der »Entstalinisierung« verbundenen Liberalisierung, einer Selbstbeschränkung der Allmacht der Partei und der Schaffung von Voraussetzungen für eine tatsächliche Gewährleistung der Grundrechte wird eine Änderung in dieser Lage nicht zu erwarten sein.

Die Möglichkeit einer solchen Selbstbeschränkung durch Freigabe bestimmter gesellschaftlicher Bereiche von der Kontrolle durch die Partei ist offenbar im Verlauf der Arbeit am Parteiprogramm diskutiert worden. Dies ergibt sich aus einem Hinweis in dem letzten Artikel Tschernenkos im »Kommunist« im Dezember 1984, in dem dieser solche Zugeständnisse entschieden abgelehnt hat.

Solange die KPdSU zu einer Selbstbeschränkung, die zum Beispiel der Justiz einen bestimmten Grad von Unabhängigkeit ermöglichen würde, nicht bereit ist, wird eine Verstärkung der »sozialistischen Gesetzlichkeit« nicht erreicht und bleiben die im Programm enthaltenen Versprechungen, daß die Grundrechte der Bürger »erweitert und bereichert« werden sollen, hohle Worte.

Die Ausführungen über die Vervollkommnung der Tätigkeit des Staatsapparates und aller Verwaltungsorgane sind sicher ernster gemeint. Sie sollen vor allem dazu dienen, die bürokratische Erstarrung des staatlichen Verwaltungsapparats zu überwinden. Von der Rückkehr zu dem von Chruschtschow eingeführten Turnussystem der gewählten Funktionäre, das nach seinem Sturz abgeschafft wurde, ist dabei abgesehen worden.

In der Neufassung ist übereinstimmend mit der alten Fassung von einer Verstärkung der Rolle der gesellschaftlichen Organisationen die Rede.[70] Sie werden als »wichtige Elemente des Systems der sozialistischen Selbstverwaltung« bezeichnet. Sie betreffen die Massenorganisationen und kleinere Berufs- und Interessenverbände, die in der Sowjetunion »schöpferische Verbände« (tvorčeskie sojuzy) genannt werden. Der Tätigkeitsbereich der Genossenschaften ist, wie aus dem politischen Bericht hervorgeht, bemerkenswert erweitert worden. Wie sich das weitere Verhältnis der Gewerkschaften zu den »Arbeitskollektiven« auf der Betriebsebene gestaltet, wird sich zeigen. Die inzwischen stattgefundenen Tagungen des Verbandes der Filmschaffenden und des Schriftstellerverbandes lassen erkennen, daß den kleineren Verbänden mehr Spielraum gewährt werden soll.

Da im Kapitel über das politische System manches kürzer gefaßt ist als in der ursprünglichen Fassung, fällt es auf, daß auf das Verhältnis der Partei zu den Streitkräften[71] verhältnismäßig ausführlich eingegangen wird.

Im Einklang mit der Unionsverfassung wird die Verteidigungsfunktion als eine der wichtigsten Funktionen des Sowjetstaates, nicht aber wie 1986 als die wichtigste Funktion bezeichnet.

In der Neufassung heißt es:

»Die KPdSU betrachtet den Schutz des sozialistischen Vaterlandes, die Festigung der Landesverteidigung und die Gewährleistung der staatlichen Sicherheit als eine der wichtigsten Funktionen des sowjetischen Staates.«

Für die Gewährleistung der Sicherheit, die nicht nur als äußere, sondern auch innere Sicherheit aufgefaßt wird, ist in der Sowjetunion neben den Streitkräften auch die Polizei, soweit sie dieser Funktion dient, zuständig. Die anschließende Erwähnung der »Organe der Staatssicherheit« neben den Streitkräften meint neben dem KGB sicher auch die Truppen des inneren Schutzes, die dem MWD, d. h. dem Innenministerium, unterstehen.

Von der Führung der Streitkräfte durch die Partei war auch 1961 die Rede. Dieser Führungsanspruch ist aber in der Neufassung wesentlich ausgeweitet worden. Jetzt heißt es:

»Die Grundlage der Grundlagen für die Festigung der Verteidigung der sozialistischen Heimat ist die Führung des Militärwesens und der Streitkräfte durch die Kommunistische Partei. Unter Führung der Partei werden die Verteidigungs- und Sicherheitspolitik des Landes sowie die sowjetische Militärdoktrin, die ausschließlich Verteidigungscharakter besitzt und auf den Schutz gegen einen Angriff von außen gerichtet ist, ausgearbeitet und durchgesetzt.«

In Verbindung mit der Erklärung, daß die sowjetische Militärdoktrin ausschließlich Verteidigungscharakter besitzen würde, wird betont, daß die KPdSU alle Anstrengungen unternehmen werde, »um die Streitkräfte der UdSSR stets auf einem Niveau zu halten, das eine strategische Überlegenheit der Kräfte des Imperialismus ausschließt«.

Bemerkenswert ist auch die von der alten Fassung abweichende Äußerung »Die KPdSU hält es für notwendig, auch weiterhin ihren organisierten und lenkenden Einfluß auf das Leben und die Tätigkeit der Streitkräfte zu verstärken.« Das deutet darauf hin, daß Gorbatschow bestrebt ist, den größeren politischen Spielraum, welchen die militärische Führung infolge der forcierten Aufrüstung und der zeitweiligen Schwäche der politischen Führung gewonnen hatte, wieder einzuschränken.

b) Die Stärkung der »führenden Rolle« der Partei

Auf die Partei selbst und die Forderung, ihre »führende Rolle« zu stärken, wird im vierten Hauptteil der Neufassung eingegangen. Es ist jetzt nicht mehr, wie in der alten Fassung, von der »Partei in der Periode des umfassenden kommunistischen Aufbaus«[72], sondern von der Partei als der »führenden Kraft der entwickelten sozialistischen Gesellschaft« die Rede.

In Verbindung mit der Theorie vom »Staat des gesamten Volkes« wird weiterhin davon ausgegangen, daß sich die KPdSU aus einer »Avantgarde der Arbeiterklasse« in eine »Partei des gesamten Volkes« gewandelt habe. Es wird jedoch gleichzeitig behauptet, daß die KPdSU trotz dieser Umwandlung »ihrem Klassenwesen und ihrer Ideologie nach eine Partei der Arbeiterklasse bleibt«. Aus diesem Grunde wird gefordert, daß die Arbeiter »in ihrer sozialen Zusammensetzung den führenden Platz einnehmen«. Tatsächlich ist dieses, wie wir bereits sahen, nicht der Fall.

Bemerkenswert ist, daß in dem Kapitel über das politische System davon gesprochen wird, daß die KPdSU die Arbeit der Staatsorgane und gesellschaftlichen Organisationen »im Rahmen der Verfassung lenkt und koordiniert«. Die in dieser Formulierung angedeutete verfassungsrechtliche Bindung ist in einer Änderung des Entwurfs des neugefaßten Parteistatuts noch klarer zum Ausdruck gekommen.[73] Der Entwurf enthielt in Übereinstimmung mit der Unionsverfassung den Satz: »Die Parteiorganisationen handeln im Rahmen der Verfassung.« Diese Formulierung bedeutete im Grunde, daß nur die Tätigkeit der Parteiorganisationen, nicht aber der Parteiführung im Rahmen der Verfassung zu erfolgen habe. Jetzt lautet der Satz: »Die KPdSU, die im Rahmen der Verfassung der UdSSR tätig ist, verwirklicht die politische Führung der staatlichen und gesellschaftlichen Organisationen, lenkt und koordiniert ihre Tätigkeit.« Durch die veränderte Formulierung und ihre herausgehobene Stellung ist klargestellt worden, daß die Tätigkeit der ganzen Partei und damit auch der Parteiführung im Rahmen der Verfassung erfolgen muß. Durch diese Festlegung in der Parteiverfassung ist in formeller, wenn auch vorläufig noch nicht in tatsächlicher Hinsicht, eine Beschränkung der absoluten Parteidiktatur erfolgt.

Bereits in der alten Fassung des Parteiprogramms war von dem »weiteren Anwachsen« der führenden Rolle der Partei die Rede, die mit den schwierigen Aufgaben beim »umfassenden Aufbau des Kommunismus« erklärt wurde. Jetzt sind es hauptsächlich das wirtschaftspolitische Aktionsprogramm Gorbatschows und die »komplizierter werdenden außenpolitischen Bedingungen«, mit denen die »gesetzmäßige« Zunahme der führenden Rolle der Partei im Leben der Sowjetgesellschaft begründet wird.

In der Neufassung wird festgestellt, daß die KPdSU »prinzipielle Bedeutung« vor allem »der Einheit von ideologisch-theoretischer, politisch-erzieherischer, organisatorischer und wirtschaftlicher Tätigkeit« zumißt. Daher wird einerseits, ebenso wie in der alten Fassung, der Kampf »gegen bürgerliche Ideologie, Revisionismus und Dogmatismus, Reformismus und Sektierertum« angesagt. Gleichzeitig wird mit größerem Nachdruck der »kompromißlose Kampf gegen jegliche Stagnation und Konservatismus« gefordert. Diesem Zweck sollen einerseits eine klarere Abgrenzung der Funktionen der Partei- und der Staatsorgane sowie der gesellschaftlichen Organisationen, eine »Verbesserung der Arbeit mit den Kadern« und eine »Vervollkommnung der innerparteilichen Beziehungen auf der Grundlage des Prinzips des demokratischen Zentralismus« unter besonderer Berücksichtigung des »kollektiven Führungsprinzips« dienen.

In leitende Positionen sollen Parteimitglieder und Parteilose berufen werden, die neben den allgemeinen persönlichen Voraussetzungen für das Neue aufgeschlossen und bereit sind, Verantwortung zu übernehmen. Auf eine Mischung von »jungen entwicklungsfähigen Nachwuchskräften« und »bewährten Kadern der alten Generation« sei zu achten. Frauen sollen in stärkerem Maße in Leitungsfunktionen berufen werden. Die Parteikontrolle soll verstärkt, »keine einzige Parteiorganisation und kein einziger Funktionär dürfen aus der Kontrolle ausgeklammert werden«.

Die Forderung in dem Parteiprogramm nach erhöhten Anforderungen an ein Parteimitglied unter Verneinung des Anspruchs auf besondere Privilegien ist in der Erweiterung des Pflichtenkatalogs im Parteistatut zum Ausdruck gekommen. Außerdem ist die bisherige Sonderstellung von Parteimitgliedern im Falle einer Strafverfolgung weggefallen.

Die Stagnation in der Entwicklung der Sowjetunion, die in der Neufassung beklagt wird, ebenso wie der »Konservatismus« sind bisher hauptsächlich durch die zentralistisch-bürokratische Struktur der KPdSU und die autokratisch-totalitäre Form ihrer Herrschaft bedingt gewesen. Es ist kaum anzunehmen, daß die veränderte Behandlung der Kaderpolitik im Parteiprogramm und die Betonung der Pflichten eines Parteimitglieds im Parteistatut in der Praxis daran sehr viel ändern werden.

Solange das unterentwickelte demokratische Element im »demokratischen Zentralismus« nicht mehr an Gewicht gewinnt und an dem Prinzip der »monolithischen Einheit« nicht gerüttelt werden darf, wird aufgrund des hierarchischen Aufbaus des Parteiapparats die dominierende Rolle der herrschenden Hochbürokratie kaum verändert werden können.

Der Betonung des »kollektiven Führungsprinzips« entspricht die gegenwärtige oligarchische Struktur der Führungsgremien der Partei. Immerhin ist auffallend, daß die Neufassung weniger ausführlich als 1961 dieses Prinzip behandelt und daß auf die Erwähnung der Gefahren eines »Personenkults« verzichtet wurde. Der Satz, daß das »kollektive Führungsprinzip« dazu beitragen soll, »jede Möglichkeit auszuschalten, daß sich in den Händen einzelner Funktionäre eine zu große Macht konzentriert«, ist nicht wiederholt worden. Dagegen hat eine sensationelle Änderung des Entwurfs des Parteistatuts dafür gesorgt, daß eine wesentliche Aufwertung des »kollektiven Führungsprinzips« inzwischen erfolgt ist. Bisher wies die Begriffsbestimmung des »demokratischen Zentralismus« im Parteistatut vier Grundsätze auf. Jetzt ist die Forderung nach der »Kollektivität der Führung«, die für alle Ebenen verbindlich sein soll, als fünfter Grundsatz hinzugetreten.

Die Ausführungen Gorbatschows im politischen Bericht standen im Einklang mit der Behandlung der Partei und ihrer »führenden Rolle« im sowjetischen Herrschaftssystem im Parteiprogramm. Aus ihnen war zu ersehen, daß sich an dem bisherigen Charakter der Einparteiherrschaft, bei der die totalitären Wesenszüge weiterhin überwiegen, kaum Wesentliches geändert hat. Dies ließ das Festhalten der KPdSU an ihrem Macht-, Informations- und Planungsmonopol und die Forderung nach verstärkter Parteikontrolle besonders deutlich erkennen. Daran konnte auch die bemerkenswerte Feststellung Gorbatschows, daß die Partei die neuen Aufgaben nur erfolgreich lösen könne,»wenn sie selbst in kontinuierlicher Entwicklung begriffen, vom ›Unfehlbarkeits‹-Komplex frei ist«, wenig ändern. Trotzdem kam in diesem Ausspruch eine veränderte Einstellung zur »führenden Rolle der Partei« zum Ausdruck. Diese leitet ihr Machtmonopol und damit die Legitimation ihrer Alleinherrschaft vom ideologisch bedingten Erkenntnismonopol ab. Daher galt die Partei bisher als unfehlbar. Nur einzelne Parteiführer konnten sich irren. Auch eine zweite Feststellung Gorbatschows war bemerkenswert: Er sagte:»Es gibt keine Avantgarderolle der Kommunisten schlechthin. Sie manifestiert sich in praktischen Taten.«

Die Auflockerung des bestehenden Herrschaftssystems durch mehr Publizität und damit Kritik soll durch eine verstärkte Parteikontrolle kompensiert werden. In diesem Sinne erklärte Gorbatschow, daß es in der Partei»keine außerhalb der Kontrolle stehenden und aus der Kritik ausgeklammerten Organisationen gibt, keine aus der Verantwortung der Partei suspendierten Leiter, und es darf sie auch nicht geben«. Ergänzend fügte er hinzu:»Dies gilt gleichermaßen für die Ministerien und anderen zentralen Staatsorgane, für alle Institutionen und Organisationen.« Aufgrund dieser Feststellung ist im Einklang mit dem Parteiprogramm nicht nur an eine Erhöhung der Rolle und Verantwortung der Parteiorgane, sondern auch an eine Verstärkung der Rolle der Parteikomitees in den Ministerien gedacht. Die abschließende Hervorhebung der Bedeutung der ideologischen Arbeit ließ erkennen, daß Gorbatschow, der seiner persönlichen Struktur nach ein»Macher« ist, in der Ideologie in erster Linie ein Lenkungsinstrument sieht. Sie soll vor allem dazu dienen,»die Gesellschaft auf die neuen Aufgaben zu orientieren«. Um das Bewußtsein stärker im Sinne der Beschleunigungsstrategie zu beeinflussen, forderte Gorbatschow, daß die von ihr bestimmten Gesellschaftswissenschaften ihre »gewisse Distanz zu den Erfordernissen des Lebens« aufgeben sollen. Einen wesentlichen Beitrag bei dieser Beeinflussung erwartet Gorbatschow nicht nur von einer besseren ideologischen Erziehungsarbeit und von den Massenmedien[74], sondern auch von der Literatur und Kunst, an deren Bindung an die Parteilinie in dem ihnen gewidmeten Kapitel im zweiten Hauptteil des Parteiprogramms festgehalten wird. Auf diese Weise soll die »sozialistische Lebensweise« weiter verbessert und die politische Kultur der Sowjetmenschen angehoben werden.[75] Eine Festigung des ideologischen Führungsanspruchs der Partei, der dem stetig voranschreitenden Bewußtseinswandel in der sowjetischen Gesellschaft entspricht, dürfte dadurch kaum erreicht werden.

VIII. Die außenpolitischen Aspekte des neugefaßten Parteiprogramms und die außenpolitische Generallinie der KPdSU[76]

1. Die außenpolitische Doppelstrategie der Sowjetunion und die Veränderungen des Kräfteverhältnisses

In dem Parteiprogramm von 1961 ist die Außenpolitik geschlossen vor der Innenpolitik, der auch damals die unbedingte Priorität zukam, behandelt worden. Auf diese Weise wurde den großen Veränderungen im weltweiten Kräfteverhältnis, die den Aufstieg der Sowjetunion zu einer Weltmacht ermöglicht hatten, Rechnung getragen. Die entscheidende qualitative Veränderung dieses Kräfteverhältnisses war unter Chruschtschow durch den Besitz der Wasserstoffbombe und interkontinentaler Raketenwaffen erfolgt. Das aufkommende Weltmachtbewußtsein, das mit der Hoffnung auf eine weitere Machtausdehnung verbunden war, hat im Parteiprogramm von 1961 einen deutlichen Niederschlag gefunden. Die »moderne Epoche«, von der die Einführung ausging, wurde als eine »Epoche des Kampfes der beiden entgegengesetzten Gesellschaftssysteme, die Epoche der sozialistischen und nationalen Befreiungsrevolutionen, die Epoche des Zusammenbruchs des Imperialismus und der Liquidierung des Kolonialsystems, die Epoche des Übergangs immer neuer Völker auf den Weg des Sozialismus, die Epoche des Triumphes des Sozialismus und Kommunismus im Weltmaßstab« bezeichnet.
Beim Prinzip der »friedlichen Koexistenz«, das als die Grundlage der Beziehungen zwischen den feindlichen beiden Welten herausgestellt wurde, überwog infolgedessen das weltrevolutionäre und nicht das kooperative Element. Die Entwicklung unter Breshnew schien zunächst diesen übertriebenen Erwartungen recht zu geben. Die militärische Basis der sowjetischen Weltmachtstellung ist im Zeichen der Entspannung, die auf dem Gebiet der wirtschaftlichen und technologischen Zusammenarbeit Vorteile bot, durch eine forcierte Aufrüstung weiter gestärkt worden. Dabei haben die Vergrößerung des Potentials an strategischen Raketenwaffen ohne Vernachlässigung der konventionellen Streitkräfte und der Ausbau der Flotte die Voraussetzung für eine globale Machtausweitung geschaffen.
Unter Breshnew ist so zu einer kontinentalen Strategie, die eine verstärkte Integration des Sowjetimperiums im weiteren Sinn anstrebt, eine globale Po-

litik, die am Ziele einer Welthegemonie orientiert ist, hinzugetreten. Die globale Strategie ließ die Sowjetunion in Bereiche der Dritten Welt hinausgreifen, zu denen Rußland niemals eine engere Beziehung gehabt hat. Sie ist wesentlich durch eine verstärkte optimistische Einschätzung der Veränderung des Kräfteverhältnisses in der Welt zugunsten des »Sozialismus« und damit der Sowjetunion bedingt gewesen.[77]

Im sowjetischen Schrifttum ist diese Kräfteverschiebung zugunsten der Sowjetmacht als das »Kernproblem in der Entwicklung der Weltpolitik« bezeichnet worden. Sie habe zu einem Umbau der internationalen Beziehungen geführt, der es der Sowjetunion und ihren Verbündeten ermöglicht hätte, »mit den Streitkräften des Imperialismus gleichzuziehen«. Sie sei auch der »Hauptfaktor« gewesen, der die »realistisch denkenden imperialistischen Kreise« zur Entspannung veranlaßt habe.

Der »gesetzmäßige und nicht zu verhindernde« Charakter dieses Prozesses, der »unwiderruflich« sei, wurde dabei besonders betont. In Erwartung einer weiteren Veränderung des globalen Kräfteverhältnisses zugunsten der Sowjetmacht wurde ein weiterer Umbau der internationalen Beziehungen im Sinne der weltrevolutionären und der machtpolitischen Zielsetzung der Sowjetunion ins Auge gefaßt.

Die bisherige Entwicklung, die mit einer wesentlichen Ausdehnung des »sozialistischen Weltsystems« verbunden gewesen sei, habe nicht nur »die Positionen des Sozialismus in Europa« gefestigt, sondern auch dazu beigetragen, »daß die imperialistischen Mächte außerstande sind, ihre früheren Kolonialreiche weiter zu kontrollieren«.

Den mit diesen Worten umschriebenen Erfolgen der sowjetischen Außenpolitik in der »Breshnew-Ära« standen eine Reihe von Rückschlägen gegenüber, welche die Sowjetunion trotz ihrer wachsenden militärischen Stärke hinnehmen mußte. Es zeigte sich, daß die unter Breshnew betriebene außenpolitische Doppelstrategie mit ihrem weltpolitischen Überengagement die Kräfte der Sowjetunion in zunehmendem Maße überforderte. Die Entwicklung seit der bewaffneten Intervention in Afghanistan und die weiter schwelende Krise in Polen haben deutlich die Schranken aufgezeigt, die einer expansiven sowjetischen Weltmachtpolitik gesetzt sind. Die entscheidende Schranke ist in der Diskrepanz zu sehen, die zwischen der Stellung der Sowjetunion als einer militärischen Supermacht und ihrem im Verhältnis zu den Vereinigten Staaten viel zu geringen wirtschaftlichen Potential besteht. Die Kosten, die mit der expansiven globalen Außenpolitik verbunden waren, haben die wirtschaftliche Entwicklung der Sowjetunion behindert und auch die Integrationskraft im Rahmen des Rates für Gegenseitige Wirtschaftshilfe, die zu einer interkontinentalen Wirtschaftsorganisation ausgeweitet worden ist, geschwächt.

Bereits am Ausgange der »Breshnew-Ära« erfolgte die erste Korrektur der sowjetischen Außenpolitik, die der kontinentalen, auf den eurasischen Großraum bezogenen Strategie mit dem Schwerpunkt Osteuropas den unbedingten Vorrang einräumte. Zugleich wurde ein Dialog mit den Vereinigten Staaten befürwortet, der zur Wahrung der Stellung der Sowjetunion als gleichberechtigter Weltmacht auf der Grundlage der militärischen Parität dienen sollte.

Die entsprechende Gewichtsverschiebung in der außenpolitischen Doppelstrategie der Sowjetunion war bereits unter Andropow und Tschernenko festzustellen. Sie hat sich unter Gorbatschow fortgesetzt. Ihr liegt eine wesentlich pessimistischere Einschätzung des gegenwärtigen Kräfteverhältnisses zugrunde. Dies ist aus der Neufassung des Parteiprogramms, das sich im Vergleich zu 1961 durch eine realistischere Einstellung auszeichnet, deutlich zu entnehmen.

In der Neufassung wird zwar auf das internationale Kräfteverhältnis an einigen Stellen eingegangen. Von einer Veränderung dieses Kräfteverhältnisses zugunsten des Sozialismus wird jedoch nur in der Rückschau auf die Vergangenheit und in einer sehr viel allgemeineren Form gesprochen. So wird im ersten Hauptteil gesagt, daß die Entstehung des sozialistischen Weltsystems, die Herausbildung und Festigung der sozialistischen Gemeinschaft, »zu einer grundlegenden Veränderung des internationalen Kräfteverhältnisses zugunsten der Völker, die für den sozialen Fortschritt, Demokratie, nationale Freiheit und Frieden kämpfen«, geführt habe.

In diesem Zusammenhang wird im ersten Kapitel des ersten Hauptteils »die Herstellung des militärstrategischen Gleichgewichts zwischen der UdSSR und den USA, den Organisationen des Warschauer Vertrages und der NATO« als »historische Errungenschaft« besonders hervorgehoben.

Nicht eine weitere Kräfteverschiebung zugunsten der Sowjetmacht, sondern die »Erhaltung dieses Gleichgewichts« wird als »eine zuverlässige Garantie für die Sicherung des Friedens und der internationalen Sicherheit« und damit als die Grundlage einer Politik der »friedlichen Koexistenz« bezeichnet. In diesem Sinne wird in der Einführung die Neufassung als ein »Programm des Kampfes für Frieden und Fortschritt« genannt. Das Schema der beiden feindlichen Welten wird damit nicht aufgegeben. Daher lautet das zweite Kapitel des ersten Hauptteils »Der Kampf zwischen den Kräften des Fortschritts und der Reaktion in der heutigen Welt«.

Auf der einen Seite wird in der Neufassung die Überlegenheit der »jungen, zukunftsträchtigen Welt des Sozialismus« gegenüber der angeblich von Krisen geschüttelten und historisch zum Untergang verurteilten kapitalistischen Welt hervorgehoben. Auf der anderen Seite wird die Stärke und Gefährlichkeit des als »Imperialismus« diffamierten Kapitalismus betont und ihm vorgeworfen, »den Gang der Geschichte aufzuhalten, die Positionen des Sozialismus zu erschüttern und soziale Revanche im Weltmaßstab zu nehmen«.

Besonders bedrohlich wird angesehen, daß die »imperialistischen Mächte« mit den USA – der »Hauptbastion« der internationalen Reaktion – an der Spitze bestrebt seien, »ihre ökonomische, politische und ideologische Strategie zu koordinieren«. Sie wären bestrebt, »eine gemeinsame Front des Kampfes gegen den Sozialismus sowie gegen alle revolutionären und Befreiungsbewegungen zu errichten«. Um eine Kräfteverschiebung zugunsten des Westens zu verhindern, ist die KPdSU bemüht, nicht nur die Verteidigungsanstrengungen im Rahmen des sowjetischen Bündnissystems fortzusetzen, sondern auch die Bildung einer weltweiten Einheitsfront herbeizuführen. Dieser sollen außer der »sozialistischen Gemeinschaft« und der kommunistischen Weltbewegung die »befreiten Völker« der Dritten Welt und »demokratische Massenbewegungen« in der westlichen Welt, d. h. vor allem die »Friedensbewegung«, angehören.

Aufgrund der veränderten Kräftekonstellation, aber auch aus dem Interesse, die wirtschaftlichen und technologischen Beziehungen mit den westlichen Industriestaaten zu nutzen, wird jetzt dem »Wettbewerb« gegenüber dem »Kampf« der Vorrang eingeräumt. Die weltrevolutionäre Zielsetzung wird nicht aufgegeben, doch überwiegt bei der »friedlichen Koexistenz« nunmehr die kooperative gegenüber der revolutionären Seite.

Gorbatschow ist auf die Außenpolitik der KPdSU und damit des Sowjetstaates im politischen Bericht in unmittelbarer Verbindung mit dem Parteiprogramm eingegangen. Daher überwog in dem einführenden ersten Hauptteil des Berichts, der mit »Die Welt von heute: Grundtendenzen und Hauptwidersprüche« überschrieben war, der ideologische Charakter viel stärker, als dies bei den früheren ZK-Berichten auf Parteitagen der Fall war. Konkreter war der vierte Hauptteil des politischen Berichts abgefaßt, der »Die Hauptziele und Hauptrichtungen der außenpolitischen Strategie der Partei« behandelte.

In Übereinstimmung mit dem Parteiprogramm wird im ersten Hauptteil die kapitalistische Welt unter Führung der Vereinigten Staaten in den schwärzesten Farben geschildert. Sie wird als ein aggressives, ausbeuterisches und menschenverachtendes System dargestellt, dem vor allem die »Dritte Welt« hilflos ausgesetzt sei. Dagegen wird die sozialistische Welt mit der Sowjetunion an der Spitze als ein friedliches, soziales und menschenfreundliches System charakterisiert, das sich um die Linderung der Nöte der gesamten Menschheit bemühe.

Die Aufzählung zahlreicher Widersprüche und die Behauptung einer allgemeinen Krise des Kapitalismus sind vor allem dazu bestimmt gewesen, den Eindruck eines Niedergangs der als imperialistisch diffamierten kapitalistischen Welt zu erwecken. Andererseits ist eine weiter bestehende Vitalität

59

des Kapitalismus, bedingt nicht zuletzt durch die Auswirkungen der wissenschaftlich-technischen Revolution, nicht bestritten worden. Diese vorwiegend propagandistische Darstellung der Verhältnisse in der kapitalistischen Welt erleichterte Gorbatschow die Aufgabe, sich mit den Versäumnissen bei der inneren Entwicklung der Sowjetunion kritisch auseinanderzusetzen und die Notwendigkeit einer entscheidenden Wende und die mit ihr verbundenen Schwierigkeiten besser zu begründen.

Die düstere Lagebeurteilung diente jedoch Gorbatschow hauptsächlich dazu, um vor der Gefahr, daß eine weitere Verschärfung der Konfrontation zwischen den beiden feindlichen Welten in einem »nuklearen Inferno« enden könnte, zu warnen. Er verwies auf die wachsende gegenseitige Abhängigkeit aller Staaten und sprach sich daher für einen Wettbewerb mit dem kapitalistischen System »bei einem dauerhaften Frieden« aus. Für ihn bilden beide gegensätzlichen Staatensysteme, ebenso wie die »Dritte Welt«, aufgrund dieser Entwicklungstendenzen Bestandteile einer »Weltgemeinschaft«, die durch übergreifende globale Probleme und damit gemeinsame Interessen bestimmt ist.

Insgesamt konnte aus diesen Ausführungen nicht nur eine größere Einsicht für die Interdependenz einer immer enger werdenden Welt, sondern auch die Bereitschaft zur Wiederbelebung der Entspannung in den Ost-West-Beziehungen entnommen werden.

2. Der außenpolitische Prioritätenkatalog des Parteiprogramms und die Schwerpunkte des außenpolitischen Programms Gorbatschows

Die einzelnen Bereiche der Außenpolitik werden eingehender im dritten Hauptteil des neugefaßten Parteiprogramms behandelt. In ihm wird zunächst auf die »Hauptziele und die Hauptrichtungen in der internationalen Politik der KPdSU« eingegangen. Die Reihenfolge entspricht in weitgehendem Maße dem außenpolitischen Prioritätenkatalog in der Unionsverfassung von 1977.[78] Sie läßt aber auch Unterschiede erkennen. An erster Stelle werden jetzt »die Gewährleistung günstiger Bedingungen für die Vervollkommnung der sozialistischen Gesellschaft« und das »Voranschreiten des Kommunismus« genannt. Mit diesem Ziel werden die »Beseitigung der Gefahr eines Weltkrieges« und die »Erreichung weiterer Sicherheit und Abrüstung« verbunden.

In der Verfassung werden dagegen an erster Stelle die »Sicherung günstiger internationaler Bedingungen für den Aufbau des Kommunismus« und der »Schutz der staatlichen Interessen der Sowjetunion« aufgeführt. Die Kriegverhütung und die Abrüstung sind jetzt von Platz vier und fünf nach vorn gerückt. Dabei hat sich jedoch eine deutliche Begrenzung des jeweiligen Zieles ergeben. In der Verfassung ist weitgehender von der »Verhinderung von Angriffskriegen« und der »Herbeiführung der allgemeinen und vollständigen Abrüstung« die Rede. Die weiteren »Hauptziele und Hauptrichtungen« betreffen die Bereiche, die in der üblichen Rangordnung aufgezählt werden, die auch der weiteren Gliederung des dritten Teils des Parteiprogramms zugrunde liegt. Die meisten dieser Ziele sind mit einer abweichenden Formulierung auch im außenpolitischen Prioritätenkatalog der Unionsverfassung enthalten.

Unter Berücksichtigung der Prioritätenliste des Parteiprogramms wird an zweiter Stelle der »ständige Ausbau und die Vertiefung der Zusammenarbeit der UdSSR mit den sozialistischen Bruderländern zur Festigung und zum Voranschreiten des sozialistischen Weltsystems« aufgeführt. Die Verfassung spricht eindeutiger von der »Stärkung der Positionen des Weltsozialismus«. An dritter Stelle wird die »Entwicklung von gleichberechtigten und freundschaftlichen Beziehungen zu den befreiten Ländern« genannt. Die Verfassung erwähnt an gleicher Stelle »die Unterstützung des Kampfes der Völker um nationale Befreiung und sozialen Fortschritt«. An vierter Stelle ist von der »Aufrechterhaltung und Entwicklung von Beziehungen der UdSSR zu den kapitalistischen Staaten auf der Grundlage der friedlichen Koexistenz, sachlicher und gegenseitig vorteilhafter Zusammenarbeit« die Rede. Die Verfassung spricht dagegen an sechster Stelle kürzer und zugleich allgemeiner von der »konsequenten Verwirklichung des Prinzips der friedlichen Koexistenz von Staaten mit unterschiedlicher Gesellschaftsordnung«. An fünfter Stelle folgt die »internationale Solidarität mit den kommunistischen und revolutionär-demokratischen Parteien, mit der internationalen Arbeiterbewegung, mit dem nationalen Befreiungskampf der Völker«. Dieses Ziel betrifft die kommunistische Weltbewegung, die in der Verfassung ausgeklammert ist. An die letzte Stelle ist auch die »nationale Befreiungsbewegung« versetzt worden, ohne daß dabei die Verpflichtung zu ihrer Unterstützung besonders hervorgehoben wird. Betont wird, daß die KPdSU bei der Behandlung außenpolitischer Probleme von der »entschlossenen Verteidigung der Interessen des Sowjetvolkes« ausgeht. Sie würde der »aggressiven Politik des Imperialismus« entschiedenen Widerstand entgegensetzen. Sie wäre aber zugleich »zum Dialog und zur konstruktiven Lösung internationaler Fragen auf dem Wege von Verhandlungen« bereit.

Der politische Bericht weist bei der Behandlung der einzelnen außenpolitischen Bereiche eine vom Parteiprogramm und den üblichen Parteitagsberichten des Zentralkomitees abweichende Reihenfolge und damit andere Schwerpunkte auf. Zuerst werden in ihm die Beziehungen der Sowjetunion mit den kapitalistischen Ländern behandelt, wobei die Vereinigten Staaten völlig im Vordergrund stehen. Die Beziehungen zu den Entwicklungsländern werden anschließend nur kurz gestreift. Es folgt erst dann die Behandlung der Beziehungen mit den sozialistischen Staaten. Den Abschluß bildet auch hier eine Betrachtung des Verhältnisses der KPdSU zur kommunistischen Weltbewegung und zu anderen für sie nützlichen Kräften.

Den weiteren Schwerpunkt des außenpolitischen Teils des politischen Berichts bilden die Rüstungsbegrenzung und Abrüstung und die Schaffung eines Systems internationaler Sicherheit.

3. Die Beziehungen mit den »sozialistischen Staaten«[79]

Die Ausführungen über »die Zusammenarbeit mit den sozialistischen Ländern« sind in Verbindung mit den Aussagen über das »sozialistische Weltsystem« und die »sozialistische Gemeinschaft« im ersten Teil des Parteiprogramms zu sehen. Zwischen diesen beiden Begriffen wird jetzt schärfer als bisher unterschieden. Im Sinne der im Grundsatzartikel der »Prawda« vom 21. Juni 1985 vertretenen Auffassung betrachtet das Parteiprogramm die »sozialistische Gemeinschaft« als den »Kern« des »sozialistischen Weltsystems«. Auch wenn der Ausdruck ›Kern‹ nicht gebraucht wird, ist diese Übereinstimmung daraus zu ersehen, daß zum Bestand der »sozialistischen Gemeinschaft« nur die Mitgliedstaaten des Warschauer Paktes und des Rates für gegenseitige Wirtschaftshilfe gezählt werden. Tatsächlich wird auch Laos als Teil des weiteren Hegemonialverbandes der Sowjetunion angesehen. Dagegen gelten alle sozialistischen Länder, die kommunistische Einparteistaaten darstellen, als Bestandteile des »sozialistischen Weltsystems«. Dazu gehören nach sowjetischer Auffassung somit auch Jugoslawien, Albanien, die Volksrepublik China, Nordkorea, Afghanistan und Kambodscha (Kampuchea).

Bei Anerkennung der »Mannigfaltigkeit der Welt des Sozialismus« wird in diesem Zusammenhang die Bedeutung der »allgemeinen Gesetzmäßigkeiten der Entwicklung des Sozialismus«, zu denen vor allem die Einparteiherrschaft gehört, besonders hervorgehoben. Unter diesen Gesetzmäßigkeiten wird auch der »Schutz der revolutionären Errungenschaften«, der ein wichtiger Bestandteil der »Breshnew-Doktrin«[80] ist, aufgeführt. Es wird die Behauptung wiederholt, daß der Sozialismus »einen neuen, noch nie dagewesenen Typ internationaler Beziehungen hervorgebracht« habe. Im Sinne dieser Vorstellung wird betont, daß die KPdSU »feste kameradschaftliche Beziehungen« und eine allseitige Zusammenarbeit der UdSSR mit allen Staaten des sozialistischen Weltsystems anstrebt.

Als »besonderes Anliegen« der KPdSU werden jedoch »die umfassende Festigung der Freundschaft, die Entwicklung und Vervollkommnung der Beziehungen der Sowjetunion mit den Ländern der sozialistischen Gemeinschaft« bezeichnet. Sie würden dadurch gefördert, daß diese Länder durch

»gemeinsame Grundinteressen und Ziele« und eine »vielschichtige Zusammenarbeit« verbunden wären und ihre »Aktivitäten auf internationalem Gebiet« koordinieren würden. Die »sozialistische Gemeinschaft« wird dabei als »eine Kraft von höchster Autorität, ohne die keine einzige Frage der Weltpolitik gelöst werden kann«, charakterisiert.

Die KPdSU beabsichtigt, durch eine Reihe von Maßnahmen die Einheit und Geschlossenheit der »sozialistischen Gemeinschaft« zu festigen sowie »ihre Macht und ihren Einfluß« zu stärken. Dieses Ziel soll durch »den Ausbau der Parteibeziehungen auf allen Ebenen«, »die Festigung der staatlichen Beziehungen«, »die Vervollkommnung der Tätigkeit der Organisation des Warschauer Paktes«, »die weitere Vertiefung der sozialistischen ökonomischen Integration« und eine noch engere Zusammenarbeit auf dem ideologischen, wissenschaftlichen und kulturellen Gebiet erreicht werden. Der wissenschaftlich-technischen Zusammenarbeit wird bei den verstärkten Integrationsbestrebungen eine zentrale Rolle zugewiesen.

Die Gestaltung der Beziehungen im Rahmen der »sozialistischen Gemeinschaft« soll unter »vollständiger Wahrung der Gleichberechtigung und der gegenseitigen Achtung der nationalen Interessen« auf der Basis der Grundsätze des »sozialistischen Internationalismus« erfolgen. Sie soll zu einer verstärkten »Annäherung zwischen den Staaten« der Gemeinschaft führen. Von der »Annäherung der Nationen«, d. h. der Völker, ist im Parteiprogramm keine Rede. Offen bleibt, ob die Sowjetunion ihren Hegemonieanspruch, der mit dem Begriff des »sozialistischen Internationalismus« ideologisch umschrieben wird, in ihrem europäischen Vorfeld weiterhin im Sinne der »Breshnew-Doktrin« auslegen wird.

Im politischen Bericht wird im Sinne des Parteiprogramms auf das Verhältnis der Sowjetunion zum »sozialistischen Weltsystem« und vor allem zur »sozialistischen Gemeinschaft« ausführlicher eingegangen. Dagegen werden die bilateralen Beziehungen zu den einzelnen Ländern, mit Ausnahme der Volksrepublik China, nicht näher behandelt.

Als »Herzstück« der politischen Zusammenarbeit der in der »sozialistischen Gemeinschaft«, d. h. dem sowjetischen Hegemonialverband, zusammengefaßten Staaten bezeichnete Gorbatschow »das Zusammenwirken der regierenden kommunistischen Parteien«. In diesem Zusammenhang kündigte er die Entstehung einer »weiteren, möglicherweise zentralen Einrichtung dieser Zusammenarbeit« in Gestalt »multilateraler Arbeitstreffen« der führenden Repräsentanten der kommunistischen Länder an. Gemeint ist offenbar eine Institutionalisierung der gemeinsamen Konferenzen der Parteiführer, die es auch früher gab. Es können auch die Treffen der Partei- und Regierungschefs als selbständige Einrichtung gemeint sein, die bisher in Verbindung mit Tagungen des Politischen Beratenden Ausschusses des Warschauer Paktes oder vor Ratstagungen des RGW stattfanden.

Der Warschauer Vertrag ist nach einer Geltungsdauer von 30 Jahren mit Protokoll vom 26. April 1985 unverändert für 20 Jahre und der Möglichkeit einer weiteren Verlängerung um 10 Jahre erneuert worden.[81] In seinem Bericht weist Gorbatschow auf die Bedeutung dieser Erneuerung, die er als »zweite Geburt« des Warschauer Paktes bezeichnet, ausdrücklich hin. Sein besonderes Interesse gilt vor allem dem »Komplexprogramm des wirtschaftlich-technischen Fortschritts«, das auf der außerordentlichen Ratstagung des RGW am 17. und 18. Dezember 1985 angenommen wurde.[82] Durch eine abgestimmte Politik der RGW-Länder auf diesem Gebiet soll der wirtschaftliche Integrationsprozeß vorangetrieben werden. Zu diesem Zweck sieht Gorbatschow in der bisherigen Tätigkeit des Rates für gegenseitige Hilfe Veränderungen für erforderlich an. Mehr Aufmerksamkeit soll »den ökonomischen Hebeln, der Initiative und dem sozialistischen Unternehmungsgeist und der Einbeziehung der Arbeitskollektive in diesen Prozeß« gewidmet werden. Die Kontakte zwischen den Bürgern der RGW-Länder sollen verstärkt werden. Sie sollen vor allem dem Austausch von »Gedanken, Ideen und von Erfahrungen des sozialistischen Aufbaus« dienen.

Gorbatschow wendet sich gegen die Ansicht, daß die »sozialistische Gemeinschaft« von den anderen sozialistischen Staaten »durch Barrieren getrennt« sei. Die KPdSU würde sich für »ehrliche, offene Beziehungen« zu allen regierenden kommunistischen Parteien und zu allen Staaten des »sozialistischen Weltsystems« einsetzen. Mit Genugtuung vermerkt er »eine gewisse Verbesserung der Beziehungen der Sowjetunion zu ihrem großen Nachbarn, dem sozialistischen China«. Er weist auf die Möglichkeit »gemeinsamer Zusammenarbeit zwischen den beiden Mächten auf gleichberechtigter und prinzipieller Grundlage« hin, betont aber ausdrücklich, daß dies »keineswegs zum Nachteil von Drittländern« erfolgen soll. Damit ist vor allem Vietnam gemeint. Tatsächlich ist bisher eine Normalisierung der Beziehungen mit der Volksrepublik China, die an ihrer Unabhängigkeit nach allen Seiten festhält, nur auf dem wirtschaftlichen und teilweise kulturellen Gebiet erfolgt. Aus den Äußerungen Gorbatschows geht in keiner Weise hervor, daß er in der Lage ist, den von chinesischer Seite genannten drei Bedingungen für eine politische Normalisierung zu entsprechen.

4. Die Beziehungen mit den Entwicklungsländern[83]

Im Parteiprogramm werden die Entwicklungsländer als »befreite Länder« bezeichnet. Die Absicht der KPdSU, die »freundschaftlichen Beziehungen« zu diesen Ländern zu erweitern, ist in Verbindung mit den Ausführungen über den Zusammenbruch des Kolonialsystems im ersten Teil zu sehen. Der

»antiimperialistische Kampf der vom kolonialen Joch befreiten Länder für die Festigung ihrer Unabhängigkeit und sozialen Fortschritts« wird als ein »wesentlicher Bestandteil des revolutionären Prozesses« bezeichnet. Dem Westen wird eine »Politik des Neokolonialismus« vorgeworfen, die unter Ausnutzung der ökonomischen und technologischen Abhängigkeit zu einer fortgesetzten wirtschaftlichen Ausbeutung der Entwicklungsländer führen würde. Sie habe zur »gigantischen Verschuldung der Länder Asiens, Afrikas und Lateinamerikas« geführt. In dem Parteiprogramm wird erklärt, daß die KPdSU den »gerechten Kampf« dieser Länder für ihre Unabhängigkeit, die »Errichtung einer neuen internationalen Wirtschaftsordnung, für die Überwindung der Schuldknechtschaft« unterstützen würde. Die Partei halte es vor allem für ihre »internationalistische Pflicht, den Kampf der Völker zu unterstützen, die sich noch unter dem Joch des Rassismus befinden und Opfer des Apartheidsystems« sind. Die Bedeutung der politischen und wirtschaftlichen Zusammenarbeit mit »Ländern sozialistischer Orientierung« wird betont. Dies geschieht jedoch verhältnismäßig zurückhaltend. Der Begriff »Länder sozialistischer Orientierung« findet sich nur an einer Stelle. Daneben wird erklärt, daß die Praxis gezeigt habe, »daß ein realer Boden für die Zusammenarbeit mit den jungen Staaten existiert, die den kapitalistischen Weg gehen«. In diesem Zusammenhang wird im Sinne des Selbstbestimmungsrechts betont, »daß die Bestimmung des Schicksals der befreiten Länder, die Wahl ihrer Gesellschaftsordnung, deren eigenes, heiliges Recht« sei. Auf die »riesige, vielgesichtige Welt der Entwicklungsländer«, die Gorbatschow im ersten Hauptteil seines Berichts stärker berücksichtigt hat, ist er bei der Behandlung der konkreten Außenpolitik nur am Rande eingegangen. Aus der von ihm angestrebten »kollektiven Suche«, die zur »Entblockierung der Konfliktsituation im Nahen und Mittleren Osten, in Mittelamerika, im Süden Afrikas« und anderen Regionen beitragen soll, kann auf eine größere Zurückhaltung in der globalen Strategie der Sowjetunion geschlossen werden.

5. Die Beziehungen mit den »kapitalistischen Staaten« und die Probleme der Rüstungskontrolle

Im ersten Hauptteil der Neufassung ist die kapitalistische Welt mit den Vereinigten Staaten an der Spitze als ein Hort der Verderbnis und als eine »ständige und wachsende Quelle der Kriegsgefahr« geschildert worden. Im dritten Hauptteil ist eher das Bestreben deutlich, dieses düstere Bild ein wenig aufzuhellen und die Möglichkeit eines »friedlichen Wettstreits« mit der westlichen Welt trotz der weiter fortbestehenden ideologischen Feindschaft zu betonen.

In diesem Sinne wird einleitend erklärt: »Die KPdSU geht davon aus, daß die historische Auseinandersetzung zwischen den beiden gegensätzlichen Gesellschaftssystemen, in die die Welt von heute geteilt ist, mit friedlichen Mitteln entschieden werden kann und muß. Der Sozialismus beweist seine Vorzüge nicht durch die Gewalt der Waffen, sondern durch die Kraft des Beispiels in allen Bereichen des gesellschaftlichen Lebens.«

Als Basis eines solchen »friedlichen Wettstreits« wird das »Leninsche Prinzip der friedlichen Koexistenz von Staaten unterschiedlicher Gesellschaftsordnung« genannt.[84]

Als »fundamentale Grundlagen«, auf denen die Sowjetunion ihre Beziehungen zu den kapitalistischen Staaten gestalten will, werden die in der Unionsverfassung der UdSSR verankerten Grundsätze bezeichnet. Bei ihnen handelt es sich um die zehn Prinzipien der KSZE-Schlußakte, die von sowjetischer Seite als Grundsätze der »friedlichen Koexistenz« angesehen werden.

Bemerkenswert ist, daß im Parteiprogramm jetzt in Übereinstimmung mit der westlichen Grundauffassung der Gewaltverzicht an erster Stelle des Prioritätenkatalogs aufgeführt wird. Es ist dabei nicht nur vom Verzicht auf Anwendung oder Androhung kriegerischer, sondern auch nichtkriegerischer Gewalt die Rede. Besondere Beachtung findet auch das Selbstbestimmungsrecht[85] der Völker, dessen äußere Seite, ebenso wie in der Verfassung, als »Recht der Völker, über ihr eigenes Schicksal zu bestimmen«, umschrieben wird. Zum inneren Aspekt des Selbstbestimmungsrechts heißt es im direkten Widerspruch zur nationalitätenpolitischen Praxis der Sowjetunion: »Jedes Volk hat Anspruch auf ein Leben in einer Gesellschaft, die frei von sozialer und nationaler Unterdrückung ist.« Bezeichnend ist, daß in dem Prinzipienkatalog der wichtige Grundsatz »der Achtung der Menschenrechte und Grundfreiheiten« fehlt.

Die Behauptung im Parteiprogramm: »Die KPdSU war stets und ist weiterhin der Ansicht, daß ein ›Export‹ der Revolution prinzipiell unzulässig ist und daß sie niemandem von außen aufgezwungen werden kann«, wird durch die zahlreichen bewaffneten Interventionen der Sowjetmacht in der Vergangenheit und teilweise auch Gegenwart widerlegt. Der klassische Fall ist Afghanistan, dessen anhaltende Besetzung durch die sowjetischen Streitkräfte in einem eindeutigen Widerspruch zum allgemeinen Gewaltverbot in der Satzung der Vereinten Nationen steht.

Daher kann aus der Betonung des kooperativen Aspekts der »friedlichen Koexistenz« und dem Wegfall ihrer Charakterisierung als »spezifische Form des Klassenkampfes« in der Fassung von 1961 nicht ohne weiteres auf eine veränderte sowjetische Grundeinstellung zur »friedlichen Koexistenz« gesprochen werden.

Der weltrevolutionäre Aspekt ist weiterhin da und kommt in dem »ideologischen Kampf«, auf den im ersten Hauptteil näher eingegangen wird, deutlich zum Ausdruck. Solange mit diesem »ideologischen Kampf« weiterhin subversive Aktionen verbunden sind, läßt sich in der Praxis ein eindeutiger Verzicht auf Gewaltanwendung unterhalb »internationaler Kriege« nicht feststellen. Daher wird sich die »Übertragung von ideologischen Widersprüchen zwischen beiden Systemen auf die Sphäre dieser Beziehungen«, die das Parteiprogramm als »unzulässig« ansieht, nicht vermeiden lassen. Die auf diese Weise verursachten Spannungen dürften der »Entwicklung des internationalen Entspannungsprozesses«, der im Parteiprogramm als ein Schritt »zur Schaffung eines umfassenden und zuverlässigen Systems der Sicherheit« gedacht ist, nicht förderlich sein. Sie tragen auch nicht zu der angestrebten »Beendigung des Wettrüstens und der Abrüstung« bei.

Die sowjetischen Vorschläge, die im Parteiprogramm zur Erreichung dieses Zieles wiederholt werden, mögen in bestimmten Fällen durchaus diskutabel sein, genügen aber nicht, solange die notwendige Vertrauensbasis fehlt. Erfolge in den Fragen der Rüstungsbegrenzung und Abrüstung werden sich nur erreichen lassen, wenn das von sowjetischer Seite besonders hervorgehobene Prinzip »der Gleichheit und der gleichen Sicherheit« auf alle Staaten und nicht nur auf die beiden Supermächte angewandt wird. Wichtig ist, daß sich auf sowjetischer Seite die Einsicht, die bereits bei Malenkow vorlag, durchgesetzt hat, daß der atomare Weltkrieg den Untergang der Weltzivilisation zur Folge haben würde. Dadurch ist die Begründung zu seiner Vermeidung, die bereits in der ursprünglichen Fassung vorlag, verstärkt worden. Darüber hinaus stellt die Erklärung, daß die Sowjetunion zu »einer wirksamen Kontrolle« bei der »Begrenzung oder dem Verbot« jeder Waffenart »auf gegenseitiger Grundlage« bereit sei, einen wesentlichen Schritt vorwärts dar.

Unter den »Beziehungen zu den kapitalistischen Ländern« gehört die Hauptaufmerksamkeit eindeutig den Vereinigten Staaten.[86] Bei ihrer Betrachtung wird betont, daß die KPdSU »für normale, stabile Beziehungen zwischen der Sowjetunion und den USA« eintritt. Daneben wird »der weiteren Entwicklung einer friedlichen, guten Nachbarschaft und der Zusammenarbeit der Staaten Europas große Bedeutung« zugemessen.[87] Diesem Zweck soll die weitere Entwicklung und Vertiefung des »Prozesses der Festigung von Sicherheit, Vertrauen und friedlicher Zusammenarbeit in Europa« und seine Ausdehnung auf die »ganze Welt« dienen.

Dieses Ziel soll durch die »Gewährleistung der Sicherheit in Asien« und durch Umwandlung Asiens, Afrikas, Lateinamerikas einerseits, des Stillen und des Indischen Ozeans andererseits in »Zonen des Friedens und guter Nachbarschaft« erreicht werden. Als »unabdingbare Voraussetzung« wird dabei in Europa »wie auch in anderen Regionen die Achtung der im Ergebnis des Zweiten Weltkrieges entstandenen territorialen und politischen Realitäten« angesehen. Offenbar sieht die KPdSU im Widerspruch zur KSZE-

Schlußakte auch einen völkerrechtlich zulässigen »peaceful change« als »Revanchismus« an.
Im Rahmen der Beziehungen mit den westlichen Staaten wird die Bedeutung der wirtschaftlichen Zusammenarbeit besonders hervorgehoben. Außerdem wird die Bereitschaft, »bei der Lösung globaler Probleme« mit allen Ländern zusammenzuarbeiten, betont.
Interessant ist, daß eine bestimmte multipolare Tendenz, die in der außenpolitischen Theorie der Sowjetunion neuerdings festzustellen ist, im ersten Hauptteil des Parteiprogramms ihren Niederschlag gefunden hat. Von »drei führenden imperialistischen Rivalitätszentren – den USA, Westeuropa und Japan –«[88], die einen Konkurrenzkampf austragen würden, war schon früher die Rede. Jetzt werden außerdem noch »neue ökonomische und politische Zentren der Rivalität«, die »im pazifischen Raum und in Lateinamerika« entstanden wären, erwähnt. Das Parteiprogramm glaubt aus dieser Entwicklung eine Zuspitzung der Widersprüche zwischen den bürgerlich-kapitalistischen Staaten feststellen zu können, die für die Verwirklichung der außenpolitischen Zielsetzung der KPdSU und damit der Sowjetmacht genutzt werden könnten.
Den Mittelpunkt aller außen- und sicherheitspolitischen Ausführungen über die Beziehungen zu den kapitalistischen Ländern bilden die Vereinigten Staaten. Der Gestaltung der bilateralen Beziehungen der Sowjetunion zu ihnen wird ein unbedingter Vorrang eingeräumt. Zwar wird im vierten Hauptteil des politischen Berichts erklärt, daß man in der Weltpolitik »nicht alles ausschließlich auf die Beziehungen zu einem einzigen, noch so wichtigen Land setzen« sollte. Tatsächlich ist im Unterschied zu früheren Parteitagsberichten auf die zweiseitigen Beziehungen zu anderen Staaten, gleich ob »kapitalistisch« oder »sozialistisch«, überhaupt nicht näher eingegangen worden. Die einzige Ausnahme bildet, wie bereits erwähnt, die Volksrepublik China. Einer der Gründe mag darin zu sehen sein, daß die Festlegung der sowjetischen Politik gegenüber anderen Staaten noch nicht endgültig festgelegt ist. Außerdem wird sich Gorbatschow bei der Gestaltung dieser Beziehungen noch freie Hand wahren wollen. Durch das von ihm eingeschlagene Verfahren ist jedenfalls die bipolare Struktur der Weltpolitik stärker zum Ausdruck gekommen. Dagegen ist auf die multipolaren Tendenzen in der Weltpolitik im Bericht nur am Rande eingegangen worden.
Der USA als »Lokomotive des Militarismus« wirft Gorbatschow vor, mit ihrer globalen »Politik der Stärke« das Wettrüsten anzuheizen und durch Vermehrung der nuklearen Gefahr den Weltfrieden zu gefährden.
Auf der anderen Seite stellt er in Verbindung mit seinem Treffen mit dem amerikanischen Präsidenten in Genf fest, daß »sich Voraussetzungen für eine gesündere internationale Lage« herausgebildet hätten. Eine außenpolitische »Wende« würde jedoch ein Eingehen auf seine Vorschläge über die Rü-

stungsbegrenzung und Abrüstung in der Erklärung vom 15. Januar 1986[89] erfordern. Die Realisierung dieses »zeitlich genau eingeteilten Plans konkreter Aktionen« bezeichnet Gorbatschow als die »zentrale Richtung« der Außenpolitik der KPdSU in den kommenden Jahren. Die Sowjetunion würde keinen Anspruch auf größere Sicherheit erheben, aber auch eine geringere nicht hinnehmen.

Gorbatschow betont, daß die Sowjetunion für eine Kontrolle »offen« sei. Er bezeichnet eine »allumfassende, genaueste Überprüfung« als »wohl das wichtigste Element des Abrüstungsprozesses«.

Die Strategische Verteidigungsinitiative Präsident Reagans (SDI) wird von ihm erneut als ein Programm des »Sternenkriegs« entschieden abgelehnt. Er erklärt jedoch im Einklang mit seiner Rüstungskontroll-Erklärung, daß die Sowjetunion bereit sei, »die Frage der Mittelstreckenraketen in der europäischen Zone« gesondert – ohne unmittelbaren Zusammenhang mit den Problemen der strategischen Rüstung und des Weltraums – zu lösen.

Der sowjetische Außenminister Schewardnadse hat in seinem Diskussionsbeitrag die Bereitschaft der Sowjetunion bekundet, in einem späteren Stadium auch die Kurzstreckenraketen in eine solche Regelung einzubeziehen.

Gorbatschow kritisiert die Reaktion auf seine Vorschläge durch Reagan und deutet an, daß er ein weiteres Gipfeltreffen nur für sinnvoll hält, wenn dabei »praktische Resultate« erzielt würden. Als solche bezeichnet er Vereinbarungen über einen nuklearen Teststopp und die »Beseitigung der amerikanischen und sowjetischen Mittelstreckenraketen in der europäischen Zone«.

Mit seinen Äußerungen zu dem noch offenen Besuchstermin erweckt Gorbatschow den Eindruck, als ob er nur unter dieser Bedingung an einem weiteren Treffen teilnehmen würde. Dieser Eindruck ist durch Schewardnadse und später durch den Generalsekretär selbst abgeschwächt worden.

Im Anschluß an die USA hat es Gorbatschow vorgezogen, die Beziehungen zu den anderen Ländern nicht im einzelnen, sondern nach geographisch bestimmten Regionen zu behandeln. Infolgedessen beginnt er mit der »europäischen Richtung« und geht dann auf die »asiatische und pazifische Richtung« ein.

Die europäische Richtung wird von ihm als »eine der wichtigsten« in der »internationalen Tätigkeit« der KPdSU bezeichnet. Er spricht sich dabei für eine Fortführung des KSZE-Prozesses und für eine »radikale Reduzierung nuklearer und konventioneller Rüstungen« im europäischen Bereich aus.

In der Einstellung Gorbatschows zu Europa ist trotzdem ein bestimmter Wandel festzustellen.

Anfangs ist von ihm die Bedeutung Westeuropas neben den Vereinigten Staaten stärker hervorgehoben worden. Sein Ausspruch »Europa – unser gemeinsames Haus«, den er mehrfach wiederholt hat, und einige andere Äußerungen zeigten, daß für ihn die Sowjetunion als Inkarnation Rußlands in erster Linie eine europäische Macht darstellt. Dem entsprach die wachsende sowjetische Bereitschaft, in der EG nicht nur eine wirtschaftliche, sondern auch eine politische Einheit zu sehen. Eine Hinwendung zu einer stärkeren Berücksichtigung auch anderer Machtzentren in der Welt ist seit dem Frühjahr 1985 erfolgt. Sie betraf vor allem Asien. Diesem Zweck diente die überraschende Wiederbelebung des Gedankens einer Konferenz über Sicherheit in Asien (KSA) in Gestalt eines gesamtasiatischen Forums.[90] In seiner Erklärung vom 15. Januar 1986 hat Gorbatschow daher die Stellung der Sowjetunion als einer »großen asiatischen Macht« besonders hervorgehoben. Er hat auch den Anspruch der Sowjetunion als einer führenden asiatischen Macht erneuert.

In diesem Sinne wird im politischen Bericht festgestellt, daß »der asiatischen und pazifischen Richtung« in der sowjetischen Außenpolitik »immer größere Bedeutung zukommt«.

Der Wunsch Gorbatschows zu einer Entschärfung der bestehenden Konflikte in Asien und einer Stabilisierung der dortigen Situation steht in einer unmittelbaren Beziehung zu seinen Ausführungen zur Lösung der Afghanistan-Frage. Sie lassen erkennen, daß Gorbatschow gerne das afghanische Abenteuer beenden würde. Es ist vorläufig schwer abzusehen, wie sich seine grundsätzliche Bereitschaft, die sowjetischen Truppen aus Afghanistan abzuziehen, aufgrund der von ihm genannten Bedingungen verwirklichen läßt.

Ein besonderes Anliegen Gorbatschows ist die Schaffung eines internationalen Sicherheitssystems. Ein solches »allumfassendes System der internationalen Sicherheit« ist von ihm als eines der Hauptziele der sowjetischen Außenpolitik bezeichnet worden. Auf die »prinzipiellen Grundlagen« dieses Systems, die das militärische, politische, wirtschaftliche und humanitäre Gebiet betreffen, ist er im politischen Bericht näher eingegangen. Bemerkenswert ist, daß er im Unterschied zum Parteiprogramm unter den Grundlagen »auf humanitärem Gebiet« auch den »Ausbau der internationalen Zusammenarbeit bei der Wahrnehmung der politischen, sozialen und persönlichen Menschenrechte«, allerdings unter dem Vorbehalt der »Respektierung der Gesetze jedes Landes«, erwähnt.

6. Die KPdSU und die kommunistische Weltbewegung[91]

Auf die kommunistische Weltbewegung wird im ersten und dritten Hauptteil des Parteiprogramms eingegangen. Von der KPdSU wird dabei an zwei Stellen erklärt, daß sie in ihren Beziehungen zu den Bruderparteien »vom Prinzip des proletarischen Internationalismus« ausgeht. Damit wird mittelbar am Führungsanspruch der KPdSU innerhalb der kommunistischen Weltbewegung festgehalten. Die Bereitschaft zur Berücksichtigung der nationalen Besonderheiten der einzelnen kommunistischen Parteien, insbesondere in der »nichtsozialistischen Welt«, wird stärker betont. Doch sollen auch in Zukunft Abweichungen von prinzipiellen Positionen durch den »Opportunismus und Revisionismus« einerseits, »Dogmatismus und Sektierertum« andererseits, ebenso wie alle »Einflüsse der bürgerlichen Ideologie« scharf bekämpft werden. Zum Zwecke der »Aktionseinheit der internationalen Arbeiterklasse« soll der Kurs »auf die Entwicklung der Verbindungen zu sozialistischen, sozialdemokratischen und Labour-Parteien« fortgesetzt werden.

Bei der Behandlung des Verhältnisses zur kommunistischen Weltbewegung im politischen Bericht hat Gorbatschow einige Bemerkungen gemacht, die über das Parteiprogramm hinausführen. Außerdem ist er ausführlicher auf die Kräfte in der westlichen Welt, die für die Ziele der sowjetischen Außenpolitik nutzbar werden können, näher eingegangen. Gorbatschow ist unter Berücksichtigung der »Mannigfaltigkeit« der kommunistischen Weltbewegung für eine »gleichberechtigte Zusammenarbeit zwischen den kommunistischen Parteien« eingetreten. Er hat dabei ausdrücklich den Anspruch einer Partei und damit auch der KPdSU auf den »Monopolbesitz der Wahrheit« verneint. Die Nennung des Begriffs des »proletarischen Internationalismus« ist von ihm in diesem Zusammenhang ebenso vermieden worden wie die des »sozialistischen Internationalismus« bei den früheren Ausführungen zur »sozialistischen Gemeinschaft«.

Gorbatschow betont die »unwandelbare Solidarität« der KPdSU »mit den Kräften der nationalen und sozialen Befreiung«. Er bestätigt zugleich den »Kurs auf enges Zusammenwirken mit den Ländern sozialistischer Orientierung, mit den revolutionär-demokratischen Parteien und der Bewegung der Nichtpaktgebundenheit«. Zur »Aktivierung des Kampfes für Frieden und internationale Sicherheit« setzt er sich für den Ausbau von Kontakten der KPdSU »zu nichtkommunistischen Strömungen und Organisationen«, einschließlich von solchen religiöser Natur, und für die Entwicklung der »Beziehungen zur Sozialdemokratie« trotz der weiter fortbestehenden ideologischen Meinungsverschiedenheiten ein.

IX. Die Aussichten für die Verwirklichung des Aktionsprogramms Gorbatschows

Die Beschlüsse, die auf dem XXVII. Parteitag aufgrund des politischen Berichts und des wirtschaftspolitischen Berichts[92], der vom Ministerpräsidenten der UdSSR, Nikolaj Ryshkow, am 3. März 1986 erstattet wurde, gefaßt worden sind, haben zu einer bestimmten Konkretisierung des neugefaßten Parteiprogramms beigetragen. Sie sind nur in einigen Fällen über die Aussagen des Parteiprogramms hinausgegangen. Der dadurch festgesetzte erweiterte Rahmen bedarf daher noch einer wesentlichen Ausfüllung.

Die Gegenüberstellung des Parteiprogramms mit dem politischen Bericht Gorbatschows hat deutlich gezeigt, daß die in ihm zum Ausdruck kommende innen- und außenpolitische Generallinie, die durch die Entschließung des Parteitages vom 5. März 1986 gebilligt wurde, ebenfalls sehr allgemein abgefaßt ist. Bei ihrer Konkretisierung könnte sich die Bindung an das geltende Parteiprogramm aufgrund seines zwiespältigen Charakters als Ballast für das eigentliche Aktionsprogramm Gorbatschows erweisen. Schon die geringfügigen Versuche, die individuelle Initiative durch verstärkte persönliche materielle Interessiertheit zu fördern und den genossenschaftlichen Bereich, der wie das Staatseigentum der zentralen Planung unterliegt, zu erweitern, sind bereits vor dem Parteitag auf Widerstand gestoßen.

Gorbatschow kritisierte im politischen Bericht eine verbreitete Haltung, »bei der in jeder Veränderung des Wirtschaftsmechanismus eine Abweichung von den Grundsätzen des Sozialismus gesehen wird«. Er wandte sich zugleich gegen die von der Praxis widerlegte Vorstellung, »wonach eine Übereinstimmung der Produktionsverhältnisse und des Charakters der Produktivkräfte im Sozialismus gleichsam zwangsläufig zustande kommt«. Seine Feststellung, daß »die Ministerien und die anderen zentralen Einrichtungen sowie die territorialen Organe keine Eigentümer der Produktionsmittel, sondern lediglich Institutionen der staatlichen Verwaltung sind«, entspricht der Rechtslage. Tatsächlich leiten aber die in diesen Institutionen tätigen Bürokratien aus der Verfügungsgewalt über die von ihnen verwalteten Produktionsmittel ihren Herrschaftsanspruch ab. Daran kann die von Gorbatschow angestrebte »Vertiefung der sozialistischen Selbstverwaltung« wenig helfen, solange sie keine wirkliche Betriebsselbstverwaltung ist.

Neben der zentralen Planwirtschaft auf staatssozialistischer Grundlage ist es die totalitäre Form des bestehenden Einparteisystems mit seiner zentralistisch-bürokratischen Herrschaftsstruktur, die eine Beschleunigung der sozialökonomischen Entwicklung hauptsächlich hemmt.

Welche großen Schwierigkeiten bestehen, um in einem solchen System Veränderungen herbeizuführen, ist bei den bisherigen Bemühungen nach dem Parteitag, das Aktionsprogramm Gorbatschows zu verwirklichen, sehr deutlich geworden.

Auf das Ausmaß dieser Schwierigkeiten hat Gorbatschow in seinem Bericht über den endgültigen Fünfjahrplan 1986 bis 1990 und »die Aufgaben der Parteiorganisationen bei ihrer Verwirklichung« auf dem ZK-Plenum am 16. Juni 1986[93] hingewiesen. Dieser Bericht erfolgte nach dem Reaktorunfall von Tschernobyl[94], der nicht nur die organisatorischen Schwächen des gegenwärtigen Sowjetsystems aufgedeckt hat, sondern auch zu einem gewissen Prestigeverlust Gorbatschows, der bereits im Verlauf des Parteitags stärker in die »kollektive Führung« eingebunden worden ist, geführt hat. Durch Tschernobyl sind die Bemühungen Gorbatschows, die Führungskader auf die Durchführung der Parteitagsbeschlüsse einzuschwören, jäh unterbrochen worden. Tschernobyl hat in wirtschaftlicher Hinsicht die Schwierigkeiten in der Energiewirtschaft, von denen vor kurzem auf einer interministeriellen und interrepublikanischen Konferenz im Kreml die Rede war, wesentlich vergrößert. In geringerem Maße ist dadurch die Versorgung mit landwirtschaftlichen Produkten, die weiterhin unzureichend ist, betroffen worden. Da Tschernobyl in der Ukraine liegt und die Radioaktivität hauptsächlich in der Ukraine und Weißrußland sich ausgewirkt hat, wird dies die Kritik an dem von den Großrussen bestimmten Moskauer Zentralismus weiter verstärkt haben.

Die vielen Veranstaltungen, die bisher seit dem Parteitag bei allen Partei-, Staats- und gesellschaftlichen Organisationen stattfanden, haben deutlich gezeigt, wie schwierig es ist, den fortbestehenden innenpolitischen Immobilismus zu überwinden. Infolge der bürokratischen Verkrustung ist er im Parteiapparat nicht minder anzutreffen als im Staatsapparat.

In der Hauptstadt war es Jelzin, der bereits auf dem Parteitag eine Reorganisation des ZK-Apparates gefordert hatte, der den Verantwortlichen in der von ihm geleiteten Moskauer Parteiorganisation vorwarf, sich nicht an die Beschlüsse des XXVII. Parteitags zu halten. Sie hätten jeden Sinn für Selbstkritik verloren und würden »Schwerfälligkeit« und »Parasitentum« aufweisen.[95]

Gorbatschow sprach in seinem Bericht vor dem ZK-Plenum von »Schwierigkeiten unterschiedlicher Art«, die bei der Durchführung der Parteitagsbeschlüsse »überwunden werden müssen«, und ging auf die den »Umgestaltungsprozeß hemmenden Faktoren«, die »zunächst aus dem Trägheitsgesetz, aus veralteten Gewohnheiten und starren Denkweisen« stammten, näher ein. Er betonte, daß dabei »Taten durch Worte ersetzt werden«. Auf diese Weise »wird eine Illusion von der Umgestaltung geschaffen – in Worten steht alles zum Besten, doch reale Veränderungen gibt es nicht. Daher verfällt die Umgestaltung in Leerlauf.«

Gorbatschow beklagte in diesem Zusammenhang »die Schwerfälligkeit und die ineffektive Arbeit des Verwaltungsapparates«, der wesentlich den schleppenden Gang »der Umverteilung der Rechte und Pflichten zwischen den zentralen Wirtschaftsorganen und den Ministerien auf der einen Seite und den Betrieben, Produktionsvereinigungen und Arbeitskollektiven auf der anderen Seite« bedingen würde.

Manche Leiter seien bestrebt, »auf jede erdenkliche Weise Kommandobefugnisse zu behalten«. In der Moskauer Zentrale würden immer wieder »Bitten eingehen, neue Verwaltungsorgane zu bilden und zusätzliche Planstellen zuzuteilen«.

Nach Gorbatschow hätten die Erfahrungen der zurückliegenden Monate »überzeugend bewiesen, daß eine Umgestaltung in der Gesellschaft ohne Umstellung im Stil und den Methoden der Partei auf allen Ebenen nicht möglich ist«. Er appellierte zu diesem Zweck vor allem an die »führenden Funktionäre der Parteiorgane«, durch ihr Vorbild zur Durchsetzung dieses Stils beizutragen. Er hob gleichzeitig, sicher auch im Hinblick auf Tschernobyl, die prinzipielle Bedeutung der Forderung nach der »ganzen Wahrheit« hervor. Er erinnerte dabei an die Warnung Lenins: »Fürchterlich sind Illusionen und Selbstbetrug, vernichtend Angst vor der Wahrheit.«

Im Grunde genommen leisten gerade wesentliche Teile des Parteiprogramms solchen Illusionen Vorschub. Außerdem ist aus den von Gorbatschow genannten Beispielen zu ersehen, daß die Partei- und Staatsfunktionäre auf den unteren und mittleren Ebenen bei der Verhinderung größerer Veränderungen Hand in Hand arbeiten, während sie sich auf der zentralen Ebene voneinander abkapseln. Vielleicht kann Gorbatschow mit seinen Ermahnungen eine zeitweilige Verbesserung der wirtschaftlichen Lage, trotz aller dieser Hemmnisse, erreichen. Eine tatsächliche Wende ist so lange ausgeschlossen, bis wesentliche Änderungen an der zentralistisch-bürokratischen Herrschaftsstruktur und an der zentralen Planwirtschaft auf staatssozialistischer Grundlage nicht erfolgen. Damit bleibt der Weg zu einer Informationsgesellschaft, die einen höheren Grad von Wahrheit und damit mehr geistige Antriebe vermitteln könnte, versperrt. Es kann auch nicht mit mehr Initiative und Verantwortungsbereitschaft im wirtschaftlichen Bereich gerechnet werden, wenn im Bereich der Konsumgüterindustrie und der Dienstleistungen eine Ausweitung des persönlichen Eigentums und damit des Privatsektors ausgeschlossen bleibt. Auf diese Weise wird nicht nur der Übergang von einer totalitären zu einer freieren Form der Einparteiherrschaft, die eine Beschränkung der absoluten Machtstellung der herrschenden Hochbürokratie

zur Folge hätte, erschwert. Es fehlt damit auch die entscheidende Schub-
kraft, die allein in der Lage wäre, mit einer erheblichen Steigerung des Wirtschaftswachstums zur Verwirklichung der Beschleunigungsstrategie beizutragen. Die Sowjetunion ist in ihrer Entwicklung, ähnlich wie unter Lenin, an einem
Scheideweg angelangt. Nur eine »Neue Ökonomische Politik« könnte sie aus
der Sackgasse hinausführen, in die sie am Ausgange der »Breshnew-Ära« ge-
langt ist.[96] Die ökonomischen und gesellschaftlichen Voraussetzungen sind
heute für die Durchführung einer umfassenden Reformpolitik sehr viel günstiger als in den zwanziger Jahren. Allerdings kann eine solche Politik von
Gorbatschow, auch wenn er sie für richtig ansehen sollte, vorläufig noch
nicht erwartet werden. Er könnte sie nur wagen, wenn es ihm gelingt, seine
Machtstellung, die vorläufig beschränkter Natur ist, weiter zu festigen und
auszubauen.
Gorbatschow hat immer wieder betont, daß die Zeit drängt, weil sonst die
Auswirkungen der wirtschaftlichen Stagnation noch schlimmer werden
könnten. Er hat die von ihm angestrebte beschleunigte Intensivierung der
Wirtschaft mit der forcierten Industrialisierung, die in den dreißiger Jahren
durch Stalins »Revolution von oben« vorangetrieben worden war, verglichen. In Leningrad im Mai 1985 hat er seine Politik als Revolution und nicht
Evolution bezeichnet. Es ist nicht anzunehmen, daß er von dieser Grundauffassung abgerückt ist, obgleich er inzwischen durch die Verhältnisse gezwungen worden ist, eine evolutionäre Politik zu betreiben. Gorbatschow stützt
sich eben hauptsächlich auf technokratische Verbündete, die den älteren
Jahrgängen der mittleren Generation angehören. Sie sind in ihrer konservati-
ven Grundhaltung nicht so starr wie einige Vertreter der alten Generation,
die in der Parteiführung noch vertreten sind. Die meisten von ihnen dürften
jedoch den Übergang zu einer »Neuen Ökonomischen Politik«, die mit einer
wesentlichen Veränderung des bisherigen Systems verbunden ist, ablehnen.
Dagegen wird Gorbatschow bei einigen unter ihnen, wie zum Beispiel Jelzin,
mit Unterstützung rechnen können, wenn er sich zur schnelleren Durchsetzung der Beschleunigungsstrategie entschließen sollte, zwecks Auseinandersetzung mit der rückständigen Mehrheit der Hochbürokratie eine neue »Revolution von oben« in die Wege zu leiten. Eine solche Politik braucht nicht
einen stalinistischen Charakter zu haben, wenn Gorbatschow gleichzeitig in
anderen Bereichen die Freiräume erweitern und stärken würde. Erfolg
könnte er allerdings nur dann haben, wenn er Stalin in einem Punkt folgen
würde. Dieser hat zweimal die junge Generation als Hebel benutzt, um den
Wechsel in den Herrschaftspositionen in einem revolutionären Sinne sprunghaft voranzutreiben. Das erste Mal, als er den Kampf um die Macht nach dem
Tode Lenins aufnahm und die »Generallinie«, d. h. die Industrialisierung auf
einer staatssozialistischen Grundlage, durchsetzte; das zweite Mal, als er die

Große Säuberung in der Mitte der dreißiger Jahre mit Hilfe des Polizeiapparats durchführte und damit seine Alleinherrschaft stabilisierte. Unter den heutigen Bedingungen könnte eine solche verstärkte Verjüngung der Führungskader viel leichter durchgeführt werden, weil die jüngere und junge Generation, die in der KPdSU überwiegt, aufgrund ihrer besseren Ausbildung für Reformen eher zugänglich ist. Ein solcher umfangreicher zweiter Generationswechsel würde den dynamischen Effekt haben, den der unzulängliche erste Generationswechsel nicht erbracht hat und auch nicht erbringen konnte. Er könnte den Weg zu einer wirklichen Reformpolitik bahnen, die in jedem Fall die stärkere Mobilisierung sozialer Gruppen, die an Veränderungen interessiert sind, voraussetzt. Dies gilt mehr für die wissenschaftlich-kulturelle als für die technische Intelligenz, schließt aber auch »aufgeklärte Bürokraten« in der herrschenden Hochbürokratie ein. Gorbatschow hat den Vorteil, daß er aufgrund seiner Hochschulbildung beiden Intelligenzgruppen angehört und daher in der Lage ist, beide anzusprechen. Die wissenschaftlich-kulturelle Intelligenz wird Gorbatschow aber erst dann voll gewinnen können, wenn er sich bereit zeigt, ein größeres Maß an individueller Freiheit zu gewähren. Anders wird die von ihm angestrebte Modernisierung nicht zu erreichen sein. Auf diese Notwendigkeit ist nicht nur von bedeutenden Dissidenten, wie Professor Sacharow, sondern auch von regimetreuen kritischen Intellektuellen hingewiesen worden. Jewtuschenko, der bekannte sowjetische Dichter, hat dies vor nicht langer Zeit auf einem Schriftstellerkongreß mit den Worten zum Ausdruck gebracht: »Eine Beschleunigung des wissenschaftlich-technischen Fortschritts ist ohne eine Beschleunigung des geistigen Fortschritts undenkbar.«

Die Kosten, die mit der expansiven globalen Außenpolitik der Sowjetunion unter Breshnew verbunden gewesen sind, haben sich zu Lasten ihrer wirtschaftlichen Entwicklung im Innern ausgewirkt. Sie haben auch ihre Integrationskraft im Rahmen ihres engeren Hegemonialverbandes geschwächt. Die flexiblere Außenpolitik, die Gorbatschow betreibt, dient vor allem der außenpolitischen Absicherung seines Aktionsprogramms. Daher kommt in ihr dem Verhältnis zu den Vereinigten Staaten eine zentrale Bedeutung zu. Gorbatschow benötigt eine Einigung mit den Vereinigten Staaten über Maßnahmen der Rüstungsbegrenzung und Abrüstung, um durch Verminderung der schweren Rüstungslast wenigstens teilweise die Mittel für den beschleunigten inneren Aufbau freizubekommen.

Der Dreistufenplan Gorbatschows läßt zwar die ersten Ansätze eines Umdenkens erkennen, genügt aber auch in seiner inzwischen erweiterten Form noch nicht, um Rüstungskontrollvereinbarungen zu erzielen. Die Möglichkeit der Einbeziehung der Kurzstreckenraketen und der konventionellen Streitkräfte im Raum zwischen dem Atlantik und dem Ural in diesen Stufenplan, den Gorbatschow mit seinen Vorschlägen in der Rede auf dem XI. Parteitag der SED in Ost-Berlin andeutete, könnte ein Schritt in die richtige Richtung sein. Alle diese Pläne hätten allerdings nur dann einen Sinn, wenn sie am Verhandlungstisch in konkreten Vorschlägen ihren Niederschlag finden würden, die substantielle Zugeständnisse von sowjetischer Seite aufweisen.[97] Solche Zugeständnisse werden vorläufig von Gorbatschow in der gegenwärtigen Lage aufgrund seines ambivalenten Verhältnisses zu den Streitkräften und seiner Abhängigkeit von Verbündeten, die mit dem wehrwirtschaftlichen Bereich aufs engste verbunden sind, kaum zu erwarten sein.

Von entscheidender Bedeutung wird daher sein, ob es ihm bald gelingen wird, Veränderungen in der gegenwärtigen Machtkonstellation im Kreml herbeizuführen, die ihm die notwendigen Kompromisse mit den Vereinigten Staaten und ihren Verbündeten gestatten würden. Ohne sie wird ein wesentlicher Abbau der Rüstungen nicht zu erreichen sein. Eine Verschiebung des innenpolitischen Kräfteverhältnisses könnte für die Verwirklichung des Aktionsprogramms Gorbatschows auch dadurch von Nutzen sein, daß er in der Lage wäre, das weltpolitische Überengagement noch entschiedener abzubauen und im engeren sowjetischen Hegemonialbereich den von der Sowjetunion abhängigen osteuropäischen Staaten einen größeren Spielraum zu gewähren.

Eine solche Entwicklung, die zur Verbesserung der Ost-West-Beziehungen und damit zur Entspannung wesentlich beitragen könnte, setzt auf sowjetischer Seite nicht nur eine verstärkte Abkehr von Weltmachtträumen, sondern auch von bestimmten ideologischen Grundsätzen, die sich im neugefaßten Parteiprogramm finden, voraus. Die stärkere Hervorhebung der kooperativen Seite der »friedlichen Koexistenz« im Verhältnis zum weltrevolutionären Element und damit ihres Wettbewerbscharakters ist eine Modifizierung, nicht aber eine grundsätzliche Veränderung der sowjetischen Koexistenzkonzeption. Aus dem Parteiprogramm, das an der weltrevolutionären Zielsetzung festhält, ist deutlich zu ersehen, daß die entscheidenden Schranken der »friedlichen Koexistenz« weiterhin verblieben sind. Zu ihnen gehört der »ideologische Kampf« ebenso wie der »proletarisch-sozialistische Internationalismus«. Eine Veränderung ist lediglich darin zu sehen, daß die unter Breshnew vertretene absurde These, daß sich der ideologische Kampf beim Fortgang der Entspannung verschärfen würde, nicht mehr findet. Auch ist eine größere Zurückhaltung bei der Unterstützung des »nationalen Befreiungskampfes« festzustellen.

Entscheidend ist, daß von sowjetischer Seite an der asymmetrischen Grundstruktur ihres Koexistenzbegriffs weiter festgehalten wird. Der »ideologische Kampf« dient als Vorwand, um einen Wettbewerb auf geistig-ideologischem Gebiet sowie die Verwirklichung der in den beiden Menschenrechtskonventionen der Vereinten Nationen festgelegten Menschenrechte und des Selbstbestimmungsrechts der Völker im sowjetischen Machtbereich zu verhindern.

Der »proletarisch-sozialistische Internationalismus« stellt wiederum eine ideologische Umschreibung des sowjetischen Hegemonieanspruchs dar, der im Sinne einer Vorherrschaft und nicht einer reinen Führung aufgefaßt wird. Die Äußerungen Gorbatschows auf dem polnischen Parteitag haben gezeigt, daß er an der verschärften Auslegung im Sinne der »Breshnew-Doktrin« und damit an der begrenzten Souveränität der sowjetischen Gefolgsstaaten festzuhalten gedenkt. Die Beseitigung dieser störenden Schranken für eine völkerrechtsgemäße Konzeption der friedlichen Koexistenz und ihre unmittelbare Anwendung im sowjetischen Hegemonialbereich[98] würde eine Revision des geltenden Parteiprogramms voraussetzen. Diese Revision wird sich auch bei vielen innenpolitischen Festlegungen als notwendig erweisen. Ohne einen solchen Umbruch im Denken wird sich weder eine wirkliche Entspannung noch ein dauerhafter Frieden auf einem möglichst geringen Rüstungsstand, der für eine beschleunigte innere Entwicklung aller Seiten förderlich wäre, erreichen lassen.

Anmerkungen

1 Vgl. B. Meissner: Partei, Staat und Nation in der Sowjetunion. Ausgewählte Beiträge, Berlin 1985.
2 Vgl. M. Heller: Geschichte der Sowjetunion, Erster Band 1914–1939, Königstein/
  Ts. 1981, S. 2 f.
3 Vgl. F. C. Berghoorn: Soviet Russian Nationalism, New York 1956; E. Oberländer:
  Sowjetpatriotismus und Geschichte, Köln 1967.
4 Vgl. B. Meissner: Das Ende des Stalin-Mythos, Frankfurt a. M. 1956; Rußland unter
  Chruschtschow, München 1960.
5 Vgl. W. Gurian: Der Bolschewismus, Freiburg i. Br. 1932, S. 180 ff.
6 Zu den einzelnen Parteiprogrammen vgl. B. Meissner: Das Parteiprogramm der
  KPdSU 1903 bis 1961, Köln 1961, 1965[3]; G. Wagenlehner: Kommunismus ohne
  Zukunft. Das neue Programm der KPdSU, Stuttgart o. J.
  An sowjetischem Schrifttum vgl. W. I. Lenin: Über das Parteiprogramm. Eine Auswahl, Berlin (Ost) 1976; N. I. Bucharin, J. A. Preobraschenskij: Das ABC des Kommunismus, Zürich o. J. (Manesse Bibliothek); K. M. Kasradse: Očerk istorii programmy KPSS (Grundzüge der Geschichte des Programms der KPdSU), Moskau
  1962; V. L. Ignat'ev (Red.): O programme KPSS (Über das Programm der KPdSU),
  Moskau 1961; N. D. Rjaskin: Vtoraja programma kommunističeskoj partii (Das
  zweite Programm der Kommunistischen Partei), Leningrad 1980; N. S. Chruschtschow: Das Programm der Kommunisten, Moskau 1961; A. Dmitrenko: O ne-
  kotorych voprosach novoj programmy KPSS (Über einige Fragen des neuen Programms der KPdSU), Moskau 1962; T. Timofejew: Das Programm der KPdSU und
  der Westen, Wien u. a. 1963.
7 Wortlaut: Meissner (Anm. 6), a. a. O., S. 115–120.
8 Wortlaut: Meissner (Anm. 6), a. a. O., S. 121–141.
9 Wortlaut: Meissner (Anm. 6), a. a. O., S. 143–244.
10 Vgl. R. Medwedjew: Chruschtschow. Eine politische Biographie, Stuttgart 1984.
11 Zur Theorie der »entwickelten sozialistischen Gesellschaft« vgl. B. Meissner: Die
   neue Bundesverfassung der UdSSR, Jb. d. öff. Rechts der Gegenwart, N. F., Bd.
   27, 1978, S. 349 ff. An sowjetischem Schrifttum: ebenda, S. 349, Anmerkung 102;
   ferner: A. Jegorow, O. Reinhold (Hrsg.): Die sozialistische Gesellschaft der Gegenwart, Berlin (Ost) 1984.
12 Vgl. S. Bialer, Th. Gustafson (Ed.): Russia at the Crossroads. The 26th Congress of
   the CPSU, London 1982; B. Meissner: Sowjetische Kurskorrekturen. Breshnew
   und seine Erben, Zürich 1984.

13 Vgl. L. I. Breshnew: Auf dem Wege Lenins. Reden und Aufsätze, Bd. 8, Berlin (Ost) 1982, S. 810 f.
14 Vgl. Ju. W. Andropow: Reden und Schriften, Köln 1983, S. 362 ff.
15 Vgl. Ju. W. Andropow: Isbrannye reči i stat'i (Ausgewählte Reden und Artikel), 2. Aufl., Moskau 1983, S. 284 ff.
16 Vgl. K. U. Černenko: Narod i Partija ediny. Izbrannye reči i stat'i (Partei und Staat sind eine Einheit. Ausgewählte Reden und Artikel), Moskau 1984, S. 374 ff.
17 Černenko (Anm. 16), a. a. O., S. 461 ff.
18 Vgl. N. E. Smetanin (Red.): Der volkswirtschaftliche Agrar-Industrie-Komplex, Berlin (Ost) 1983; V. A. Tichonov, M. L. Lesina: Agropromyšlennyj kompleks: proporcionalnost'razvitija (Der agro-industrielle Komplex: Die Gleichmäßigkeit der Entwicklung), Moskau 1986.
19 Vgl. R. F. Miller: Agrarpolitik von Breshnew bis zu Tschernenko, Osteuropa, 35. Jg., 1985, S. 441 f.
20 Vgl. W. P. Naumov: Brigady na sovremennom etapy (Die Brigaden in der heutigen Etappe), Rabocij klass i sovremennyj mir (Die Arbeiterklasse und die Welt von heute), 1985, Nr. 1, S. 17 ff.; B. G. Andreev, V. P. Čerevan': Proizvodstvennye brigady novogo tipa (Produktionsbrigaden neuen Typs), Moskau 1986; A. V. Siginevič: Ekonomičeskij eksperiment v promyšlennosti: resultaty, problemy (Das Wirtschaftsexperiment in der Industrie: Ergebnisse, Probleme), Moskau 1986.
21 Wortlaut: UdSSR. Eintritt in das Jahr 1984, Moskau 1984.
22 Vgl. Meissner (Anm. 1), S. 508 ff.
23 Vgl. K. U. Černenko: Po puti soveršenstvovanija razvitogo socializma (Auf dem Wege zur Vervollkommnung des entwickelten Sozialismus), Moskau 1985, S. 316 ff.
24 Wortlaut: Prawda vom 11. 12. 1984.
25 Vgl. Meissner (Anm. 1), a. a. O., S. 526 ff.
26 Vgl. Michail Gorbatschow: Die Sowjetunion heute, Düsseldorf 1985, S. 74 ff. Seit dem April-Plenum 1985 ist es üblich geworden, zur Kennzeichnung der Wirtschaftsstrategie den Begriff der »Beschleunigung« dem Begriff der »Intensivierung«, der in der »Breshnew-Ära« häufiger gebraucht wurde, vorzuziehen. Im Hinblick auf den wissenschaftlich-technischen Fortschritt war auch damals schon von der Notwendigkeit der Beschleunigung die Rede.
27 Vgl. B. Meissner: Sowjetpolitik. Von Tschernenko zu Gorbatschow, Außenpolitik, 36. Jg., 1985, S. 361 ff.
28 Wortlaut: Gorbatschow (Anm. 26), a. a. O., S. 141 ff.
29 Wortlaut: Prawda vom 16. 10. 1985; deutsche Übersetzung, Neues Deutschland vom 26./27. 10. 1985; Sowjetunion heute. Sondernummer, Dezember 1985, S. 4 ff.
30 Wortlaut: Prawda vom 2. 11. 1985; deutsche Übersetzung der Presseagentur Nowosti, Moskau 1985.
31 Wortlaut: Prawda vom 9. 10. 1985; deutsche Übersetzung, Sowjetunion heute, Sondernummer Dezember 1985, S. 29 ff.
32 Vgl. R. Janovskij: O vozrastajuščem značenii političeskogo soznanija (Über die wachsende Bedeutung des politischen Bewußtseins), Kommunist, 1986, Nr. 1, S. 21 ff.; A. Rekunkov: Na straže pravoporjadka i social'noj spravedlivosti (Auf der Wacht für die Rechtsordnung und die soziale Gerechtigkeit); ebenda, S. 41 ff.;

I. Iljnskij, I. Rožko: Socialističeskoe samoupravlenie naroda (Die sozialistische Selbstverwaltung des Volkes), Kommunist, 1986, Nr. 2, S. 35 ff.
33 Vgl. Pressefreiheit auf sowjetisch, Neue Zürcher Zeitung vom 4. 3. 1986.
34 Vgl. Prawda vom 27. 2. 1986.
35 Vgl. Prawda vom 28. 2. 1986.
36 Wortlaut: Prawda vom 26. 2. 1986; deutsche Übersetzung, Neues Deutschland vom 26. 2. 1986. Zum politischen Bericht vgl. B. Meissner: Die KPdSU zwischen Stagnation und Reform, Osteuropa, 36. Jg., 1986 (Sonderheft); derselbe: Die Ergebnisse des XXVII. Parteikongresses der KPdSU. Europa-Archiv, 41. Jg., 1986, S. 237 ff.; H. Brahm: Der 27. Parteitag der KPdSU – eine Wendemarke, in: Aus Politik und Zeitgeschichte. Beilage zur Wochenzeitung Das Parlament, 15/86, S. 6 ff.
37 Vgl. Prawda vom 2. 3. 1986.
38 Vgl. Prawda vom 6. 3. 1986; deutsche Übersetzung, Neues Deutschland vom 6. 3. 1986.
39 Deutsche Übersetzung des neugefaßten Parteiprogramms im Dokumentenanhang des abgeänderten Parteistatuts in: Presse der Sowjetunion, April 1986, Nr. 5 (Sonderheft), S. 238 ff.
40 Wortlaut: Prawda vom 9. 3. 1986; deutsche Übersetzung, Presse der Sowjetunion, April 1986, Nr. 5 (Sonderheft), S. 245 ff.
41 Vgl. V. A. Kopurin: Koncepcija razvitogo socializma i podgotovka novoj redakcii Programmy KPSS (Die Konzeption des entwickelten Sozialismus und die Neufassung des Parteiprogramms der KPdSU), Naučnyj Kommunizm, 1985, Nr. 3, S. 3 ff.; P. P. Lopata: Razvitie učenija o socializme v novoj redakcii programmy KPSS (Die Entwicklung der Lehre vom Sozialismus in der Neufassung des Parteiprogramms der KPdSU), Naučnyj Kommunizm, 1986, Nr. 2, S. 3 ff.
42 Vgl. H.-H. Höhmann: Sowjetische Wirtschaftspolitik unter Gorbatschow, Europa-Archiv, 40. Jg., 1985, S. 425 ff.; derselbe: Wie tragfähig ist Gorbatschows Aufbruchskonzept? Aktuelle Analysen des Bundesinstituts für ostwissenschaftliche und internationale Studien (abgekürzt: BIOst); derselbe: Sozialökonomische Beschleunigung – aber wie?, in: Aus Politik und Zeitgeschichte. Beilage zur Wochenzeitung Das Parlament, 15/86; P. Knirsch: Perspektiven der sowjetischen Wirtschaftspolitik, Europa-Archiv, 40. Jg., 1985, S. 709 ff.; H.-Chr. Reichel: Tendenzen in Gorbatschows Wirtschaftspolitik, Außenpolitik, 37. Jg., 1986, S. 35 ff.
Aus sowjetischer Sicht: L. Abalkin: Glavnoe napravlenie ekonomičeskoj politiki KPSS (Die Hauptrichtung der Wirtschaftspolitik der KPdSU, Kommunist, 1986, Nr. 5, S. 22 ff.; A. G. Aganbegjan: Na novom etape ekonomičeskogo stroitel'stva (Auf einer neuen Etappe des Wirtschaftsaufbaus), EKO, 1985, Nr. 8, S. 3 ff.; A. A. Ambrosov: Uskorenie social'no-ekonomičeskogo razvitija strany – strategičeskij kurs KPSS (Die Beschleunigung der sozialökonomischen Entwicklung des Landes – der strategische Kurs der KPdSU), Naučnyj Kommunizm, 1986, Nr. 2, S. 14 ff.; V. F. Glagolev: Rol' naučno-techničeskoj revoljucii v uskorenii social'no-ekonomičeskogo razvitija sovetskogo obščestva (Die Rolle der wissenschaftlich-technischen Revolution bei der Beschleunigung der sozial-ökonomischen Entwicklung der sowjetischen Gesellschaft), ebenda, S. 23 ff.
43 Vgl. B. Knabe: Von der Arbeits- zur Leistungsgesellschaft. Gesellschaftspolitik in der Sowjetunion nach dem 27. Parteitag, in: Aus Politik und Zeitgeschichte. Beilage

zur Wochenzeitung Das Parlament, 15/86, S. 24 ff.; derselbe: Der Entwurf für die Neufassung des Programms der KPdSU – Gesellschafts- und sozialpolitische Akzente, Aktuelle Analysen des BiOst, 36/1985. Aus sowjetischer Sicht: A. G. Zdravomyslov: Social'naja politika KPSS v uslovijach razvitogo socializma (Die Sozialpolitik der KPdSU unter den Bedingungen des entwickelten Sozialismus), Moskau 1984; A. N. Popov: Social'naja politika partii i vospitanie tvorčeskogo otnošenija k trudu (Die Sozialpolitik der Partei und die Erziehung zur schöpferischen Beziehung zur Arbeit), Moskau 1984; T. Zaslavskaja: Social'nyj mechanizm ekonomiki (Der soziale Mechanismus der Wirtschaft), Znanie-sila (Wissen ist Macht), 1985, Nr. 10, S. 3 ff.; V. N. Šilov: Social'naja spravedlivost' i ee realizacija v uslovijach socialističeskogo obščestva (Die soziale Gerechtigkeit und ihre Verwirklichung unter den Bedingungen der sozialistischen Gesellschaft), Naučnyj Kommunizm, 1985, Nr. 6, S. 9 ff.; G. A. Černikova: Vzaimosvjaz' ekonomičeskogo i social'nogo progressa (Die Wechselbeziehung zwischen dem wirtschaftlichen und sozialen Fortschritt), Moskau 1986.

44 Wortlaut: Osteuropa, 34. Jg., 1984, A 1 ff.

45 Vgl. O. Anweiler: Die sowjetische Schul- und Berufsbildungsreform von 1984, Osteuropa, 35. Jg., 1985, S. 834 ff., und die dort aufgeführte sowjetische Literatur.

46 Vgl. Meissner (Anm. 11), a. a. O., S. 353 f.

47 Vgl. hierzu an sowjetischem Schrifttum: R. I. Kosolapov: Aktual'nye voprosy koncepcii razvitogo socializma (Aktuelle Fragen des entwickelten Sozialismus), Sociologičeskie issledovanija (Soziologische Untersuchungen), 1985, Nr. 2, S. 18 ff.; M. N. Rutkevič: O socialističeskom besklassovom obščestve (Über die sozialistische klassenlose Gesellschaft), ebenda, 1985, Nr. 3, S. 19 ff.

48 Vgl. B. Meissner: Sowjetgesellschaft am Scheideweg. Beiträge zur Sozialstruktur der Sowjetunion, Köln 1985.

49 Vgl. E. Gloeckner: Die Intelligenzia in der sowjetischen Gesellschaft. Soziale Einordnung, Strukturen und Perspektiven ihrer Entwicklung, Osteuropa, 34. Jg., 1984, S. 477 ff.

50 Vgl. B. Meissner: Die besonderen Wesenszüge der sowjetischen Bürokratie und die Wandlungsmöglichkeiten des Einparteisystems, in: B. Meissner, G. Brunner, R. Löwenthal (Hrsg.): Einparteisystem und bürokratische Herrschaft, Köln 1978, S. 65 ff.; R. Ahlberg: Die sozialistische Bürokratie, Stuttgart 1976.

51 Vgl. Meissner (Anm. 48), a. a. O., S. 94 ff., und das dort aufgeführte Schrifttum über die sowjetische Klassengesellschaft. Teckenberg zieht den Begriff »Ständegesellschaft« vor. Vgl. W. Teckenberg: Gegenwartsgesellschaft UdSSR, Stuttgart 1983, S. 434 ff.

52 Vgl. B. Meissner: Nationalitätenfrage und Sowjetideologie, in: G. Brunner, B. Meissner (Hrsg.): Nationalitätenprobleme in der Sowjetunion und Osteuropa, Köln 1982, S. 14 ff.; G. Simon: Nationalismus und Nationalitätenpolitik in der Sowjetunion seit Stalin, ebenda: S. 56 ff.

53 Vgl. B. Lewytzkyj: »Sovetskij Narod« – »Das Sowjetvolk«. Nationalitätenpolitik als Instrument des Sowjetimperialismus, Hamburg 1983, S. 22 ff. Zu Hinweisen auf das sowjetische Schrifttum vgl. Meissner (Anm. 52), a. a. O., S. 41, Anmerkung 33; vgl. hierzu ferner C. A. Stepanjan (Red.): Sovetskij narod – stroitel'j kommunizma (Das Sowjetvolk – der Erbauer des Kommunismus), Moskau 1981; F. T. Konstantinov: Kommunizm i nacii (Kommunismus und Nationen), Moskau 1985.

54 Zum Prozeß des »Aufblühens« und der »Annäherung« vgl. T. Rakowska-Harm-
stone: Die aktuelle Problematik sowjetischer Nationalitätenpolitik, Osteuropa, 35.
Jg., 1985, S. 488 ff. Aus sowjetischer Sicht: M. I. Kuličenko: Rascvet i sbliženie nacii
v SSSR (Das Aufblühen und die Annäherung der Nationen in der UdSSR), Moskau
1981. V. P. Dikselis: Rascvet i sbliženie nacii v uslovijach razvitogo socializma (Das
Aufblühen und die Annäherung der Nationen unter den Bedingungen des entwikkelten Sozialismus), Minsk 1981; A. M. Gindin, S. G. Markin, V. A. Severcev: Razvitie nacional'nych otnošenii v SSSR, Moskau 1985.

55 Vgl. B. Meissner: Die KPdSU zwischen Stillstand und Wandel, Osteuropa, 31. Jg.,
1981, S. 716 ff.

56 Prawda vom 11. 12. 1984.

57 Vgl. die Artikel von A. Osadczuk-Korab (ok): Gorbatschows starke Hände in Zen-
tralasien, Neue Zürcher Zeitung vom 21. 2. 1986; Bilanz der Parteitage der Sowjetrepubliken, Neue Zürcher Zeitung vom 23./24. 2. 1986.

58 Vgl. M. Butenschön: Der Mann aus dem Land der Sonne, Deutsches Allgemeines
Sonntagsblatt vom 7. 7. 1985; dieselbe: Ein Kämpfer gegen Korruption. Der Auf-
steiger aus Georgien, Die Zeit vom 12. 7. 1986.

59 Vgl. die Aufgaben über die nationale Zusammensetzung der KPdSU bei Meissner
(Anm. 48), a. a. O., S. 267 ff.

60 Zu den Problemen der sowjetischen Nationalitätenpolitik vgl. G. Simon: Nationalitätenprobleme und die Regierbarkeit der Sowjetunion, Osteuropa, 34. Jg., 1984,
S. 759 ff.

61 Vgl. B. Meissner: Das Verhältnis von Partei und Staat im Sowjetsystem, Opladen
1982. Zum sowjetischen Schrifttum vgl. Meissner (Anm. 11), a. a. O., S. 359, Anmerkung 126; ferner: V. M. Šapko (Red.): KPSS rukovodjaščee jadro političeskoj
sisteme sovetskogo obščestva (Die KPdSU – der führende Kern des politischen
Systems der sowjetischen Gesellschaft), Moskau 1977; E. P. Kireev (Red.): Ruko-
vodjaščaja i organizujuščaja rol' KPSS v period razvitogo socializma (Die führende
und organisierende Rolle der KPdSU in der Periode des entwickelten Sozialismus),
Leningrad 1978; N. N. Vinogradov: KPSS v sisteme gosudarstvennych i obščest-
vennych organizacij (Die KPdSU im System der staatlichen und gesellschaftlichen
Organisationen), Moskau 1983; V. Ja. Bondar': KPSS v političeskoj sisteme sovetskogo obščestva (Die KPdSU im politischen System der sowjetischen Gesellschaft),
Moskau 1984.

62 Vgl. B. Meissner: Das Verhältnis von Staatslehre und politischer Theorie in der Sowjetunion, in: Recht in Ost und West, 1984, H. 6, S. 245 ff.

63 Vgl. K. Westen: Die kommunistische Partei und der Sowjetstaat, Köln 1968,
S. 20 ff.; F. C. Schroeder: Inhalt und Entwicklung von Staat und Recht nach dem
neuen Parteiprogramm der Kommunistischen Partei der Sowjetunion (Teil I), Jb. f.
Ostrecht, III. Jg., 1962, S. 45 ff.; L. Schultz: Der XXII. Parteitag der KPdSU und die
sowjetische Staatstheorie, Recht in Ost und West, 6. Jg., 1962, S. 177 ff.

64 W. I. Lenin: Ausgewählte Werke, Bd. II, Berlin (Ost) 1953, S. 171.

65 Vgl. V. N. Ivanov: Trudovoj kollektiv – pervičnaja jačejka ekonomičeskoj, političeskoj i duchovnoj žizni našego obščestva (Das Arbeitskollektiv – die primäre Zelle des
wirtschaftlichen, politischen und geistigen Lebens unserer Gesellschaft), Moskau
1979; V. A. Maslennikov: Trudovoj kollektiv: pravovye osnovy, organizacii i dejatel-

'nosti (Das Arbeitskollektiv: Rechtsgrundlagen, Organisationsformen und Tätigkeit), Moskau 1984; derselbe: Trudovoj kollektiv i ego konstitucionnyj status (Das Arbeitskollektiv und sein verfassungsmäßiger Status), Moskau 1984.

66 Wortlaut: Vedomosti Verchovnogo Soveta SSSR, 1983, Nr. 25, Art. 382; deutsche Übersetzung: Jb. f. Ostrecht, Bd. XXV, 1984, S. 323.

67 Vgl. A. v. Borcke: Partizipationsprobleme und Parteiregime in der Sowjetunion, Berichte des BiOst, 8/1983; H. Herlemann: Zur Frage politischer Partizipation in der Sowjetunion, Osteuropa, 54. Jg., 1984, S. 318 ff.; G. Wahl: Theorie und Praxis sozialistischer Demokratie in der Sowjetunion. Politische Partizipation im Rahmen der lokalen Sowjets, Frankfurt a. M. 1984.

68 Zum Verhältnis der Partei zu den Sowjets vgl. N. N. Demočkin: Partijnoe rukovodstvo Sovetamy narodnych deputatov (Die Führung der Sowjets der Volksdeputierten durch die Partei), Moskau 1980; N. N. Vinogradov: Partijnogo rukovodstva sovetami v uslovijach razvitogo socializma (Die Führung der Sowjets durch die Partei unter den Bedingungen des Sozialismus), Moskau 1980.

69 Zum Verhältnis der Partei zu den Gewerkschaften vgl. E. A. Ivanov: Profsojuzy v političeskoj sisteme socializma (Die Gewerkschaften im politischen System des Sozialismus), Moskau 1974; A. Cepin, A. Šiglik: Gosudarstvo i profsojuzy v razvitom socialističeskom obščestva (Der Staat und die Gewerkschaften in der entwikkelten sozialistischen Gesellschaft), Moskau 1979; N. D. Davydova: Dejatel'nost KPSS po voploščeniju v žizn'leninskich principov rukovodstva narodnym chozjajstvom (Die Tätigkeit der KPdSU bei der Umsetzung der Leninschen Prinzipien der Leitung der Volkswirtschaft ins Leben), Kiew 1980.

70 Zu den gesellschaftlichen Organisationen vgl. die Angaben über das sowjetische Schrifttum bei Meissner (Anm. 11), a. a. O., S. 368, Anmerkung 143.

71 Zum Verhältnis der Partei zu den Streitkräften vgl. J. Avidar: The Party and the Army in the Soviet Union, Jerusalem 1983. Zum sowjetischen Schrifttum siehe Meissner (Anm. 11), a. a. O., S. 386, Anmerkungen 197 und 198; ferner: A. A. Epišev (Hrsg.): Partija i Armija (Die Partei und die Armee), 2. Aufl., Moskau 1980; G. Bušnev: Zaščita socialističeskogo otečestva (Die Verteidigung des sozialistischen Vaterlandes), Moskau 1980; Ju. A. Kiršin (Red.): Sovetskie vooružennye sily v uslovijach razvitogo socializma (Die sowjetischen Streitkräfte unter den Bedingungen des entwikkelten Sozialismus), Moskau 1985.

72 Vgl. N. S. Ševcov, N. I. Kolčenko: Vozrastanie rukovodjaščej roli KPSS v period stroitel'stva kommunizma (Die wachsende führende Rolle der KPdSU in der Periode des Aufbaus des Kommunismus), Moskau 1968; N. F. Kuz'min (Red.): Zakonomernosti razvitija marksistkoleninskoj partii (Die Gesetzmäßigkeiten der Entwicklung der marxistisch-leninistischen Partei), Moskau 1983.

73 Vgl. B. Meissner: Das neugefaßte Parteistatut der KPdSU, Recht in Ost und West, 30. Jg., 1986, S. 209 ff.

74 Vgl. B. Meissner: Sowjetische Kurskorrekturen. Breshnew und seine Erben, Zürich 1984, S. 94 ff.; H. Dahm: Die Ideologie als Chiffre der Politik, Berichte des BiOst, 25/1985; P. Roth: Die kommandierte öffentliche Meinung. Sowjetische Medienpolitik, Stuttgart 1982. Aus sowjetischer Sicht: V. K. Mašencev: Idejno-vospitatel'-naja rabota i formirovanie aktivnoj žiznennoj posicii (Die ideologisch-erzieherische Arbeit und die Formung einer aktiven Lebensart), Moskau 1982; L. K. Šepetis: Povy-

84

šenie effektivnosti idejno-vospitatel'noj raboty (Die Steigerung der Effektivität der ideologischen Erziehungsarbeit), Moskau 1984.
75 Vgl. N. P. Andruchov, L. A. Blatova, T. B. Muchina: KPSS o povyšenii političeskoj kultury mass (Die KPdSU über die Hebung der politischen Kultur der Massen), Moskau 1985.
76 Dem außenpolitischen Teil liegt hauptsächlich der Beitrag des Verfassers über »Das außenpolitische Programm Gorbatschows« zugrunde, Außenpolitik, 37. Jg., 1986, S. 107 ff. Vgl. hierzu auch Meissner (Anm. 74), a. a. O., S. 100 ff.; ferner W. Berner, F. Oldenburg, H. Timmermann: Außenpolitik und internationale Beziehungen im Entwurf der Neufassung des KPdSU-Programms vom Oktober 1985, Aktuelle Analysen des BiOst, 38/1985; W. Berner: Sowjetische Außenpolitik und Außenbeziehungen der Partei auf dem XXVII. KPdSU-Kongreß, Beiträge zur Konfliktforschung, 16. Jg., 1986, S. 121 ff.; H. Timmermann, »Neue Denkmuster in der sowjetischen Außenpolitik«, in: Aus Politik und Zeitgeschichte. Beilage zur Wochenzeitung Das Parlament, 15/86, S. 36 ff. Aus sowjetischer Sicht: Š. Sanakoev, N. Kapčenko: Programma bor'by za mir i social'nyj progress (Das Programm des Kampfes für den Frieden und den sozialen Fortschritt), Meždunarodnaja Žizn' (Internationales Leben), 1985, Nr. 12, S. 3 ff.; XXVII s-ezd KPSS i ego meždunarodnoe značenie (Der XXVII. Parteitag der KPdSU und seine internationale Bedeutung), Meždunarodnaja Žizn', 1986, Nr. 2, S. 3 ff.; Š. Sanakoev: XXVII s-ezd KPSS i voprosy vojny i mira (Der XXVII. Parteitag der KPdSU und Fragen des Krieges und Friedens), Meždunarodnaja Žizn' (Internationales Leben), 1986, Nr. 4, S. 3 ff.; Sovetskaja strategija mira i social'nogo progressa (Die sowjetische Strategie des Friedens und des sozialen Fortschritts), Meždunarodnaja Žizn' (Internationales Leben), 1986, Nr. 6, S. 3 ff.; A. Dobrynin: Za bezjadernyj mir, navstreču XXI veku (Für eine Welt ohne Kernwaffen auf dem Wege zum XXI. Jahrhundert), Kommunist, 1986, Nr. 9, S. 18 ff. Zur bisherigen außenpolitischen und völkerrechtlichen Theorie und Praxis der Sowjetunion vgl. B. Meissner: Außenpolitik und Völkerrecht der Sowjetunion. Ausgewählte Beiträge, Köln 1986.
77 Vgl. D. G. Tomaschewski: Die internationalen Beziehungen der Gegenwart, Frankfurt a. M. 1973, S. 65 ff.; J. Krassin: Die Dialektik des revolutionären Prozesses, Moskau 1973, S. 10 ff.; N. I. Lebedev: Eine neue Etappe der internationalen Beziehungen, Berlin (Ost) 1978, S. 47 ff.; derselbe: Naučnye osnovy sovetskoj vnešnej politiki (Wissenschaftliche Grundlagen der sowjetischen Außenpolitik), Moskau 1982, S. 46 ff.; A. A. Pavlenko: Mirovoj revoljucionnyj process: Nektorye voprosy teorii i praktiki (Der weltrevolutionäre Prozeß. Einige Fragen der Theorie und Praxis), Moskau 1982, S. 10 ff.
78 Vgl. Meissner (Anm. 11), a. a. O., S. 377 ff.
79 Zum Verhältnis der Sowjetunion zu ihren europäischen Gefolgsstaaten vgl. R. Löwenthal, B. Meissner (Hrsg.): Der Sowjetblock zwischen Vormachtkontrolle und Autonomie, Köln 1984; zu Jugoslawien O. N. Haberl: Jugoslawien und die UdSSR seit Tito, in: R. Schönfeld (Hrsg.): Reform und Wandel in Südosteuropa, München 1985, S. 83 ff.; zur Volksrepublik China D. Heinzig: Der sino-sowjetische Konflikt, in: VR China im Wandel, herausgegeben vom Ostkolleg der Bundeszentrale für politische Bildung, Bonn 1985, S. 117 ff.

80 Vgl. B. Meissner: Die »Breshnew-Doktrin«. Das Prinzip des »proletarisch-sozialistischen Internationalismus« und die Theorie von den »verschiedenen Wegen zum Sozialismus«, Köln 1969. Die sowjetische Konzeption des »proletarisch-sozialistischen Internationalismus« und das »sozialistische Völkerrecht«, in: Außenpolitik und Völkerrecht der Sowjetunion (Anm. 76).

81 Vgl. A. Uschakow: Eine neue Phase in der Entwicklung des Warschauer Paktes, Recht in Ost und West, 30. J., 1986, S. 7 ff.; D. Frenzke: Die Verlängerung des Warschauer Vertrages im Lichte der Beistandsklauseln des osteuropäischen Paktsystems, ebenda, S. 21 ff.

82 Wortlaut: Prawda vom 19. 12. 1985; deutsche Übersetzung, Neues Deutschland vom 19. 12. 1985.

83 Vgl. H. Hubel, S. Kupper: Sowjetunion und Dritte Welt. Politische Beziehungen und Interessen, Bonn 1981; W. Kühne: Die Politik der Sowjetunion in Afrika, Baden-Baden 1983; J. Krause: Sowjetische Militärhilfepolitik gegenüber Entwicklungsländern, Baden-Baden 1985. Aus sowjetischer Sicht: V. L. Michin: Mirovoj socializm i nacional'no-osvoboditel'noe dvizenie (Der Weltsozialismus und die nationale Befreiungsbewegung), Moskau 1984; Ju. A. Bočkarev: Nacional'no-osvoboditel'noe dviženie: druz'ja i vragi (Die nationale Befreiungsbewegung: Freunde und Feinde), Moskau 1985; Ju. V. Irchin: XXVII s-ezd KPSS o roli narodov osvobodivšichsja stran v mirovom revoljucionnym processe (Der XXVII. Parteitag der KPdSU über die Rolle der Völker der befreiten Länder im weltrevolutionären Prozeß), Naučnyj Kommunizm, 1986, Nr. 2, S. 60 ff.

84 Zum sowjetischen Begriff der »friedlichen Koexistenz« vgl. B. Meissner: Die »friedliche Koexistenz« als Kern der sowjetischen Entspannungskonzeption, in: Hellenic Review of International Relations, Vol. 3/4, 1983–1984, S. 143 ff.; derselbe: Die sowjetische Auffassung von der »friedlichen Koexistenz«, in: Außenpolitik und Völkerrecht der Sowjetunion (Anm. 76).

85 Zur sowjetischen Stellung zum Selbstbestimmungsrecht der Völker vgl. B. Meissner: Sowjetunion und Selbstbestimmungsrecht, Köln 1962; derselbe: Die marxistisch-leninistische Lehre vom Selbstbestimmungsrecht der Völker, in: Außenpolitik und Völkerrecht der Sowjetunion (Anm. 76).

86 Zur sowjetischen Beurteilung der amerikanischen Außenpolitik vgl. A. A. Kokarev: SŠA: v pogone za voennom prevoschodstvom (USA: Im Streben nach der militärischen Überlegenheit), Moskau 1984; G. A. Šiškin: Imperializm SŠA: pečal'nye itogi avantjurističeskogo kursa (Der Imperialismus der USA: traurige Ergebnisse einer abenteuerlichen Politik), Moskau 1984; A. Gromyko, V. Lomejko: Novoe myšlenie i »novyj globalizm« (Neues Denken und »neuer Globalismus«), Meždunarodnaja Žizn' 1986, Nr. 4, S. 16 ff.

87 Zum Verhältnis zu Europa aus sowjetischer Sicht vgl. A. I. Stepanov: Evropa – bezopastnost' i sotrudničestvo (Europa – Sicherheit und Zusammenarbeit), Moskau 1985; E. Vasilenkov: Ukreplenie evropejskoj bezopastnosti – važnejšee uslovie vseobščego mira (Die Festigung der europäischen Sicherheit – die wichtigste Bedingung eines allgemeinen Friedens), Meždunarodnaja Žizn', 1985, Nr. 1, S. 74 ff.; V. Lomejko: Evrope – mir, bezopastnost' i sotrudničestvo (Europa – Frieden, Sicherheit und Zusammenarbeit), Meždunarodnaja Žizn', 1985, Nr. 9, S. 3 ff.

88 Vgl. V. Kudrov: Tri centra imperializma – novye aspekty protivorečij (Die drei Zentren des Imperialismus – Neue Aspekte der Widersprüche), Kommunist, 1985, Nr. 13, S. 104 ff.

89 Wortlaut: Prawda vom 15. 1. 1986; deutsche Übersetzung, Neues Deutschland vom 15. 1. 1986; A. Sovetov: Sovetskaja programma polnoj likvidacii jadernogo oružija (Das sowjetische Programm der völligen Abschaffung der Kernwaffen), Meždunarodnaja Žizn', 1986, Nr. 3, S. 13 ff.

90 Vgl. D. Heinzig: Sowjetische Asienpolitik in den siebziger und achtziger Jahren, Osteuropa, 34. Jg., 1984, S. 369 ff. Aus sowjetischer Sicht: I. Kovalenko: Soviet Policy for Asian Peace and Security, Moskau 1976; M. Isaev: Azii – mir i bezopastnost' (Asien – Frieden und Sicherheit), Meždunarodnaja Žizn', 1985, Nr. 5, S. 75 ff.; M. Petrov: SSSR za mir i bezopastnost' v Azii (Die UdSSR für den Frieden und die Sicherheit Asiens), Meždunarodnaja Žizn', 1986, Nr. 4, S. 66 ff.

91 Vgl. H. Timmermann: Der XXVII. KPdSU-Kongreß und das internationale kommunistische Parteiensystem, Berichte des BiOst, 16/1986. Aus sowjetischer Sicht V. V. Zagladin: KPSS i meždunarodnoe kommunističeskoe dvizenie (Die KPdSU und die internationale kommunistische Bewegung), Moskau 1983; Ju. A. Krasin: Internacionalnoe i nacional'noe v mirovom revoljucionnom processe (Internationales und Nationales im weltrevolutionären Prozeß), Moskau 1986.

92 Wortlaut: Prawda vom 4. 3. 1986, deutsche Übersetzung, Neues Deutschland vom 4. 3. 1986.

93 Wortlaut: Prawda vom 17. 6. 1986; deutsche Übersetzung, Neues Deutschland vom 17. 6. 1986.

94 Vgl. E. K(u)x: Der Kreml vor der Havarie von Tschernobyl, Neue Zürcher Zeitung vom 23. 5. 1986.

95 Nach AFP-Meldung vom 30. 3. 1986.

96 Daß die Möglichkeit einer »Neuen Ökonomischen Politik« in der Sowjetunion diskutiert wird, hat die Auseinandersetzung von Bugajew, einem Redaktionsmitglied des »Kommunist«, mit Ambarzumov gezeigt. Vgl. E. A. Ambarzumov: Analyz V. I. Lenina pričin krizisa 1921 g. i putej vychoda iz nego (Lenins Analyse der Gründe für die Krise des Jahres 1921 und die Wege zu ihrer Überwindung), Voprosy Istorii (Fragen der Geschichte), 1984, Nr. 4, S. 15 ff.; E. Bugaev: Strannaja posizija (Eine merkwürdige Position), Kommunist, 1984, Nr. 14, S. 119 ff. Dafür spricht auch die Berufung des parteilosen Schriftstellers Sergej Salygin zum Chefredakteur der Literaturzeitschrift »Novyj Mir« (Neue Welt), der in seinem Roman »Nach dem Sturm« (Posle buri) die strategische Bedeutung der NEP-Politik hervorgehoben hat.

97 Dies ist bisher nicht der Fall gewesen. Vgl. G. Wettig: Irrwege journalistischer Berichterstattung über Rüstungskontrollverhandlungen mit Moskau, Außenpolitik, 37. Jg., 1986, S. 121 ff.

98 Vgl. B. Meissner: Die Friedens- und Koexistenzkonzeption der Sowjetunion, in: Einigkeit und Recht und Freiheit. Festschrift für Karl Carstens zum 70. Geburtstag, Bd. 2, Köln u. a. 1984, S. 413 ff.

Die Neufassung
des dritten Parteiprogramms
der KPdSU

Programm
der Kommunistischen Partei der Sowjetunion

Neufassung[1]
Angenommen auf dem XXVII. Parteitag der Kpdsu

Einleitung

Das Sowjetland, geboren in der Großen Sozialistischen Oktoberrevolution, hat einen langen und ruhmreichen Weg zurückgelegt. Unter Führung der Kommunistischen Partei wurden welthistorische Siege errungen. Als konsequenter Vertreter der Interessen der Arbeiterklasse und aller Werktätigen, ausgerüstet mit der Lehre des Marxismus-Leninismus, dem reichen Erfahrungsschatz des revolutionären Kampfes und des sozialistischen Aufbaus, führt die KPdSU das Sowjetvolk sicher auf dem Kurs des kommunistischen Aufbaus und des Friedens.

Die Partei betrat die politische Arena als würdige Erbin der im ersten programmatischen Dokument der Kommunisten, im »Manifest der Kommunistischen Partei«, verkündeten Ideen der sozialistischen Umgestaltung der Gesellschaft, der unvergänglichen Taten der Helden der Pariser Kommune, der revolutionären Traditionen der internationalen Arbeiterklasse und der russischen revolutionär-demokratischen Bewegung.

Ausgehend von den historischen Erfahrungen des Klassenkampfes und den Ergebnissen des fortschrittlichen Denkens der Menschheit, entdeckten die Begründer des wissenschaftlichen Kommunismus, Karl Marx und Friedrich Engels, die objektiven Gesetze der gesellschaftlichen Entwicklung, bewiesen theoretisch die Unausweichlichkeit des Untergangs des Kapitalismus und begründeten die welthistorische Mission des Proletariats als Schöpfer der neuen, der kommunistischen Gesellschaft. Ihr flammender Aufruf »Proletarier aller Länder, vereinigt euch!« ist auch heute die Kampflosung der Arbeiterbewegung.

Wladimir Iljitsch Lenin, der die Sache von Marx und Engels in genialer Weise fortsetzte, entwickelte ihre Lehre unter neuen historischen Bedingungen allseitig weiter, gab Antworten auf die Grundfragen der Gegenwart und rüstete die Arbeiterbewegung mit der Theorie der sozialistischen Revolution und des sozialistischen Auf-

---

1 Dem vorliegenden Wortlaut der Neufassung des Parteiprogramms der KPdSU liegt die deutsche Übersetzung aus der »Presse der Sowjetunion«, April 1986, Nr. 5 (Sonderheft), zugrunde. Zur Überprüfung wurde die Übersetzung aus »Neue Zeit«, März 1986, Nr. 12, herangezogen. Soweit wesentliche Änderungen oder Ergänzungen des Entwurfs erfolgt sind, wird auf sie in kursiver Schrift hingewiesen. In Übereinstimmung mit dem russischen Originaltext werden bestimmte Worte und Sätze im Druck besonders hervorgehoben. Einzelne Begriffe und Sätze sind neu übersetzt worden. So wird »upravlenie« durchweg mit »Verwaltung« und nicht mit »Leitung« übersetzt, soweit nicht dem Sinn nach eine andere Übersetzung vorzuziehen ist. Aus dem gleichen Grunde wird »rukovodstvo« teils als »Führung«, teils als »Leitung« übersetzt. Das »upravlenie« Verwaltung bedeutet, geht aus allen russischen Darstellungen der Verwaltungslehre und des Verwaltungsrechts deutlich hervor.

91

baus, mit einem wissenschaftlichen System von Auffassungen zu den Problemen von Krieg und Frieden aus.

Der Marxismus-Leninismus ist eine einheitliche revolutionäre Lehre. Die vom großen Lenin geschaffene Partei wurde zur lebendigen Verkörperung der Verbindung des wissenschaftlichen Sozialismus mit der Arbeiterbewegung, der untrennbaren Einheit von Theorie und Praxis. Sie war, ist und bleibt eine Partei des Marxismus-Leninismus, eine Partei der revolutionären Tat.

In jeder historischen Etappe löste die KPdSU die Aufgaben, die in ihren Programmen wissenschaftlich begründet wurden.

Mit ihrem auf dem II. Parteitag im Jahre 1903 beschlossenen ersten Programm führte die Partei der Bolschewiki die Arbeiterklasse, die Bauernschaft, alle Werktätigen Rußlands in den Kampf für den Sturz der zaristischen Selbstherrschaft und später der kapitalistischen Ordnung, ging sie durch das Feuer dreier russischer Revolutionen. Im Oktober 1917 nahm die Arbeiterklasse die politische Macht in ihre Hände. Zum erstenmal in der Geschichte entstand ein Staat der Arbeiter und Bauern. **Es begann der Aufbau einer neuen Welt.**

Als die Partei auf dem VIII. Parteitag im Jahre 1919 ihr zweites Programm annahm, stellte sie die Aufgabe, den Sozialismus zu errichten. Auf unerforschten Wegen voranschreitend, unter Überwindung von enormen Schwierigkeiten, mit beispiellosem Heroismus verwirklichte das Sowjetvolk, geführt von der Kommunistischen Partei, den von Lenin entwickelten Plan des sozialistischen Aufbaus. **Der Sozialismus wurde in unserem Lande zur Realität.**

Nach der Annahme des dritten Programms auf dem XXII. Parteitag im Jahre 1961 entfaltete die Partei eine gewaltige Arbeit in allen Richtungen des kommunistischen Aufbaus. Die sowjetische Gesellschaft errang große Erfolge bei der Entwicklung der Produktivkräfte, der ökonomischen und sozialen Verhältnisse, der sozialistischen Demokratie, der Kultur und der Entwicklung des neuen Menschen. **Das Land trat in die Etappe des entwickelten Sozialismus ein.** Weiter gewachsen ist die Rolle der Sowjetunion als mächtiger Faktor des Kampfes gegen die imperialistische Politik der Unterdrückung, der Aggression und des Krieges, für Frieden, Demokratie und sozialen Fortschritt.

Die Zeit seit der Annahme des dritten Programms hat die Richtigkeit seiner grundlegenden theoretischen und politischen Richtlinien bestätigt. Zugleich ermöglichen es die gesammelten Erfahrungen wie auch die wissenschaftliche Durchdringung der Veränderungen im Leben des Landes und in der Weltarena, die Perspektiven der Entwicklung der sowjetischen Gesellschaft, die Wege und Mittel zur Erreichung des Endziels – des Kommunismus – sowie die Aufgaben der internationalen Politik unter den neuen historischen Bedingungen genauer und konkreter zu bestimmen.

Das dritte Programm der KPdSU in seiner heutigen Fassung ist das Programm der planmäßigen und allseitigen Vervollkommnung des Sozialismus, des weiteren Voranschreitens der sowjetischen Gesellschaft zum Kommunismus auf der Grundlage der Beschleunigung der sozialökonomischen Entwicklung des Landes. Es ist ein Programm des Kampfes für Frieden und sozialen Fortschritt.

Der Übergang vom Kapitalismus zum Sozialismus und Kommunismus – Hauptinhalt der gegenwärtigen Epoche

I. Die Große Sozialistische Oktoberrevolution und der Aufbau des Sozialismus in der UdSSR

Die welthistorische Wende der Menschheit zum Sozialismus, die mit der Oktoberrevolution begann, ist ein gesetzmäßiges Ergebnis der gesellschaftlichen Entwicklung.

Der Kapitalismus ist die letzte Ausbeuterordnung in der Geschichte der Menschheit. Er trieb die Entwicklung der Produktivkräfte gewaltig voran, wurde jedoch schließlich zum Hindernis für den sozialen Fortschritt.

Die Geschichte des Kapitalismus ist eine Geschichte der Vertiefung seines Grundwiderspruchs – des Widerspruchs zwischen dem gesellschaftlichen Charakter der Produktion und der privatkapitalistischen Form der Aneignung, der Verstärkung der Ausbeutung der Arbeiterklasse und aller Werktätigen, der Verschärfung des Kampfes zwischen Arbeit und Kapital, zwischen Unterdrückten und Unterdrückern, eine Geschichte der Wirtschaftskrisen, der gesellschaftspolitischen Erschütterungen, der Eroberungskriege und Konflikte, die den arbeitenden Menschen unermeßliches Leid zufügen.

Der Prozeß der Konzentration und Zentralisation des Kapitals führte Anfang des 20. Jahrhunderts zum Entstehen mächtiger Monopolverbände der Kapitalisten, die die Haupthebel des gesamten wirtschaftlichen und politischen Lebens in ihre Gewalt brachten. Der Kapitalismus trat in sein höchstes und letztes Stadium ein, in das Stadium des Imperialismus. Nach einem Ausspruch Lenins »ist der Kapitalismus in der imperialistischen Epoche zum größten Unterdrücker der Nationen ...«[*], zur Hauptquelle von Aggressionskriegen geworden.

Im Stadium des Imperialismus bildeten sich die materiellen Bedingungen für die Ablösung der kapitalistischen Produktionsverhältnisse durch sozialistische heraus, reifen die objektiven und subjektiven Voraussetzungen für die siegreiche sozialistische Revolution heran. **Die Mission des revolutionären Umgestalters der alten und des Schöpfers der neuen Gesellschaft hat die Geschichte der Arbeiterklasse übertragen.** Die Erfüllung dieser Mission ist nicht nur Ausdruck ihrer eigenen Klasseninteressen, sondern auch der Interessen aller Werktätigen.

In Rußland traten die Widersprüche des Imperialismus, verstärkt durch das Joch des Zarismus und die Überbleibsel der Leibeigenschaft, mit äußerster Schärfe zutage. Rußland erwies sich als das schwächste Kettenglied des internationalen Imperialismus, als Knotenpunkt seiner Widersprüche. Und eben hierher verlagerte sich das Zentrum der revolutionären Weltbewegung. Dem russischen Proletariat erwuchs die äußerst schwierige und verantwortungsvolle Aufgabe, als erstes die Kette der Weltherrschaft der Bourgeoisie zu zerreißen. Das war nur möglich unter der Führung einer Partei neuen Typs – einer revolutionären Kampforganisation des Proletariats.

---

[*] W. I. Lenin, Werke, Bd. 21, S. 302

Die Schaffung der bolschewistischen Partei wurde zu einem Wendepunkt in der Geschichte der russischen und internationalen Arbeiterbewegung. Das war Ausdruck der objektiven Erfordernisse der gesellschaftlichen Entwicklung, des Klassenkampfes des Proletariats, die Frucht wissenschaftlichen Weitblicks, das Ergebnis der unermüdlichen politischen und organisatorischen Tätigkeit W. I. Lenins und der um ihn gescharten Marxisten. Der Leninsche Appell »Gebt uns eine Organisation von Revolutionären, und wir werden Rußland aus den Angeln heben!«* fand starken Widerhall in den Hirnen und Herzen der Arbeiter, der fortschrittlichen Menschen der russischen Gesellschaft, der besten Vertreter des arbeitenden Volkes. W. I. Lenin entwickelte die ideologischen, politischen und organisatorischen Prinzipien der Partei sowie die Methoden ihrer Arbeit unter den Massen. Die Partei neuen Typs entstand und erstarkte in unversöhnlichen Kämpfen gegen Revisionismus und rechten Opportunismus, Dogmatismus und linksradikales Abenteurertum.

Die Revolution der Jahre 1905–1907, die erste Volksrevolution in der Epoche des Imperialismus, zeugte von der Kraft der Arbeiterklasse, war der Prolog künftiger Siege des Proletariats. Die bürgerlich-demokratische Februarrevolution von 1917 fegte den Zarismus hinweg. Aber sie befreite die Volksmassen nicht von sozialer und nationaler Unterdrückung, von den Lasten des imperialistischen Krieges, sie löste nicht die Widersprüche, von denen die russische Gesellschaft zerrissen war. Die sozialistische Revolution wurde zum unabdingbaren Gebot der Zeit.

Die Arbeiterklasse Rußlands zeichnete sich durch ein hohes Maß an revolutionärem Geist und Organisiertheit aus. An ihrer Spitze stand die in politischen Kämpfen gestählte und mit der fortschrittlichen revolutionären Theorie ausgerüstete Partei der Bolschewiki. W. I. Lenin gab ihr eine klare Perspektive des Kampfes, indem er die Lehre von der Möglichkeit des Sieges der proletarischen Revolution unter den Bedingungen des Imperialismus zunächst in einem Land oder in einigen Ländern schuf.

Dem Ruf der Partei der Bolschewiki folgend und unter ihrer Führung trat die Arbeiterklasse zum entscheidenden Kampf gegen die Herrschaft des Kapitals an. Die Partei vereinigte den Kampf des Proletariats für den Sozialismus, den Kampf der Bauernschaft um Grund und Boden, den nationalen Befreiungskampf der unterdrückten Völker Rußlands, die Volksbewegung gegen den imperialistischen Krieg, für den Frieden zu einem einheitlichen, mächtigen Strom und richtete ihn auf den Sturz der bürgerlichen Ordnung.

Die Große Sozialistische Oktoberrevolution wurde zum Wendepunkt der Weltgeschichte, bestimmte die Hauptrichtung und die Grundtendenzen der Entwicklung in der Welt, leitete den unumkehrbaren Prozeß der Ablösung des Kapitalismus durch eine neue, die kommunistische ökonomische Gesellschaftsformation ein.

Zum erstenmal in der Geschichte entstand und behauptete sich ein Staat der Diktatur des Proletariats. Die Arbeiterklasse schloß alle Werktätigen um sich zusammen und ging dazu über, die überaus komplizierten Aufgaben der Übergangsperiode vom Kapitalismus zum Sozialismus zu lösen, die Grundlagen der neuen Gesellschaft zu schaffen.

---

* W. I. Lenin, Werke, Bd. 5, S. 483

Die Eroberung der politischen Macht, die Siege an den Fronten des Bürgerkrieges, die Zerschlagung der ausländischen militärischen Intervention, die sich eröffnenden Perspektiven des Aufbaus eines neuen Lebens führten zu einem gewaltigen Zustrom von Kräften und revolutionärer Energie der Werktätigen. Sie überwanden Entbehrungen und Schwierigkeiten, die durch den wirtschaftlichen Ruin, konterrevolutionäre Verschwörungen und Sabotage der Bourgeoisie sowie durch die technisch-ökonomische und kulturelle Rückständigkeit des Landes hervorgerufen waren. Der Klassenkampf nahm in der Übergangsperiode zeitweise den Charakter scharfer Zusammenstöße an. Das Sowjetland war erbitterten Angriffen einer feindlichen kapitalistischen Umwelt, zahlreichen militärischen und politischen Provokationen ausgesetzt.

Gestützt auf den Enthusiasmus der Massen, die Angriffe rechter und »linker« Opportunisten abwehrend, ihre politisch-ideologische und organisatorische Einheit festigend, verfolgte die Partei konsequent die Leninsche Generallinie des Aufbaus des Sozialismus.

Die Hauptproduktionsmittel gingen in die Hände des Volkes über. **Die Nationalisierung** des Bodens, der Werke, Fabriken und Banken schuf die notwendigen Voraussetzungen für die Durchsetzung und Entwicklung des sozialistischen gesellschaftlichen Eigentums sowie für die Organisation des Systems der Planwirtschaft. **Die Industrialisierung** des Landes machte die Sowjetunion zu einer starken Industriemacht. Einschneidende Veränderungen in den ökonomischen Verhältnissen, in der ganzen Lebensweise der Bauernschaft brachte **die Kollektivierung** der Landwirtschaft mit sich. Das Bündnis der Arbeiterklasse mit der Bauernschaft erhielt ein festes sozialökonomisches Fundament. Im Ergebnis **der Kulturrevolution** wurde das Analphabetentum beseitigt, wurde der Entwicklung schöpferischer Kräfte, dem geistigen Aufblühen des arbeitenden Menschen breiter Raum gegeben, bildete sich eine sozialistische Intelligenz heraus. Der Marxismus-Leninismus wurde zur herrschenden Ideologie im Bewußtsein der sowjetischen Menschen.

Die Lösungen **der nationalen Frage** ist eine gewaltige Errungenschaft des Sozialismus. Der Sieg des Oktober machte für immer Schluß mit der nationalen Unterdrückung und der Ungleichheit der Nationen und Völkerschaften. Eine große Rolle spielte der freiwillige Zusammenschluß der freien gleichberechtigten Völker zu einem einheitlichen multinationalen Staat – zur Union der Sozialistischen Sowjetrepubliken. Im Verlauf des sozialistischen Aufbaus wurde ein schneller wirtschaftlicher, sozialer und kultureller Fortschritt der ehemaligen nationalen Randgebiete gewährleistet. Nationale Zwietracht gehört der Vergangenheit an, brüderliche Freundschaft, enge Zusammenarbeit und gegenseitige Hilfe aller Völker der UdSSR wurden zur Lebensnorm.

Das alles bedeutet, daß eine soziale Umwälzung von welthistorischer Bedeutung verwirklicht wurde – für immer wurde mit der jahrhundertealten Herrschaft des Privateigentums Schluß gemacht und die Ausbeutung des Menschen durch den Menschen beseitigt. Auf der Grundlage der gemeinsamen Interessen der Arbeiterklasse, der Kolchosbauernschaft, der Volksintelligenz, der Werktätigen aller Nationalitäten entstand die sozialpolitische und ideologische Einheit der sowjetischen Gesellschaft. Der arbeitende Mensch wurde zum unumschränkten Herren des Landes. **In der UdSSR wurde die sozialistische Gesellschaft im wesentlichen aufgebaut.**

Eine harte Prüfung für die neue Ordnung war der Große Vaterländische Krieg. Fest geschart um die Partei, beispiellose Heldentaten vollbringend, fügten das Sowjetvolk und seine Streitkräfte dem deutschen Faschismus – dem Stoßtrupp der imperialistischen Weltreaktion – eine vernichtende Niederlage zu. Mit ihrem Sieg leistete die Sowjetunion den entscheidenden Beitrag zur Befreiung der Völker Europas von der nazistischen Sklaverei, zur Rettung der Weltzivilisation. Die Zerschlagung des faschistischen Deutschland und des militaristischen Japan eröffnete neue Möglichkeiten für den Kampf der Völker um Frieden, Demokratie, nationale Befreiung und Sozialismus. Der Sieg des Sowjetvolkes erhöhte das internationale Ansehen des Sowjetstaates bedeutend.

In kurzer Zeit heilte die UdSSR die schweren Wunden des Krieges, stärkte in bedeutendem Maße ihr ökonomisches, wissenschaftlich-technisches und Verteidigungspotential und festigte ihre internationalen Positionen. **Der Sozialismus hat in unserem Lande vollständig und endgültig gesiegt.**

Gestützt auf das Erreichte, schritt die sowjetische Gesellschaft in der ökonomischen, sozialpolitischen und geistigen Entwicklung sicher weiter voran. Im Lande wurde ein einheitlicher volkswirtschaftlicher Komplex geschaffen. Es wurden neue große Regionen im Norden und Osten des Landes erschlossen und die Nutzung der Naturreichtümer verbessert. Das Nationaleinkommen und die gesellschaftliche Arbeitsproduktivität wurden bedeutend erhöht. Der Wohlstand des Volkes ist wesentlich gewachsen, ein grandioses Wohnungsbauprogramm wurde realisiert. Der geistige Reichtum des Volkes wuchs, der Übergang zur allgemeinen Oberschulbildung wurde verwirklicht, die sowjetische Wissenschaft und Technik erzielten hervorragende Erfolge. In der Sowjetunion wurden das erste Atomkraftwerk und der erste Atomeisbrecher gebaut, der erste künstliche Sputnik auf eine Erdumlaufbahn gebracht und das erste bemannte Raumschiff gestartet.

Es festigten sich die sozialistischen Gesellschaftsverhältnisse. Es entstand eine neue soziale und internationale Gemeinschaft von Menschen – das Sowjetvolk. Der Staat der Diktatur des Proletariats wurde zu einem sozialistischen Staat des ganzen Volkes.

Mit bolschewistischer Prinzipienfestigkeit und selbstkritischem Geist hat die Partei mit Unterstützung der Massen eine umfangreiche Arbeit zur Beseitigung der Folgen des Personenkults, der Abweichungen von den Leninschen Normen der Führung der Partei und des Staates, zur Korrektur von Fehlern subjektivistischen und voluntaristischen Charakters geleistet. Die sowjetische Demokratie erfuhr eine weitere Entwicklung, die sowjetische Gesetzlichkeit wurde gefestigt.

Die beharrliche Arbeit des sowjetischen Volkes, die großen Erfolge im wirtschaftlichen, sozialen und politischen Bereich, in Wissenschaft und Kultur brachten unser Land zu einem neuen historischen Abschnitt, der die Etappe des entwickelten Sozialismus einleitete.[1]

Eine historische Errungenschaft des Sozialismus war die Herstellung des militärstrategischen Gleichgewichts zwischen der UdSSR und den USA, der Organisation des Warschauer Vertrages und der NATO. Dies festigte die Positionen der UdSSR, der Länder des Sozialismus und aller progressiven Kräfte und machte die Hoffnungen

---

1 Vorletzten Absatz des Entwurfs an diese Stelle gerückt.

der aggressiven Kreise des Imperialismus auf den Sieg in einem nuklearen Welt-krieg zunichte. Die Erhaltung dieses Gleichgewichts ist ein ernster Faktor für die Sicherung des Friedens und der internationalen Sicherheit.

Die Erfahrungen der UdSSR und der anderen sozialistischen Länder demonstrieren überzeugend die unbestreitbaren sozialökonomischen, politischen, ideologischen und moralischen Vorzüge der neuen Gesellschaft als der dem Kapitalismus überle-genen Stufe des Menschheitsfortschritts und geben Antwort auf die Fragen, die die bürgerliche Ordnung nicht zu lösen vermag.

Der Sozialismus ist die Gesellschaft, die auf ihre Fahnen geschrieben hat: »Alles für den Menschen, alles zum Wohle des Menschen.« Das ist die Gesellschaft,
- in der sich die Produktionsmittel in den Händen des Volkes befinden, in der für immer mit der Ausbeutung des Menschen durch den Menschen, mit sozialer Un-terdrückung, mit der Macht einer privilegierten Minderheit, mit Armut und Anal-phabetentum von Millionen Menschen Schluß gemacht wurde;
- in der der dynamischen und planmäßigen Entwicklung der Produktivkräfte breite-ster Raum gegeben wird und der wissenschaftlich-technische Fortschritt nicht zu millionenfacher Arbeitslosigkeit, sondern zu einer ständigen Erhöhung des Wohl-standes des gesamten Volkes führt;
- in der das gleiche Recht auf Arbeit und Entlohnung nach dem Prinzip »Jeder nach seinen Fähigkeiten, jedem nach seiner Leistung« gewährleistet ist, in der der Be-völkerung solche soziale Errungenschaften wie kostenlose medizinische Betreu-ung, Volksbildung, Wohnungen mit minimalen Mieten zur Verfügung stehen;
- in der sich das unzerstörbare Bündnis der Arbeiterklasse, der Kolchosbauern-schaft und der Intelligenz durchgesetzt hat, Männer und Frauen die gleichen Rechte mit Garantien ihrer Verwirklichung haben, der Jugend der sichere Weg in die Zukunft eröffnet ist, den Veteranen der Arbeit soziale Sicherheit garantiert wird;
- in der nationale Ungleichheit beseitigt ist, die juristische und faktische Gleichheit, die Freundschaft und Brüderlichkeit aller Nationen und Völkerschaften durch-gesetzt sind;
- in der wahre Demokratie errichtet ist und sich entwickelt, die Macht für das Volk und durch das Volk ausgeübt wird sowie eine breite gleichberechtigte Teilnahme der Bürger an der Leitung der Produktion, der Gesellschaft und des Staates ge-währleistet wird;
- in der die Ideen der Freiheit, der Menschenrechte, der Würde der Persönlichkeit mit realem Inhalt erfüllt, die Einheit von Rechten und Pflichten gewährleistet sind, in der gleiche Gesetze und sittliche Normen, gleiche Disziplin für alle und jeden gelten, in der sich immer günstigere Bedingungen für die allseitige Entwicklung der Persönlichkeit herausbilden;
- in der die wahrhaft humanistische marxistisch-leninistische Ideologie herrscht, den Volksmassen alle Quellen der Bildung zugänglich sind, eine hochentwickelte sozialistische Kultur geschaffen ist, die all das Beste der Weltkultur in sich ver-einigt;
- in der sich eine auf sozialer Gerechtigkeit, Kollektivgeist und kameradschaftlicher gegenseitiger Hilfe beruhende sozialistische Lebensweise herausgebildet hat, die dem werktätigen Menschen Sicherheit für die Zukunft gibt, ihn als den Schöp-

fer der neuen gesellschaftlichen Verhältnisse und des eigenen Schicksals geistig und moralisch erhebt.

Sozialismus – das ist die Gesellschaft, deren Denken und Handeln in der internationalen Arena sich darauf richtet, das Streben der Völker nach Unabhängigkeit und sozialem Fortschritt zu unterstützen und der wichtigsten Aufgabe, der Erhaltung und Festigung des Friedens, zu dienen.

In der neuen historischen Entwicklungsetappe entstand unserer Partei, dem Sowjetvolk in seiner ganzen Größe die Aufgabe der allseitigen Vervollkommnung der sozialistischen Gesellschaft, der vollständigeren und effektiveren Nutzung ihrer Möglichkeiten und Vorzüge, mit dem Ziel des weiteren Voranschreitens zum Kommunismus.

II. Der Kampf zwischen den Kräften des Fortschritts und der Reaktion in der heutigen Welt

Der mit dem Großen Oktober eingeleitete welthistorische Prozeß der sozialen Befreiung mündete nach der Zerschlagung des deutschen Faschismus und des japanischen Militarismus in den Sturz der Macht der Ausbeuter in einer Reihe von Ländern Europas, Asiens und schließlich auch Amerikas. **Der Sozialismus, der erstmalig in unserem Land Wirklichkeit geworden war, entwickelte sich zu einem Weltsystem.** Die marxistisch-leninistische Theorie des Aufbaus der neuen Gesellschaft wurde im internationalen Rahmen durch die Praxis bestätigt, der Sozialismus wurde auf einem großen Teil der Erde Realität, auf dem Wege der Schaffung der kommunistischen Zivilisation schreiten Hunderte Millionen von Menschen voran. Immer mehr Völker verlieren das Vertrauen zum Kapitalismus, wollen die Perspektive ihrer Entwicklung nicht mit ihm verbinden und *suchen und finden Wege zur sozialistischen Umgestaltung in ihren Ländern.*

Die Erfolge des Sozialismus sind um so eindrucksvoller, als sie in historisch kürzester Zeit erreicht wurden, und zwar unter Bedingungen unaufhörlicher Druckausübung des Imperialismus, die von ökonomischem Druck und ideologischer Diversion bis zu direkten Versuchen reichten, konterrevolutionäre Umstürze und militärische Aggressionen zu organisieren.

Von unvergänglicher Bedeutung sind die in den sozialistischen Ländern gewonnenen Erfahrungen. Die vergangenen Jahrzehnte haben die Praxis des sozialistischen Aufbaus bereichert und die Mannigfaltigkeit der Welt des Sozialismus anschaulich sichtbar gemacht. Gleichzeitig zeugen die Erfahrungen dieser Jahrzehnte von der großen Bedeutung der **allgemeinen Gesetzmäßigkeiten des Sozialismus** – wie: Macht der Werktätigen bei führender Rolle der Arbeiterklasse; Führung der gesellschaftlichen Entwicklung durch die Kommunistische Partei, die mit der Ideologie des wissenschaftlichen Sozialismus ausgerüstet ist; Durchsetzung des gesellschaftlichen Eigentums an den wichtigsten Produktionsmitteln und auf dieser Grundlage – planmäßiges Wachstum der Wirtschaft im Interesse des ganzen Volkes; Verwirklichung des Prinzips »Jeder nach seinen Fähigkeiten, jedem nach seiner Leistung«; Entwicklung der sozialistischen Demokratie; Gleichberechtigung und Freundschaft aller Nationen und Völkerschaften; Schutz der revolutionären Errungenschaften vor den Angriffen der Klassenfeinde.

Die Nutzung der allgemeinen Gesetzmäßigkeiten unter den konkreten Bedingungen eines jeden sozialistischen Landes ist die Grundlage seines sicheren Voranschreitens, der Überwindung von Wachstumsschwierigkeiten und der rechtzeitigen Lösung entstehender Widersprüche, ist der reale Beitrag der regierenden kommunistischen Parteien zum Gesamtprozeß der sozialistischen Entwicklung.

Der Sozialismus hat einen neuen, noch nie dagewesenen Typ internationaler Beziehungen hervorgebracht, die sich zwischen den sozialistischen Staaten entwickeln. Ihr festes Fundament sind *Gleichartigkeit der sozialökonomischen und politischen Ordnung*, die marxistisch-leninistische Ideologie, Klassensolidarität, Freundschaft, Zusammenarbeit und gegenseitige Hilfe bei der Lösung der Aufgaben des Aufbaus und des Schutzes der neuen Gesellschaft, *Kampf für Frieden, internationale Sicherheit und gesellschaftlichen Fortschritt*, Gleichberechtigung, Achtung der Unabhängigkeit und Souveränität eines jeden Staates.

Ihre vollkommenste Verkörperung haben die Beziehungen des sozialistischen Internationalismus in der **sozialistischen Gemeinschaft** gefunden.

Die Staaten der sozialistischen Gemeinschaft – die Mitgliedsländer des Rates für Gegenseitige Wirtschaftshilfe und der Organisation des Warschauer Vertrages – sind durch gemeinsame Grundinteressen und Ziele, durch die Bande einer umfassenden und vielschichtigen Zusammenarbeit verbunden und koordinieren ihre Aktivitäten auf internationalem Gebiet. Die Geschichte kannte bisher keine Ländergemeinschaft, in der niemand besondere Rechte und Privilegien hat und haben kann, wo die internationalen Beziehungen tatsächlich zu Beziehungen zwischen den Völkern geworden sind, wo fruchtbare Verbindungen auf den unterschiedlichsten Ebenen von der höchsten Partei- und Staatsführung bis zu den Arbeitskollektiven entstanden sind und sich entwickeln. Die Gemeinschaft vervielfacht die Kräfte der Bruderstaaten beim sozialistischen Aufbau, hilft ihnen, ihre Sicherheit zuverlässig zu gewährleisten.

Aus dem Wesen des Sozialismus selbst ergibt sich die objektive Notwendigkeit einer immer stärkeren Annäherung der sozialistischen Länder. Während in der kapitalistischen Welt das Gesetz der ungleichmäßigen ökonomischen, sozialpolitischen und kulturellen Entwicklung wirkt, die starken Länder sich durch die Ausplünderung der schwachen bereichern und alles unternehmen, um deren Rückstand zu erhalten, schafft der Sozialismus die notwendigen Bedingungen dafür, daß weniger entwickelte Länder zum Niveau der fortgeschrittenen aufschließen können. Je höher und ausgeglichener das Niveau der gesellschaftlichen Entwicklung der sozialistischen Länder ist, desto reicher und tiefer ist ihre Zusammenarbeit, desto organischer verläuft der Prozeß der Annäherung.

Die Entstehung des sozialistischen Weltsystems, die Herausbildung und Festigung der sozialistischen Gemeinschaft führten zu einer **grundlegenden Veränderung des internationalen Kräfteverhältnisses** zugunsten der Völker, die für sozialen Fortschritt, Demokratie, nationale Freiheit und Frieden kämpfen. Die sozialistische Gemeinschaft ist heute eine Kraft mit höchster Autorität, ohne die keine einzige Frage der Weltpolitik gelöst werden kann; sie ist ein sicheres Bollwerk des Friedens auf der Erde, der konsequenteste Verteidiger gesunder, friedlicher demokratischer Grundlagen der internationalen Beziehungen, das Haupthindernis für die imperialistische Reaktion.

Der jungen, zukunftsträchtigen Welt des Sozialismus steht die immer noch starke und gefährliche Welt der kapitalistischen Ausbeutung gegenüber, die jedoch ihren Zenit bereits überschritten hat. **Die allgemeine Krise des Kapitalismus vertieft sich.** Sein Herrschaftsbereich verengt sich unausweichlich, immer deutlicher tritt seine historische Überlebtheit zutage.

Der Kapitalismus von heute unterscheidet sich in vielem von dem, was er zu Beginn und sogar in der Mitte des 20. Jahrhunderts war. Unter den Bedingungen des staatsmonopolistischen Kapitalismus, der die Macht der Monopole und des Staates vereint, verschärft sich der Konflikt zwischen den gigantisch gewachsenen Produktivkräften und den kapitalistischen Produktionsverhältnissen immer mehr. Die innere Instabilität der Wirtschaft nimmt zu, was in der Verlangsamung ihres allgemeinen Wachstumstempos, in der Verflechtung und Vertiefung von zyklischen und Strukturkrisen zum Ausdruck kommt. Massenarbeitslosigkeit und Inflation wurden zu einer chronischen Krankheit, Haushaltsdefizite und Staatsverschuldung erreichen gewaltige Dimensionen.

Direktes Ergebnis der kapitalistischen Konzentration und Internationalisierung der Produktion ist die Machtzunahme der transnationalen Monopole, die durch die weltweite Ausbeutung der Werktätigen Riesenprofite erzielen. Sie untergraben nicht nur die Souveränität befreiter Staaten, sondern verletzen auch die nationalen Interessen entwickelter kapitalistischer Länder.

Die *Monopolbourgeoisie* versucht, sich der veränderten Lage durch ständiges Manövrieren anzupassen. Der *kapitalistische Staat* nimmt über den Staatshaushalt eine bedeutende Umverteilung des Nationaleinkommens zugunsten des Großkapitals vor. Er ist bestrebt, sich die neuesten wissenschaftlich-technischen Errungenschaften dienstbar zu machen. Der Ausbeutungsmechanismus ist komplizierter und raffinierter geworden. Immer höhere Profite werden aus der Qualifikation, den physischen und psychischen Kräften der Werktätigen herausgepreßt.

Angesichts des wachsenden Einflusses des Weltsozialismus zwingt der Klassenkampf der Werktätigen die Kapitalisten zeitweilig zu Teilzugeständnissen, zu gewissen Verbesserungen der Arbeitsbedingungen und der Entlohnung sowie der Sozialleistungen. Das geschieht, um die Hauptsache, die Herrschaft des Kapitals, zu erhalten. Dieses Manövrieren geht jedoch immer häufiger mit der Anwendung von Gewalt und mit direkten Angriffen der Monopole und des bürgerlichen Staates auf das Lebensniveau der Werktätigen einher.

Schwere soziale Folgen bringt im Kapitalismus die wissenschaftlich-technische Revolution mit sich. Die zu Millionen auf die Straße gesetzten Werktätigen sind zum Verlust ihrer beruflichen Qualifikation und zu materiellen Entbehrungen verurteilt, sie verlieren jegliche Zukunftsaussichten. Ein großer Teil der Jugend kann seine Kräfte und sein Wissen nicht anwenden und leidet an der Ausweglosigkeit seiner Lage. Wie die Wirtschaftskonjunktur sich auch gestalten mag, die Massenarbeitslosigkeit dauert weiter an und die reale Perspektive ihres weiteren Anwachsens läßt ernsthafte Erschütterungen des Kapitalismus als Gesellschaftssystem erwarten.

Die Monopole haben im Agrarsektor die beherrschenden Positionen übernommen. Eine große Zahl von Bauern[1] wird aus der Produktion verdrängt, und jene, die weiter

---

1 »Farmer« hier als »Bauern« übersetzt.

bestehen können, halten sich um den Preis übermäßiger Anspannung und Entbehrungen. Das Schicksal der Bauernfamilien hängt voll und ganz von den Schwankungen des Marktes und von der Willkür der Monopole ab. Besonders schwer ist das Los der Bauernschaft in den ehemaligen Kolonien und Halbkolonien. Die kleinen und mittleren Unternehmer in den Städten werden immer stärker vom Großkapital ausgebeutet und verstricken sich im Netz der finanziellen Abhängigkeit. Selbst in den entwickeltsten kapitalistischen Ländern ist die Zahl der Entrechteten, Obdachlosen und Analphabeten sowie jener Menschen groß, die ohne medizinische Hilfe auskommen müssen. Die schändliche Diskriminierung der nationalen Minderheiten dauert an, die Rechte der Frauen werden mißachtet.

Auf politischem Gebiet ist für den Imperialismus die Tendenz zur Verstärkung der Reaktion in allen Richtungen kennzeichnend. Dort, wo die Werktätigen im zähen Kampf bestimmte demokratische Rechte errungen haben, unternimmt das staatsmonopolistische Kapital hartnäckige, mitunter raffiniert getarnte Angriffe auf diese Rechte. In für das Kapital bedrohlichen Situationen greift es, ohne zu zögern, zu politischer Erpressung, Repressalien, Terror und Strafaktionen. Immer aktiver tritt der Neofaschismus auf die politische Bühne. Dort, wo die herkömmlichen Formen zur Unterdrückung der Werktätigen nicht wirksam genug sind, errichtet und unterstützt der Imperialismus tyrannische *Regime*[1] zur direkten militärischen Abrechnung mit den fortschrittlichen Kräften. In seinem Bestreben, die internationale Solidarität der Werktätigen zu schwächen, schürt und provoziert der Imperialismus nationalen Egoismus, Chauvinismus und Rassismus, Verachtung gegenüber den Rechten und Interessen anderer Völker sowie ihrem nationalen kulturgeschichtlichen Erbe.

Die menschenfeindliche Ideologie des heutigen Kapitalismus fügt dem geistigen Leben der Menschen immer größeren Schaden zu. Der Kult des Individualismus, der Gewalt und des Alles-erlaubt-Seins, wütender Antikommunismus und Ausbeutung der Kultur als Quelle der Bereicherung führen zu geistigem und moralischem Verfall. Der Imperialismus hat Massenkriminalität und Terrorismus hervorgebracht, die die kapitalistische Gesellschaft überfluten. Immer unheilvoller wird die Rolle der bürgerlichen Massenmedien, die das Bewußtsein der Menschen im Interesse der herrschenden Klasse betäuben.

Die Ungleichmäßigkeit der Entwicklung der Länder des kapitalistischen Systems vertieft sich. Es entstanden drei miteinander rivalisierende imperialistische Hauptzentren – die USA, Westeuropa und Japan. Zwischen ihnen verschärft sich der Konkurrenzkampf um Absatzmärkte, Kapitalanlagesphären und Rohstoffquellen, um die Überlegenheit auf den entscheidenden Gebieten des wissenschaftlich-technischen Fortschritts. Es entstehen neue ökonomische und politische Zentren der Rivalität, vor allem im pazifischen Raum und in Lateinamerika. Die Widersprüche zwischen den bürgerlichen Staaten spitzen sich zu. Die Weltherrschaftsambitionen und die selbstsüchtige Politik der USA-Monopole sowie ihre Bereitschaft, ausgehend von egoistischen Überlegungen, die Interessen und die Sicherheit anderer, selbst verbündeter Staaten zu opfern, rufen wachsende Empörung und Besorgnis in der Welt hervor.

---

1 »Regime« statt »Diktaturen«.

Der Imperialismus trägt die Verantwortung für den riesigen und sich vertiefenden Unterschied im ökonomischen Entwicklungsniveau zwischen den Industrieländern des Kapitals und der Mehrheit der befreiten Staaten, für das Weiterbestehen großer Gebiete des Hungers, der Not und epidemischer Krankheiten auf der Welt. Je stärker der Gang der historischen Entwicklung die Positionen des Imperialismus untergräbt, um so feindseliger richtet sich die Politik der reaktionärsten Kräfte des Imperialismus gegen die Interessen der Völker. Der Imperialismus stellt sich dem gesellschaftlichen Fortschritt mit erbittertem Widerstand entgegen und versucht, den Gang der Geschichte aufzuhalten, die Positionen des Sozialismus zu erschüttern und soziale Revanche im Weltmaßstab zu nehmen. Die imperialistischen Mächte sind bemüht, ihre ökonomische, politische und ideologische Strategie zu koordinieren, und versuchen, eine gemeinsame Front des Kampfes gegen den Sozialismus sowie gegen alle revolutionären und Befreiungsbewegungen zu errichten.

Der Imperialismus will sich mit den politischen Realitäten in der Welt von heute nicht abfinden. Er mißachtet den Willen souveräner Völker und will sie des Rechtes berauben, ihren Entwicklungsweg selbst zu wählen. Er bedroht ihre Sicherheit. Darin besteht die Hauptursache für das Entstehen von Konflikten in den verschiedenen Gebieten der Welt.

Die Hochburg der internationalen Reaktion ist der USA-Imperialismus. Er ist es, von dem vor allem die Kriegsgefahr ausgeht. In seinem Anspruch auf Weltherrschaft erklärt er selbstherrlich ganze Kontinente zu Zonen seiner »Lebensinteressen«. Die von ihm verfolgte Politik *des Hegemonismus*[1], Diktats, des Aufzwingens nichtgleichberechtigter Beziehungen mit anderen Staaten, der Unterstützung repressiver volksfeindlicher Regimes und der Diskriminierung den USA nicht willfähriger Länder desorganisiert die zwischenstaatlichen ökonomischen und politischen Beziehungen, behindert deren normale Entwicklung.

Der blutige Krieg gegen Vietnam, die jahrelange Blockade Kubas, die grobe Verletzung der legitimen Rechte des palästinensischen Volkes, die Intervention in Libanon, die militärische Besetzung des schutzlosen Grenada, die aggressiven Handlungen gegen Nicaragua – das sind nur einige der zahllosen Verbrechen, die für immer die schändlichsten Kapitel der Geschichte des Imperialismus bleiben werden.

Das größte Verbrechen des Imperialismus an den Völkern ist das von ihm in beispiellosen Dimensionen entfesselte Wettrüsten mit nuklearen und anderen Waffen. Der Rüstungswettlauf bringt den Monopolen unerhörte Gewinne. Die gigantischen Militärausgaben lasten schwer auf den Schultern der Werktätigen. Die waffenproduzierenden Monopole, die Generalität, die Staatsbürokratie, der ideologische Apparat und die militarisierte Wissenschaft sind zum Militär-Industrie-Komplex verschmolzen und zu den eifrigsten Verfechtern und Organisatoren der Politik des Abenteurertums und der Aggression geworden. Das unheilvolle Bündnis der Fabrikanten des Todes und der imperialistischen Staatsmacht ist die Stütze der extremen Reaktion, eine ständige und wachsende Quelle der Kriegsgefahr, der überzeugende Beweis für die politische, soziale und moralische Überlebtheit des kapitalistischen Systems.

Keinerlei »Modifizierungen« und Manöver des heutigen Kapitalismus können die Gesetze seiner Entwicklung verändern, können den scharfen Antagonismus zwi-

---

1 »Hegemonismus« neu eingefügt.

schen Arbeit und Kapital, zwischen den Monopolen und der Gesellschaft beseitigen und das historisch dem Untergang geweihte kapitalistische System aus dem Zustand der tiefen, allseitigen Krise herausführen. Die Dialektik der Entwicklung besteht darin, daß die gleichen Mittel, die der Kapitalismus zur Stärkung seiner Positionen einsetzt, unvermeidlich zur Verschärfung aller seiner grundlegenden Widersprüche führen. Der Imperialismus ist *parasitärer*[1], faulender und sterbender Kapitalismus, der Vorabend der sozialistischen Revolution.

Die revolutionäre Hauptklasse der gegenwärtigen Epoche ist und bleibt die Arbeiterklasse. In der Welt des Kapitals ist sie die Hauptkraft, die für den Sturz der Ausbeuterordnung und den Aufbau einer neuen Gesellschaft kämpft.

Das Leben bestätigt die marxistisch-leninistische These von der Erhöhung der Rolle der Arbeiterklasse in der Gesellschaft. Durch die zunehmende Anwendung der Wissenschaft in der Produktion werden die Reihen der Arbeiterklasse mit hochqualifizierten Arbeitern aufgefüllt. In den Klassenschlachten wird die Arbeiterklasse zusammengeschweißt, schafft sie sich ihre politischen Parteien, gewerkschaftlichen und anderen Organisationen, führt sie den ökonomischen, politischen und ideologischen Kampf gegen den Kapitalismus. Es wachsen die Maßstäbe dieses Kampfes und die Verschiedenartigkeit seiner Formen, sein Inhalt wird reicher. Die Grundinteressen des Proletariats lassen die Einheit der Arbeiterbewegung und der solidarischen Aktionen aller ihrer Abteilungen zu einer immer dringenderen Notwendigkeit werden.

Vor schwierigen Aufgaben steht die junge und schnell wachsende Arbeiterklasse in den Ländern Asiens, Afrikas und Lateinamerikas. Sie ist sowohl mit dem ausländischen Kapital als auch mit den eigenen Ausbeutern konfrontiert. Im Kampf wachsen ihre politische Reife und Organisiertheit.

Die Avantgarde der Arbeiterbewegung, aller Kräfte des revolutionären Weltprozesses ist die internationale kommunistische Bewegung. Die Kommunisten kämpfen sowohl für die Nahziele als auch für die perspektivischen Ziele der Arbeiterklasse, für die Interessen aller Werktätigen, für den sozialen Fortschritt, für nationale Befreiung der Völker, für Abrüstung und Frieden. Die kommunistische Bewegung ist eine außerordentlich einflußreiche ideologische und politische Kraft der Gegenwart.

Die revolutionären Parteien der Arbeiterklasse lassen sich von der wissenschaftlichen Theorie der gesellschaftlichen Entwicklung, dem Marxismus-Leninismus, leiten und verwirklichen eine prinzipielle Klassenpolitik. Sie zeichnen sich aus durch ihre Überzeugung von der historischen Unvermeidlichkeit der Ablösung des Kapitalismus durch den Sozialismus, durch ihr klares Verständnis der objektiven Gesetzmäßigkeiten der sozialistischen Revolution – in welchen Formen sie auch verlaufen möge, ob friedlich oder nichtfriedlich –, durch die Fähigkeit, die allgemeinen Prinzipien des Kampfes für den Sozialismus auf die konkreten Bedingungen eines jeden Landes anzuwenden.

Die Kraft der revolutionären Parteien besteht darin, daß sie entschieden für die Rechte und Lebensinteressen des werktätigen Volkes eintreten, Auswege aus dem Krisenzustand der bürgerlichen Gesellschaft weisen, eine reale Alternative zur Ausbeuterordnung aufzeigen und von sozialem Optimismus getragene Antworten auf

---

1 »parasitär« neu eingefügt.

die Grundfragen der Gegenwart geben. Sie sind die wahren Vertreter und die standhaftesten Verteidiger der nationalen Interessen ihrer Länder.

Ein konsequent klassenmäßiger Kurs erhöht das Ansehen der kommunistischen Parteien, wenn auch der politisch-ideologische Apparat des Imperialismus immer heimtückischer vorgeht und dabei die Diskriminierung und Verfolgung der Kommunisten und die unverhohlene antikommunistische Propaganda mit der Unterstützung jener Elemente innerhalb der Arbeiterbewegung verbindet, die gegen Klassenpolitik und internationale Solidarität, für soziale Aussöhnung und Partnerschaft mit der Bourgeoisie eintreten. Die Monopolbourgeoisie und die reaktionären Kräfte attakkieren die Kommunisten gerade deshalb so erbittert, weil sie eine Bewegung darstellen, die tief in der gesellschaftlichen Entwicklung verwurzelt ist und die Lebensinteressen der Volksmassen zum Ausdruck bringt.

Ein charakteristischer Zug unserer Zeit ist der **Aufschwung der demokratischen Massenbewegungen in der nichtsozialistischen Welt.** In den kapitalistischen Ländern vertieft sich der Antagonismus zwischen den Monopolen und der gewaltigen Mehrheit der Bevölkerung. In den Kampf gegen die Übermacht der Monopole und die reaktionäre Politik der herrschenden Klassen reihen sich immer aktiver Vertreter der Intelligenz, der Angestellten, der Bauern, der städtischen Kleinbourgeoisie, der nationalen Minderheiten, der Frauenorganisationen, der Jugend und Studenten ein. Menschen unterschiedlicher politischer Gesinnung fordern, der Militarisierung der Gesellschaft und der Aggressions- und Kriegspolitik Einhalt zu gebieten, der nationalen und Rassendiskriminierung, der Verletzung der Rechte der Frauen, der Verschlechterung der Lage der jungen Generation, der Korruption und dem Raubbau der Monopole an den Naturreichtümern und der Umwelt ein Ende zu setzen. Diese Bewegungen richten sich objektiv gegen die Politik der reaktionären Kreise des Imperialismus; sie fließen in den allgemeinen Strom des Kampfes für Frieden und sozialen Fortschritt ein.

Bestandteil des weltrevolutionären Prozesses ist der **antiimperialistische Kampf der vom kolonialen Joch befreiten Völker und Länder für die Festigung ihrer Unabhängigkeit und sozialen Fortschritt.** Eine historische Errungenschaft der nationalen Befreiungsrevolutionen und Bewegungen, die das internationale Kräfteverhältnis weitgehend beeinflußt hat, waren der Zusammenbruch des imperialistischen Kolonialsystems und das Entstehen Dutzender selbständiger Staaten auf seinen Ruinen.

In den Jahren der Unabhängigkeit haben viele dieser Staaten bedeutende Erfolge beim wirtschaftlichen und kulturellen Aufbau, bei der Festigung der nationalen Staatlichkeit errungen. Es haben sich kollektive Formen des Kampfes dieser Länder um ihre Rechte in der internationalen Arena herausgebildet. Die Erfahrungen haben jedoch gezeigt, daß ihr Weg zur Festigung der politischen Unabhängigkeit, zu wirtschaftlicher und sozialer Erneuerung durch das Erbe der kolonialen und halbkolonialen Vergangenheit sowie durch die Aktionen des Imperialismus ernsthaft kompliziert wird.

Mit seiner Politik des Neokolonialismus versucht der Imperialismus, die von den jungen Staaten erkämpfte Souveränität auszuhöhlen, die Kontrolle über sie zu behalten und sogar zu verstärken. Er bemüht sich, sie in seine militaristischen Pläne einzubeziehen und sie als Aufmarschgebiete für seine aggressive Globalstrategie zu nutzen. Um diese Ziele zu erreichen, greifen die Imperialisten zu Methoden des militärischen Drucks und des ökonomischen Diktats und unterstützen die innere Reaktion. Sogar Länder, die bereits vor längerer Zeit ihre staatliche Unabhängigkeit erlangten, zum Beispiel die Staaten Lateinamerikas, sind gezwungen, sich hart gegen die Willkür der Monopole der USA und anderer imperialistischer Mächte zur Wehr zu setzen.

Der Imperialismus nutzt die ökonomische und technologische Abhängigkeit sowie die nichtgleichberechtigte Lage der Entwicklungsländer in der kapitalistischen Weltwirtschaft und beutet sie unbarmherzig aus, indem er Tribute in Milliardenhöhe eintreibt, die die Wirtschaft dieser Staaten auszehren. Die gigantische Verschuldung der Länder Asiens, Afrikas und Lateinamerikas bei den entwickelten kapitalistischen Industrieländern wurde zu einem der wichtigen Kanäle ihrer Ausbeutung durch den Imperialismus, vor allem den amerikanischen. Zugleich wächst auch der Widerstand der Völker dieser Länder gegen die Politik der Ausplünderung und des Raubs. Beharrlich setzen sie ihren gerechten Kampf gegen Neokolonialismus und die Einmischung in ihre inneren Angelegenheiten, gegen Rassismus und Apartheid fort. Dieser Widerstand fließt objektiv in den allgemeinen antiimperialistischen Kampf der Völker für Freiheit, Frieden und sozialen Fortschritt ein.

Breite Perspektiven des gesellschaftlichen Fortschritts eröffnet der nichtkapitalistische Entwicklungsweg, der **Weg der sozialistischen Orientierung,** den eine Reihe von Entwicklungsländern gewählt hat. Ihre Erfahrungen beweisen, daß beim gegenwärtigen Kräfteverhältnis in der Welt die Möglichkeiten der einst unterdrückten Völker gewachsen sind, den Kapitalismus abzulehnen und ihre Zukunft ohne Ausbeuter, im Interesse der Werktätigen aufzubauen. Dies ist eine Erscheinung von großer historischer Tragweite.

Gegen den Widerstand der inneren und äußeren Reaktion verfolgen die regierenden revolutionär-demokratischen Parteien einen Kurs der Beseitigung der Herrschaft der imperialistischen Monopole, der Stammesfürsten, der Feudalherren und der reaktionären Bourgeoisie, einen Kurs der Festigung des staatlichen Sektors in der Wirtschaft, der Förderung der Genossenschaftsbewegung auf dem Lande, der Erhöhung der Rolle der werktätigen Massen im ökonomischen und politischen Leben. Um ihre Unabhängigkeit vor dem Druck der Imperialisten zu schützen, erweitern diese Länder ihre Zusammenarbeit mit den sozialistischen Staaten. Der von ihnen gewählte Weg entspricht den wahren Interessen und Hoffnungen der Volksmassen, er spiegelt ihr Streben nach einer gerechten sozialen Ordnung wider und stimmt mit der Grundrichtung der historischen Entwicklung überein.

Das brennendste Problem, das vor der Menschheit steht, ist das Problem von Krieg und Frieden. Der Imperialismus trägt die Schuld an zwei Weltkriegen, die viele Millionen Menschen das Leben gekostet haben. Er beschwört die Gefahr eines dritten Weltkrieges herauf. Die Errungenschaft des menschlichen Geistes stellt der Imperialismus in den Dienst der Schaffung von Waffen mit ungeheurer Zerstörungskraft. Die Politik der imperialistischen Kreise, die bereit sind, ganze Völker zu opfern, verstärkt die Gefahr, daß diese Waffen zum Einsatz kommen. Letztendlich kann das zu einem globalen militärischen Konflikt führen, in dem es weder Sieger noch Besiegte geben würde, die Weltzivilisation aber untergehen könnte.

Für welche Ziele werden die Früchte der wissenschaftlich-technischen Revolution genutzt – dies ist eine Grundfrage in der gegenwärtigen gesellschaftspolitischen Auseinandersetzung. Wissenschaft und Technik unserer Zeit ermöglichen es, auf unserer Erde einen Überfluß zu sichern, die materiellen Bedingungen für das Aufblühen der Gesellschaft und die Entwicklung der Persönlichkeit zu schaffen. Diese Schöpfungen des Geistes und der Hände des Menschen werden jedoch infolge des Klassenegoismus und der Gier der Elite der kapitalistischen Welt nach Bereicherung gegen ihn selbst gerichtet. Das ist der schreiende Widerspruch, mit dem die Menschheit an die Schwelle des 21. Jahrhunderts tritt.

Nicht Wissenschaft und Technik an sich sind eine Gefahr für den Frieden. Diese Gefahr geht vom Imperialismus und seiner Politik aus, der Politik der reaktionärsten militaristischen und aggressivsten Kräfte der Gegenwart. Nur durch die Zügelung dieser Kräfte kann diese Gefahr gebannt werden.

In einer Welt voller scharfer Widersprüche, im Angesicht der drohenden Katastrophe gibt es nur einen einzigen vernünftigen, einzig akzeptablen Ausweg – die **friedliche Koexistenz von Staaten unterschiedlicher Gesellschaftsordnung.** Das bedeutet nicht einfach einen Zustand ohne Krieg. Das ist solch eine internationale Ordnung, in der nicht militärische Stärke, sondern gute Nachbarschaft und Zusammenarbeit herrschen, in der ein breiter Austausch der Errungenschaften von Wissenschaft und Technik, der Werte der Kultur zum Nutzen aller Völker erfolgt. Die Befreiung von dem Zwang, bedeutende Mittel für militärische Zwecke zu verschwenden, würde es erlauben, die Früchte der Arbeit ausschließlich für das friedliche Aufbauwerk zu verwenden. Die Staaten, die den Weg der selbständigen Entwicklung eingeschlagen haben, wären gegen Anschläge von außen geschützt, was ihr Voranschreiten auf dem Wege des nationalen und des sozialen Aufschwungs erleichtern würde. Auch für die Lösung globaler Probleme durch kollektive Anstrengungen aller Staaten würden sich günstige Möglichkeiten eröffnen. Die friedliche Koexistenz entspricht den Interessen aller Länder und Völker.

Noch niemals schwebte die Menschheit in solch schrecklicher Gefahr. Aber es bestanden auch niemals solch reale Möglichkeiten zur Bewahrung und Festigung des Friedens. Mit vereinten Kräften können und müssen die Völker die Gefahr der nuklearen Vernichtung abwenden.

Der aggressiven Politik des Imperialismus steht das wachsende Potential der Friedenskräfte gegenüber. Das ist die aktive, konsequente Friedenspolitik der sozialistischen Staaten, ihr sich festigendes Wirtschafts- und Verteidigungspotential. Das ist die Politik der überwiegenden Mehrheit der Staaten Asiens, Afrikas und Lateinamerikas, die ein vitales Interesse an der Erhaltung des Friedens, an der Einstellung des Wettrüstens haben. Das sind die Antikriegsbewegungen der breitesten Volksmassen auf allen Kontinenten, die Bewegungen, die zu einem langfristigen und einflußreichen Faktor des gesellschaftlichen Lebens geworden sind. Die nüchterne Einschätzung des realen Kräfteverhältnisses führt auch dazu, daß viele Staatsmänner und Politiker kapitalistischer Länder die Gefährlichkeit einer Fortsetzung und Ausweitung des Wettrüstens begreifen.

Die KPdSU geht davon aus, daß es **keine schicksalhafte Unvermeidlichkeit eines Weltkriegs gibt,** wie groß die Gefahr für den Frieden auch sein möge, die durch die Politik der aggressiven Kreise des Imperialismus hervorgerufen wird. **Es ist mög-**

lich, den Krieg zu verhindern und die Menschheit vor einer Katastrophe zu bewahren. Darin besteht die historische Mission des Sozialismus, aller progressiven und friedliebenden Kräfte unseres Planeten.

Der gesamte Verlauf der internationalen Entwicklung bestätigt die marxistisch-leninistische Analyse des Charakters und des Hauptinhalts der gegenwärtigen Epoche. Das ist die Epoche des Übergangs vom Kapitalismus zum Sozialismus und Kommunismus, des historischen Wettbewerbs der beiden sozialpolitischen Weltsysteme, die Epoche sozialistischer und nationaler Befreiungsrevolutionen, des Zusammenbruchs des Kolonialismus, die Epoche des Kampfes der Haupttriebkräfte der gesellschaftlichen Entwicklung – des Weltsozialismus, der Arbeiterbewegung und der kommunistischen Bewegung, der Völker der befreiten Staaten und der demokratischen Massenbewegungen – gegen den Imperialismus, seine Politik der Aggression und Unterdrückung, für Frieden, Demokratie und sozialen Fortschritt.

Das ständige Anwachsen dieser Kräfte und ihr Zusammenwirken sind das Unterpfand dafür, daß die Hoffnungen der Völker auf ein friedliches, freies und glückliches Leben verwirklicht werden. Bei aller Ungleichmäßigkeit, Kompliziertheit und Widersprüchlichkeit ist die Bewegung der Menschheit zum Sozialismus und Kommunismus nicht aufzuhalten.

Zweiter Teil

Die Aufgaben der KPdSU bei der Vervollkommnung des Sozialismus und dem allmählichen Übergang zum Kommunismus

I. Die kommunistische Perspektive der UdSSR und die Notwendigkeit der Beschleunigung der sozialökonomischen Entwicklung

Das Endziel der KPdSU ist der Aufbau des Kommunismus in unserem Land. Der Sozialismus und der Kommunismus sind zwei aufeinanderfolgende Phasen der einheitlichen kommunistischen Formation. Zwischen ihnen gibt es keine scharfe Grenze: Die Entwicklung des Sozialismus, die immer umfassendere Erschließung und Nutzung seiner Möglichkeiten und Vorzüge, die Festigung der ihm innewohnenden allgemeinkommunistischen Merkmale – das ist die wirkliche Bewegung der Gesellschaft zum Kommunismus.

Kommunismus ist eine klassenlose Gesellschaftsordnung, in der die Produktionsmittel einheitliches Volkseigentum und sämtliche Mitglieder der Gesellschaft sozial völlig gleich sein werden, in der mit der allseitigen Entwicklung der Individuen auf der Grundlage der ständig fortschreitenden Wissenschaft und Technik auch die Produktivkräfte wachsen und alle Springquellen des gesellschaftlichen Reichtums voller fließen werden und wo das große Prinzip herrschen wird: Jeder nach seinen Fähigkeiten, jedem nach seinen Bedürfnissen. Der Kommunismus ist eine hochorganisierte Gesellschaft freier arbeitender Menschen von hohem Bewußtsein, in der gesellschaftliche Selbstverwaltung bestehen wird, in der die Arbeit zum Wohle der Gesellschaft zum ersten Lebensbedürfnis für alle, zur bewußt gewordenen Notwendigkeit werden und jeder seine Fähigkeiten mit dem größten Nutzen für das Volk anwenden wird.

Die materiell-technische Basis des Kommunismus setzt die Schaffung solcher Produktivkräfte voraus, welche die Möglichkeit der vollen Befriedigung der vernünftigen Bedürfnisse der Gesellschaft und der Persönlichkeit eröffnen. Unter den Bedingungen des Kommunismus wird die gesamte Produktion auf der Anwendung hocheffektiver technischer Mittel und Technologien beruhen und die harmonische Wechselwirkung von Mensch und Natur gewährleistet sein.

In der höheren Phase der kommunistischen Formation wird der unmittelbar gesellschaftliche Charakter der Arbeit und der Produktion in vollem Maße durchgesetzt sein. Durch die endgültige Überwindung der Reste der alten Arbeitsteilung und der mit ihr verbundenen wesentlichen sozialen Unterschiede wird der Prozeß der Herausbildung der sozialhomogenen Gesellschaft abgeschlossen.

Der Kommunismus wird charakterisiert durch den Übergang vom System der sozialistischen Selbstverwaltung des Volkes, der sozialistischen Demokratie zur höchsten Form der Organisation der Gesellschaft – zur kommunistischen gesellschaftlichen Selbstverwaltung. In dem Maße, wie die notwendigen sozialökonomischen und ideologischen Voraussetzungen heranreifen, alle Bürger in die Verwaltung einbezogen werden und die entsprechenden internationalen Bedingungen vorhanden sind, wird der sozialistische Staat, wie das W. I. Lenin auch voraussah, in immer größerem Maße zur »Übergangsform vom Staat zum Nichtstaat«. *Die Tätigkeit der Staatsorgane wird nichtpolitischen Charakter annehmen, und allmählich wird die Notwendigkeit des Staates als einer besonderen politischen Institution entfallen. Ein unverzichtbares Merkmal der kommunistischen Lebensweise ist ein hoher Stand der Bewußtheit, der gesellschaftlichen Aktivität, der Disziplin und Selbstdisziplin der Mitglieder der Gesellschaft, bei der die Einhaltung einheitlicher, allgemein anerkannter Regeln des kommunistischen Zusammenlebens zum inneren Bedürfnis und zur Gewohnheit jedes Menschen wird.

Kommunismus – das ist eine Gesellschaftsordnung, in der die freie Entwicklung jedes einzelnen die Bedingung für die freie Entwicklung aller ist.

Die KPdSU stellt sich nicht das Ziel, die Merkmale des vollen Kommunismus detailliert vorauszusagen. Mit dem weiteren Voranschreiten, dem Sammeln von Erfahrungen beim kommunistischen Aufbau werden die wissenschaftlichen Vorstellungen über die höhere Phase der neuen Gesellschaft reicher und konkreter werden.

Das Hinüberwachsen des Sozialismus in den Kommunismus wird von den objektiven Entwicklungsgesetzen der Gesellschaft bestimmt, die nicht außer acht gelassen werden dürfen. Jegliche Versuche des Vorauseilens, der Einführung kommunistischer Prinzipien ohne Berücksichtigung des materiellen und geistigen Reifegrades der Gesellschaft sind, wie die Erfahrung zeigt, zum Scheitern verurteilt und können Verluste sowohl ökonomischen als auch politischen Charakters zur Folge haben. Zugleich geht die KPdSU davon aus, daß bei der Durchführung herangereifter Veränderungen, bei der Lösung neuer Aufgaben keine Verzögerungen zugelassen werden dürfen. Die Partei berücksichtigt, daß in den 70er Jahren und Anfang der 80er Jahre in der Entwicklung des Landes neben den erreichten unbestrittenen Erfolgen bestimmte ungünstige Tendenzen und Schwierigkeiten auftraten. In bedeutendem Maße hängen sie damit zusammen, daß Veränderungen in der ökonomischen Situation wie auch die Notwendigkeit tiefgreifender Veränderungen in allen Bereichen des Lebens nicht rechtzeitig und in der notwendigen Weise eingeschätzt wurden und nicht die erforderliche Konsequenz bei ihrer Durchsetzung an den Tag gelegt wurde. Dadurch wurde die vollständigere Nutzung der Möglichkeiten und Vorzüge der sozialistischen Gesellschaftsordnung behindert und die Vorwärtsbewegung gehemmt.

Die KPdSU ist der Auffassung, daß unter den gegenwärtigen inneren und internationalen Bedingungen der allseitige Fortschritt der sowjetischen Gesellschaft, ihre kontinuierliche Vorwärtsbewegung zum Kommunismus auf dem Wege der **Beschleunigung der sozialökonomischen Entwicklung des Landes** gesichert werden kann und muß. Das ist der strategische Kurs der Partei, der auf die qualitative Umgestaltung aller Seiten des Lebens der sowjetischen Gesellschaft gerichtet ist: grundlegende Erneuerung ihrer materiell-technischen Basis auf der Grundlage der Errungenschaften der wissenschaftlich-technischen Revolution; Vervollkommnung der gesellschaftlichen und in erster Linie der ökonomischen Verhältnisse; tiefgreifende Veränderungen im Inhalt und im Charakter der Arbeit sowie der materiellen und geistigen Lebensbedingungen der Menschen; Aktivierung des gesamten Systems der politischen, gesellschaftlichen und ideologischen Einrichtungen.

* W. I. Lenin, Marxismus und Staat, S. 37

Die erfolgreiche Lösung der vorgesehenen Aufgaben verknüpft die Partei mit der **Erhöhung der Rolle des Faktors Mensch**. Die sozialistische Gesellschaft kann nicht effektiv funktionieren, ohne neue Wege zur Entwicklung der schöpferischen Tätigkeit der Massen in allen Bereichen des Lebens zu finden. Je gewaltiger die historischen Ziele sind, desto wichtiger ist es, daß Millionen sich engagiert, verantwortlich, bewußt und aktiv daran beteiligen, um sie zu erreichen.

Vor der sowjetischen Gesellschaft steht die Aufgabe, durch die Beschleunigung der sozialökonomischen Entwicklung neue Höhen zu erreichen. Das bedeutet:

auf ökonomischem Gebiet – Hebung der Volkswirtschaft auf ein prinzipiell neues wissenschaftlich-technisches und wirtschaftsorganisatorisches Niveau, ihre Überleitung auf den Weg der intensiven Entwicklung; Erreichung des Welthöchststandes in der gesellschaftlichen Arbeitsproduktivität, der Qualität der Erzeugnisse und der Effektivität der Produktion; Sicherung der optimalen Struktur und der Bilanziertheit des einheitlichen Volkswirtschaftskomplexes des Landes; bedeutende Erhöhung des Vergesellschaftungsgrades der Arbeit und der Produktion; Annäherung des genossenschaftlichen Eigentums an das Volkseigentum mit der Perspektive ihrer Verschmelzung;

auf sozialem Gebiet – Sicherung eines qualitativ neuen Niveaus des Volkswohlstandes bei konsequenter Verwirklichung des sozialistischen Leistungsprinzips, Schaffung einer im wesentlichen klassenlosen Struktur der Gesellschaft, Überwindung der wesentlichen sozialökonomischen Unterschiede sowie der Unterschiede in Kultur und Lebensweise zwischen Stadt und Land; immer organischere Verbindung von körperlicher und geistiger Arbeit in der Produktionstätigkeit; weiterer Zusammenschluß des sowjetischen Volkes als soziale und internationale Gemeinschaft; hohes Niveau der schöpferischen Energie und Initiative der Massen;

auf politischem Gebiet – Entfaltung der sozialistischen Selbstverwaltung des Volkes durch die immer umfassendere Einbeziehung der Bürger in die Verwaltung der staatlichen und gesellschaftlichen Angelegenheiten, die Vervollkommnung des Wahlsystems, die Verbesserung der Tätigkeit der gewählten Organe der Volksmacht, die Erhöhung der Rolle der Gewerkschaften, des Komsomol und anderer Massenorganisationen der Werktätigen, die effektive Nutzung aller Formen der Vertretungsdemokratie und der unmittelbaren Demokratie;

auf dem Gebiet des geistigen Lebens – weitere Festigung der sozialistischen Ideologie im Bewußtsein der sowjetischen Menschen, volle Durchsetzung der Prinzipien der sozialistischen Moral, des Kollektivgeistes und der gegenseitigen kameradschaftlichen Hilfe, Heranführen breitester Massen der Bevölkerung an die Errungenschaften der Wissenschaft und die Schätze der Kultur, Herausbildung der allseitig entwickelten Persönlichkeit.

Das Ergebnis dieser Umgestaltungen wird ein qualitativ neuer Zustand der sowjetischen Gesellschaft sein[1], der die gewaltigen Vorzüge des Sozialismus in allen Lebensbereichen in vollem Umfang entfaltet. Damit wird ein historischer Schritt auf dem Weg zur höheren Phase des Kommunismus getan werden. Die Partei richtet ihre Politik, ihre ökonomische und soziale Strategie sowie die Aufgaben der organisatorischen und ideologischen Arbeit stets auf die kommunistische Perspektive aus.

---

1 Der anschließende Nebensatz aus dem Entwurf »nach Lenins Worten ein ganzheitlicher Sozialismus« ist gestrichen worden.

II. Die ökonomische Strategie der Partei

Die von der Partei gestellte Aufgabe der Beschleunigung der sozialökonomischen Entwicklung des Landes erfordert tiefgreifende Veränderungen vor allem in der entscheidenden Sphäre der menschlichen Tätigkeit, der Wirtschaft. Es ist eine entschiedene Wende zur Intensivierung der Produktion zu vollziehen, jeder Betrieb, jeder Zweig ist auf die vollständige und vorrangige Nutzung der qualitativen Faktoren des Wirtschaftswachstums umzuorientieren. Es ist der Übergang zu einer Ökonomie höchster Organisation und Effektivität mit allseitig entwickelten Produktivkräften und Produktionsverhältnissen und einem gut funktionierenden Wirtschaftsmechanismus zu sichern. Bereits bis zum Jahr 2000 ist die Verdoppelung des Produktionspotentials des Landes bei grundlegender qualitativer Erneuerung zu erreichen.

Diese Aufgaben werden von Partei und Volk unter den Bedingungen der weiteren Vertiefung der wissenschaftlich-technischen Revolution gelöst, die einen mächtigen Einfluß auf alle Seiten der modernen Produktion, auf das gesamte System der gesellschaftlichen Verhältnisse, auf den Menschen selbst und seine Umwelt ausübt sowie neue Perspektiven für eine bedeutende Erhöhung der Arbeitsproduktivität und für den Fortschritt der Gesellschaft insgesamt eröffnet. Historische Aufgabe des Sozialismus ist es, die Errungenschaften der modernen Wissenschaft, die vollkommenste und leistungsfähigste Technik *und die immer stärker werdende Kraft der schöpferischen Kollektivarbeit*[1] in den Dienst des kommunistischen Aufbaus zu stellen.[2]

Die Beschleunigung des wissenschaftlich-technischen Fortschritts – Haupthebel der Erhöhung der Effektivität der Produktion

Die Grundfrage der ökonomischen Strategie der Partei ist die entschiedene Beschleunigung des wissenschaftlich-technischen Fortschritts. Es ist eine **neue technische Rekonstruktion der Volkswirtschaft zu verwirklichen** und auf dieser Grundlage die materiell-technische Basis der Gesellschaft umzugestalten.

Erstrangige Bedeutung hat die schnelle **Erneuerung des Produktionsapparates durch weitgehende Einführung der fortgeschrittenen Technik,** die breite Einführung der modernsten technologischen Prozesse und flexibler Produktionssysteme, die eine kurzfristige Umstellung auf die Produktion neuer Erzeugnisse gestatten und einen hohen ökonomischen und sozialen Effekt gewährleisten. Es ist notwendig, in allen Zweigen der produktiven und nichtproduktiven Sphäre die komplexe Mechanisierung abzuschließen und mit dem Übergang zu automatisierten Produktionsbereichen und Betrieben sowie zu Systemen der automatisierten Verwaltung und Projektierung einen großen Schritt bei der Automatisierung der Produktion zu tun. In immer breiterem Maße werden die Elektrifizierung, die Chemisierung sowie die Ausstattung der Produktion mit Robotern und Computern vorgenommen und die Biotechnologie angewandt werden.

1 neu hinzugefügt
2 Die anschließenden Sätze des Entwurfs »und damit eine feste materielle Grundlage für die Verwirklichung der programmatischen Grundziele der KPdSU – das schnelle Wachstum des Volkswohlstandes, die allseitige Entwicklung des Menschen sowie die Festigung der wirtschaftlichen und militärischen Stärke unserer Heimat – zu schaffen«, sind weggefallen.

Die Partei setzt sich nachdrücklich für den weiteren Ausbau und die effektive Nutzung des **wissenschaftlich-technischen Potentials** des Landes sowie die Durchführung solcher wissenschaftlicher Forschungen ein, die neue Möglichkeiten für große, revolutionierende Fortschritte bei der Intensivierung der Wirtschaft eröffnen. Es muß überall die umfassende Überleitung der neuesten Errungenschaften von Wissenschaft und Technik in die Produktion, die Verwaltung, den Dienstleistungsbereich sowie in das tägliche Leben gesichert werden. Die Wissenschaft wird in vollem Maße zur unmittelbaren Produktivkraft.

Auf der Grundlage der Beschleunigung des wissenschaftlich-technischen Fortschritts, grundlegender Wandlungen in Technik und Technologie sowie der Mobilisierung aller technischen, organisatorischen, ökonomischen und sozialen Faktoren ist eine bedeutende **Erhöhung der Arbeitsproduktivität** zu erzielen, ohne die, wie W. I. Lenin betonte, »der endgültige Übergang zum Kommunismus unmöglich«[*] ist. Als wichtiger Schritt auf dem Wege zu höchster Arbeitsproduktivität ist vorgesehen, sie innerhalb der nächsten fünfzehn Jahre auf das 2,3–2,5fache zu steigern.

In jeder Vereinigung, in jedem Betrieb und an jedem Arbeitsplatz sind die Reserven für die Steigerung der Arbeitsproduktivität maximal zu nutzen. Es ist notwendig zu sichern, daß der Arbeitsaufwand je Erzeugnis verringert, die Arbeitszeitverluste gesenkt und modernste Technik und Technologien eingeführt, daß Ordnung und Disziplin gefestigt werden, Arbeitsnormung vervollkommnet und progressive Formen der wissenschaftlichen Arbeitsorganisation breit angewendet werden, daß sich die Produktionskultur erhöht und die Arbeitskollektive festigen, *daß sich Erfindungs- und Rationalisierungswesen entwickeln.*[1]

Der wissenschaftlich-technische Fortschritt muß auf eine grundlegende Verbesserung der **Nutzung von natürlichen Ressourcen, Roh- und Werkstoffen, Brennstoffen und Energie** auf allen Stufen gerichtet sein – von der Förderung und komplexen Verarbeitung der Rohstoffe bis zur Herstellung und dem Einsatz der Finalerzeugnisse. Es kommt darauf an, das Tempo bei der Senkung der Material-, Metall- und Energieaufwandes des Nationaleinkommens zu beschleunigen. Die Einsparung von Ressourcen wird zur entscheidenden Quelle für die Deckung des wachsenden Bedarfs der Volkswirtschaft an Brennstoffen, Energie-, Roh- und Werkstoffen.

In den Mittelpunkt der ökonomischen Politik der Partei und der gesamten praktischen Arbeit wird die umfassende **Erhöhung des technischen Niveaus und der Qualität der Erzeugnisse** gestellt. Die sowjetischen Erzeugnisse müssen die neuesten Errungenschaften des wissenschaftlichen Denkens verkörpern, den höchsten technisch-ökonomischen, ästhetischen und sonstigen Ansprüchen der Verbraucher gerecht werden und auf dem Weltmarkt konkurrenzfähig sein. Die Erhöhung ihrer Qualität ist ein zuverlässiger Weg zur vollständigeren Deckung des Bedarfs des Landes an notwendigen Erzeugnissen und der wachsenden Nachfrage der Bevölkerung nach den unterschiedlichsten Waren. Niedrige Qualität und Ausschuß sind Verschwendung materieller Ressourcen und der Arbeit des Volkes. Die Partei wird den Kampf für das Ansehen sowjetischer Wertarbeit aktiv unterstützen. Die Erzeugnisqualität muß eine Frage der Berufsehre und des patriotischen Stolzes sein.

[*] W. I. Lenin, Werke, Bd. 29, S. 97
[1] neu hinzugefügt

Die Effektivität des wissenschaftlich-technischen Fortschritts hängt nicht nur von der zunehmenden Herstellung neuester Technik ab, sondern auch von der **besseren Nutzung der Grundfonds,** der Erhöhung des Produktionsausstoßes je Ausrüstungseinheit und Quadratmeter Produktionsfläche. Es kommt darauf an, die Tendenz der Verringerung der Grundfondsquote zu überwinden und in der Perspektive ihr Anwachsen zu erreichen.

Die Beschleunigung des wissenschaftlich-technischen Fortschritts stellt immer höhere Anforderungen an die Allgemeinbildung und die Berufsausbildung der Werktätigen. Konsequent wird die Linie durchgesetzt werden, das gesamte System der Aus- und Weiterbildung der Kader zu vervollkommnen und die Ausbilanziertheit von Arbeitsplätzen und vorhandenen Arbeitskräften in allen Zweigen und Gebieten des Landes planmäßig zu sichern.

Der Kampf für die umfassende Intensivierung und Rationalisierung der Produktion, für die Sicherung ihrer höchsten Effektivität auf der Basis des wissenschaftlich-technischen Fortschritts ist unter den Bedingungen der sozialistischen Planwirtschaft organisch mit der Verwirklichung der humanistischen Ziele der sowjetischen Gesellschaft, mit Vollbeschäftigung und der ständigen Verbesserung aller Seiten des Lebens der Menschen verbunden.

Die strukturelle Umgestaltung der gesellschaftlichen Produktion

Der Übergang zur Intensivierung erfordert tiefgreifende **Strukturveränderungen in der Wirtschaft.** Die Volkswirtschaft muß flexibel und rechtzeitig auf die jeweiligen progressiven Veränderungen in Wissenschaft, Technik und Technologie sowie in den gesellschaftlichen und individuellen Bedürfnissen umgestellt werden. Es gilt, die für den wissenschaftlich-technischen Fortschritt und die erfolgreiche Lösung der sozialen Aufgaben entscheidenden Zweige schneller zu entwickeln, ein optimales Verhältnis zwischen Konsumtion und Akkumulation anzustreben sowie die Proportionen zwischen der Produktion von Produktionsmitteln und der Produktion von Konsumtionsmitteln sowie zwischen den Zweigen des Agrar-Industrie-Komplexes zu verbessern. Die soziale Orientierung der Ökonomie wird verstärkt, konsequent ist eine Hinwendung zur vollständigen Befriedigung der wachsenden Bedürfnisse des Sowjetvolkes zu verwirklichen.

In diesem Zusammenhang ergeben sich neue Anforderungen an die **Investitionspolitik.** Sie hat die Erhöhung der Effektivität der Investitionen und ihre Konzentration auf die entscheidenden Bereiche zu sichern, von denen die schnelle Erzielung höchster volkswirtschaftlicher Ergebnisse und die bilanzierte Entwicklung der Wirtschaft, die Erzielung eines maximalen Zuwachses an Produktion und Nationaleinkommen je aufgewendeten Rubel abhängen. Es gilt, den Schwerpunkt vom Neubau auf die technische Neuausrüstung und Rekonstruktion der vorhandenen Betriebe zu verlagern, den Anteil der für diese Ziele eingesetzten Mittel am Gesamtvolumen der Investitionen im produktiven Bereich bedeutend zu erhöhen und dabei den spezifischen Anteil der Aufwendungen für Ausrüstungen und Maschinen zu steigern. Eine vorrangige Aufgabe ist die Verbesserung des Verhältnisses zwischen den Investitionen in den rohstofffördernden, den verarbeitenden und den verbrauchenden Zweigen sowie eine Umverteilung der Mittel zugunsten der Zweige, die eine Beschleunigung des wissenschaftlich-technischen Fortschritts gewährleisten.

Die Wirtschaft der UdSSR zur vollkommensten und stärksten in der Welt zu machen, erfordert die weitere Entwicklung der **Schwerindustrie,** der Grundlage der wirtschaftlichen Leistungskraft.

Die Schlüsselrolle[1] bei der Umsetzung der neuesten Erkenntnisse von Wissenschaft und Technik mißt die Partei dem **Maschinenbau** zu. Die Beschleunigung seines Wachstumstempos ist die Grundlage für den wissenschaftlich-technischen Fortschritt in allen Zweigen der Volkswirtschaft und für die Sicherung der Verteidigungsfähigkeit des Landes auf dem erforderlichen Niveau, die Hauptrichtung der Entwicklung der Wirtschaft für einen langen Zeitraum. Aufgabe des Maschinenbaus ist es, Systeme und Komplexe von Maschinen, Ausrüstungen und Geräten mit höchstem technisch-ökonomischen Niveau herzustellen, die revolutionäre Veränderungen in der Technologie und Organisation der Produktion, eine mehrfache Erhöhung der Arbeitsproduktivität, die Senkung des Material- und Energieverbrauchs, die Verbesserung der Qualität der Erzeugnisse und die Erhöhung der Grundfondsquote sichern. Vorrangig sind der Werkzeugmaschinenbau, die elektrotechnische Industrie, die Mikroelektronik, die Rechentechnik und der Gerätebau sowie die gesamte Informationsindustrie, die wahren Katalysatoren der Beschleunigung des wissenschaftlich-technischen Fortschritts, zu entwickeln.

Es gilt, das Potential der Metallurgie, der Chemie und anderer Zweige der Schwerindustrie, die **Werkstoffe** herstellen, zu stärken und einen qualitativen Umschwung in diesen Zweigen herbeizuführen, das Sortiment und die Qualität der Werkstoffe kontinuierlich zu verbessern sowie die Produktion der wirtschaftlichsten und progressivsten Arten dieser Stoffe zu erhöhen.

Eine Aufgabe von größter Wichtigkeit ist die effektive Entwicklung des **Brennstoff-Energie-Komplexes des Landes.** Die stabile Deckung des wachsenden Bedarfs an verschiedenartigen Brennstoffen und Energie erfordert eine Verbesserung der Struktur der Brennstoff- und Energiebilanz, den beschleunigten Ausbau der Kernenergetik, die breite Nutzung von regenerierbaren Energiequellen sowie eine konsequente, aktive und zielgerichtete Arbeit zur Brennstoff- und Energieökonomie in allen Zweigen der Wirtschaft.

Eine unbedingte Voraussetzung für sozialökonomischen Fortschritt ist die weitere Stärkung und die Erhöhung der Effektivität des **Agrar-Industrie-Komplexes,** die volle Deckung des Bedarfes des Landes an seinen Erzeugnissen. Es kommt darauf an, den Übergang der Landwirtschaft auf industrieller Grundlage abzuschließen, überall wissenschaftliche Systeme der Wirtschaftsleitung und intensive Technologien einzuführen, die Nutzung der Böden zu verbessern und ihre Fruchtbarkeit zu erhöhen, die Erträge bei landwirtschaftlichen Kulturen und die Produktivität der Viehwirtschaft bedeutend zu steigern, die Futtergrundlage zu stärken, die Stabilität der landwirtschaftlichen Produktion zu sichern, ihre Abhängigkeit von ungünstigen natürlichen und klimatischen Bedingungen zu verringern sowie Verluste bei der Ernte und bei der Produktion tierischer Erzeugnisse auszuschließen. Die Agrar-Industrie-

---

1 Der anschließende Satz im Entwurf »bei der Verwirklichung der wissenschaftlich-technischen Revolution« ist gestrichen worden.

Integration und die zwischenbetriebliche Kooperation werden ausgebaut, Technik, Technologie und Organisation der Produktion, der Erfassung, des Transports, der Lagerung und der Verarbeitung der landwirtschaftlichen Erzeugnisse werden auf eine neue Stufe gehoben werden.

Den entscheidenden Beitrag zur Sicherung der Versorgung des Landes mit landwirtschaftlichen Produkten haben die Kolchose, Sowchose und Agrar-Industrie-Vereinigungen und Betriebe zu leisten, die die Grundlage der sozialistischen Landwirtschaft bilden. Daneben werden zur Ergänzung der Lebensmittelressourcen des Landes die Nebenwirtschaften der Betriebe und Bürger sowie die Kleingartengemeinschaften genutzt.

Die KPdSU wird Anstrengungen unternehmen, um im Interesse der allseitigen Befriedigung der Bedürfnisse der sowjetischen Menschen die **Konsumgüterproduktion und den gesamten Dienstleistungsbereich** beschleunigt auszubauen, wobei die Betriebe, Vereinigungen und Organisationen aller Zweige der Volkswirtschaft einzubeziehen sind.

Eine wichtige Rolle bei der Vervollkommnung des einheitlichen Volkswirtschaftskomplexes des Landes mißt die Partei der technischen Neuausrüstung und der Erhöhung der Effektivität der Zweige der **Infrastruktur des produktiven Bereiches** – der System der Elektroenergie-, Erdöl- und Gasversorgung, des Nachrichtenwesens und der Informationsversorgung der Volkswirtschaft – zu. Besondere Aufmerksamkeit ist der Entwicklung eines einheitlichen Transportsystems, der Vervollkommnung aller seiner Bestandteile sowie der Schaffung eines gut ausgebauten Straßennetzes zu widmen.

Es gilt[1], das technisch-ökonomische Niveau des **Bauwesens** bedeutend zu erhöhen, die Bauproduktion als einheitlichen industriellen Prozeß zu gestalten, die Qualität der Projektierungs- und Bauarbeiten zu erhöhen und ihre Kosten zu senken sowie die Fristen für die Errichtung der Objekte und die Inbetriebnahme der Produktionskapazitäten zu verkürzen.

Unverminderte Aufmerksamkeit wird die Partei auch künftig der Vervollkommnung der **Standortverteilung der Produktivkräfte** widmen, wodurch gesellschaftliche Arbeit eingespart und die komplexe und hocheffektive Entwicklung jeder Region gesichert werden muß. Ausgehend von einer Vertiefung der gesellschaftlichen Arbeitsteilung, wird die Volkswirtschaft aller Unionsrepubliken weiterentwickelt, erhöht sich ihr Beitrag zur Befriedigung der Bedürfnisse des Landes. Es gilt, die Struktur der territorialen Produktionskomplexe und der Wirtschaftsbeziehungen, wie sie sich im Laufe der Zeit entwickelt haben, zu verbessern sowie die Betriebe maximal zur Verarbeitung von Rohstoffen so nahe wie möglich an deren Fördergebiete heranzubringen. Die Möglichkeiten der kleinen und mittleren Städte sowie der Arbeitersiedlungen sind durch die Ansiedlung von spezialisierten Betrieben zur Fertigung von Erzeugnissen in Kooperation mit Großbetrieben, zur Verarbeitung von landwirtschaftlichen und örtlichen Rohstoffen sowie zur Versorgung der Bevölkerung vollständiger zu nutzen.

---

1 Der einführende Satz im Entwurf »Zur Intensivierung der Wirtschaft und zur Beschleunigung des wissenschaftlich-technischen Fortschritts« ist weggefallen.

Die beschleunigte Entwicklung der Produktivkräfte **Sibiriens und des Fernen Ostens** war und bleibt Bestandteil der Wirtschaftsstrategie der Partei. Bei der Erschließung neuer Gebiete hat die konsequente Sicherung der komplexen Lösung der Produktionsaufgaben und der Entwicklung der gesamten sozialen Infrastruktur im Interesse der Verbesserung der Arbeits- und Lebensbedingungen der Menschen eine besondere ökonomische und politische Bedeutung.

Bei der Bestimmung der volkswirtschaftlichen Entwicklungsperspektiven geht die KPdSU von der Notwendigkeit aus, die **außenwirtschaftliche Strategie** zu vervollkommnen und die Möglichkeiten der gegenseitig vorteilhaften internationalen Arbeitsteilung, vor allem die Vorteile der sozialistischen ökonomischen Integration, umfassender zu nutzen. Die außenwirtschaftlichen und wissenschaftlich-technischen Beziehungen werden vertieft und progressive Strukturveränderungen im Export und Import zur Erhöhung der Effektivität der Volkswirtschaft und zur Sicherung der Unabhängigkeit von den kapitalistischen Ländern auf strategisch wichtigen Gebieten vorgenommen.

Die Vervollkommnung der sozialistischen Produktionsverhältnisse, des Verwaltungssystems[1] und der Wirtschaftsmethoden

Notwendige Voraussetzungen für die Beschleunigung des sozialökonomischen Fortschritts der Gesellschaft bestehen in der ständigen Vervollkommnung der Produktionsverhältnisse, in der Aufrechterhaltung ihrer stabilen Übereinstimmung mit den sich dynamisch entwickelnden Produktivkräften, im rechtzeitigen Aufdecken und in der Lösung der zwischen ihnen entstehenden nichtantagonistischen Widersprüche.

Im Mittelpunkt der Aufmerksamkeit der Partei wird auch weiterhin die **Festigung und Mehrung des gesellschaftlichen Eigentums an den Produktionsmitteln,** der Grundlage des ökonomischen Systems des Sozialismus, stehen. Wir müssen auch weiterhin das Niveau der Vergesellschaftung der Produktion und ihrer planmäßigen Organisation erhöhen, die Formen und Methoden zur Umsetzung der Vorzüge und Möglichkeiten des Volkseigentums unentwegt verbessern.

Der Aufschwung der Produktivkräfte in der Landwirtschaft, die Entwicklung der zwischenbetrieblichen Kooperation und der Agrar-Industrie-Integration werden zur weiteren Annäherung und in der Perspektive zur Verschmelzung des Kolchos- und anderen genossenschaftlichen Eigentums mit dem Volkseigentum beitragen. Dies wird sich durch die allseitige Entwicklung und Festigung beider Formen des sozialistischen Eigentums, durch die immer vollständigere Ausschöpfung der Möglichkeiten des genossenschaftlichen Sektors der Wirtschaft vollziehen.

Die Partei wird beharrlich in den Arbeitskollektiven, bei jedem Werktätigen das Gefühl herausbilden, Herr des gesellschaftlichen Eigentums zu sein, wird die erforderlichen Maßnahmen zum Schutz des sozialistischen Eigentums, zur Verhinderung jeglicher Versuche seines Mißbrauchs zu eigennützigen Zwecken, zur Ausmerzung dem Sozialismus fremder Formen der Aneignung von Gütern, zur Sicherung des verfassungsmäßigen Rechtes der Bürger auf persönliches Eigentum treffen.

---

1 Verwaltungs- statt Leitungssystems

Große Bedeutung mißt die Partei der **Vervollkommnung der Verteilungsverhält-nisse** bei, die aktiv auf das Wachstum der kollektiven und persönlichen Interessiert-heit an der Entwicklung der gesellschaftlichen Produktion sowie auf das Lebensni-veau und die Lebensweise der Menschen einwirken. Konsequent wird die Linie der effektivsten Verteilung des gesellschaftlichen Produkts und des Nationaleinkom-mens verfolgt werden, damit der Verteilungsmechanismus zuverlässig vor nicht auf Arbeit beruhenden Einkünften, vor Gleichmacherei bei der Entlohnung und vor all dem schützt, was den Normen und Prinzipien der sozialistischen Gesellschaft wi-derspricht. Das Maß der Arbeit und das Maß des Verbrauchs müssen streng kontrol-liert, das Interesse der Kollektive und jedes Werktätigen an besten volkswirtschaftli-chen Ergebnissen muß verstärkt, die materiellen und moralischen Stimuli für die Arbeit müssen geschickt verbunden werden.

Eine aktuelle Aufgabe ist die weitere Entwicklung der **Austauschverhältnisse.** Es gilt, die Zuverlässigkeit der Wirtschaftsbeziehungen zu erhöhen, zwischen Nach-frage und Angebot eine dynamische Übereinstimmung herzustellen, den Umlauf der materiellen und finanziellen Ressourcen zu verbessern, die Umschlagzeit der Um-laufmittel zu beschleunigen.

Bei der Erhöhung der Effektivität der Produktion und der Vervollkommnung von Ver-teilung, Austausch und Konsumtion[1] kommt es darauf an, die Ware-Geld-Beziehun-gen entsprechend ihrem neuen Inhalt im Sozialismus umfassender anzuwenden. Es gilt, das Sparsamkeitsprinzip und die Kontrolle der Quantität und der Qualität der Ar-beit durch den Rubel zu verstärken, alle zu Gebote stehenden ökonomischen Hebel und Stimuli anzuwenden, den Staatshaushalt zu konsolidieren und die Kaufkraft des Rubels zu erhöhen.

Die Beschleunigung der sozialökonomischen Entwicklung des Landes erfordert eine ständige **Vervollkommnung der Leitung der Volkswirtschaft,** ein zuverläs-siges und effektives Funktionieren des Wirtschaftsmechanismus, der verschieden-artige, flexible Formen und Methoden der Wirtschaftsführung einschließt, wobei diese in Übereinstimmung mit den sich verändernden Bedingungen der ökonomi-schen Entwicklung und mit dem Charakter der zu lösenden Aufgaben zu bringen sind.

Die Vervollkommnung der Leitung muß sich auf eine tiefergehende und allseitige Nutzung der Vorzüge und Möglichkeiten der sozialistischen Planwirtschaft und der ökonomischen Gesetze stützen, sie muß in vollem Maße die Veränderungen der Produktivkräfte und Produktionsverhältnisse, das zunehmende Niveau der Bildung, der Bewußtheit, der Qualifikation und der Erfahrungen der breiten werktätigen Mas-sen berücksichtigen. Sie muß eine optimale Verbindung der persönlichen Interes-sen, der Interessen der Arbeitskollektive und der verschiedenen sozialen Gruppen mit den gesamtstaatlichen Interessen den Interessen des gesamten Volkes sichern und sie auf diese Weise als Triebkraft des wirtschaftlichen Wachstums nutzen.

Das gesamte Verwaltungssystem muß eine Vergrößerung des Beitrags jeder Einheit der Volkswirtschaft zur Erreichung des höchsten Ziels – der maximalen Befriedigung der Bedürfnisse der Gesellschaft – bezwecken. Die maximale Steigerung dieses Beitrags bei minimalem Aufwand jeglicher Art von Ressourcen – das ist ein unum-

---

1 neu hinzugefügt

stößliches Gesetz sozialistischen Wirtschaftens, das Hauptkriterium für die Einschätzung der Tätigkeit der Wirtschaftszweige, der Produktionsvereinigungen und Betriebe, aller Produktionszellen.

Es gilt zu gewährleisten, daß die Leninschen Verwaltungsprinzipien und vor allem das Prinzip des **demokratischen Zentralismus,** das die Einheit seiner beiden Elemente zum Ausdruck bringt – die Erhöhung der Effektivität der zentralisierten Leitung und eine bedeutende Erweiterung der wirtschaftlichen Selbständigkeit und Verantwortung der Produktionsvereinigungen und Betriebe – konsequent verwirklicht werden.

Die Aufmerksamkeit der zentralen Verwaltungsorgane muß in immer größerem Maße auf die Lösung der strategischen Aufgaben der wirtschaftlichen und sozialen Entwicklung, auf die praktische Verwirklichung einer einheitlichen Politik auf dem Gebiet des wissenschaftlich-technischen Fortschritts und der Investitionen, der Strukturveränderungen in der Volkswirtschaft, der Proportionalität der gesellschaftlichen Produktion und der Festigung des Systems der geplanten gesamtstaatlichen Reserven der Standortverteilung der Produktivkräfte, der Entlohnung und sozialen Sicherung, der Preise, Tarife, Finanzen, der Rechnungslegung und Statistik konzentriert werden.

Die Partei hält es für notwendig, die Wirksamkeit der **Planung** als Instrument der Realisierung ihrer Wirtschaftspolitik zu verstärken. Die Planung muß ein aktiver Hebel zur Beschleunigung der sozialökonomischen Entwicklung des Landes, zur Intensivierung der Produktion auf der Basis des wissenschaftlich-technischen Fortschritts, zur Durchsetzung progressiver wirtschaftlicher Lösungen sein und ein bilanziertes und dynamisches Wachstum der Wirtschaft gewährleisten. Einen führenden Platz in den Plänen müssen die qualitativen Kennziffern einnehmen, die die Effektivität der Nutzung der Ressourcen, den Umfang der Erneuerung der Erzeugnisse sowie die Steigerung der Arbeitsproduktivität auf der Grundlage der Errungenschaften von Wissenschaft und Technik widerspiegeln. Die ökonomischen und sozialen Aufgaben müssen komplex gelöst, die langfristigen, Fünfjahres- und Jahrespläne organisch miteinander verbunden, das wissenschaftliche Niveau der Planung erhöht, die Plandisziplin gefestigt, die Priorität gesamtstaatlicher Interessen gesichert und jegliche Erscheinungen von Ressortgeist und Lokalegoismus, von Bürokratismus und Voluntarismus ausgemerzt werden.

Es gilt, die Arbeit des Finanz- und Kreditsystems wesentlich zu verbessern und dessen Einwirkung auf die Steigerung der Effektivität der Produktion sowie auf die Qualifizierung des Geldumlaufs und der wirtschaftlichen Rechnungsführung zu verstärken.[1]

Die Partei wird die Elemente des Zentralismus in der Verwaltung und Planung bei der Lösung strategischer Aufgaben weiter ausprägen und dabei aktiv **Maßnahmen zur Erhöhung der Rolle des Hauptkettengliedes der Produktion** – der Vereinigungen und Betriebe – durchführen, konsequent die Linie der Erweiterung ihrer Rechte und wirtschaftlichen Selbständigkeit, der Erhöhung ihrer Verantwortung und Interessiertheit an hohen Endergebnissen verfolgen. Die laufende Wirtschaftsarbeit muß sich an der Basis – in den Arbeitskollektiven – konzentrieren.

---

1 Absatz neu hinzugefügt.

Die Partei hält es für erforderlich, die Wirksamkeit der **wirtschaftlichen Rechnungsführung** weiter zu entwickeln und zu erhöhen, die Betriebe und Vereinigungen konsequent auf die vollständige wirtschaftliche Rechnungsführung bei Verstärkung der ökonomischen Hebel und Senkung der Anzahl von Kennziffern, die durch übergeordnete Organe vorgegeben werden, umzustellen. Die Tätigkeit der Vereinigungen und Betriebe wird immer mehr durch langfristig wirkende ökonomische Normative geregelt, die der Initiative und dem Schöpfertum der Arbeitskollektive Raum geben. Maßnahmen zur Vervollkommnung der Leitung von oben müssen mit der Entwicklung der kollektiven Formen der Organisation und Stimulierung der Arbeit von unten verbunden werden. Das System der Hebel und Stimuli soll denjenigen Arbeitskollektiven, die Erfolge bei der Beschleunigung des wissenschaftlich-technischen Fortschritts erzielen und bessere Erzeugnisse produzieren sowie die Rentabilität der Produktion erhöhen, reale Vorteile bieten. Es wachsen die Möglichkeiten und Rechte der Vereinigungen und Betriebe, über die von ihnen erarbeiteten Mittel für die Entwicklung der Produktion, für die materielle Stimulierung der Kollektive und die Lösung sozialer Fragen zu verfügen.

Der Großhandel wird erweitert, die Rolle der direkten Verbindungen und der Wirtschaftsverträge zwischen den Verbraucherbetrieben und den Herstellerbetrieben erhöht sowie die Einwirkung des Verbrauchers auf das technische Niveau und die Qualität der Erzeugnisse verstärkt werden.

Die **Preisbildung** ist zu vervollkommnen, damit die Preise das Niveau des gesellschaftlich notwendigen Aufwands, die Qualität der Erzeugnisse und Dienstleistungen exakter widerspiegeln, den wissenschaftlich-technischen Fortschritt, den sparsamen Umgang mit Ressourcen, die Verbesserung der technisch-ökonomischen und Gebrauchseigenschaften der Erzeugnisse, die Einführung alles Neuen und Fortschrittlichen, aktiver stimulieren sowie der Verstärkung des Sparsamkeitsregimes dienen.

Die KPdSU stellt die Aufgabe, die **Organisationsstruktur der Verwaltung** der Volkswirtschaft auf allen Ebenen konsequent zu vervollkommnen, den Verwaltungsapparat zu verkleinern und überflüssige Glieder abzuschaffen. Es ist notwendig, die Verwaltung großer volkswirtschaftlicher Komplexe miteinander verbundener und gleichartiger Zweige zu verbessern, eine rationale Verbindung großer, mittlerer und kleiner Betriebe sowie der Zweig- und Territorialverwaltung zu erreichen, das Netz der Produktionsvereinigungen und der Wissenschafts-Produktionsvereinigungen zu erweitern und deren Arbeit zu vervollkommnen, die Spezialisierung zu vertiefen und die Kombination und Kooperation der Produktion zu entwickeln.

Die Aufmerksamkeit der zwischenzweiglichen und Zweigorgane der Verwaltung wird auf die wichtigsten Richtungen der Entwicklung der Zweige, auf die Überleitung wissenschaftlich-technischer Ergebnisse konzentriert werden. Sie haben die Verantwortung für die vollständige Befriedigung des Bedarfs der Volkswirtschaft und der Bevölkerung an Erzeugnissen entsprechend Sortiment und Nomenklatur zu tragen. Es wachsen Rolle und Verantwortung der Republiks- und örtlichen Organe bei der Verwaltung des wirtschaftlichen, sozialen und kulturellen Aufbaus und bei der Befriedigung der Bedürfnisse der Bevölkerung. Die Rechte dieser Organe werden erweitert werden.

In der gesamten Arbeit zur Vervollkommnung der Verwaltung der Wirtschaft wird die KPdSU konsequent ihren Kurs der **Entwicklung der schöpferischen Initiative der Werktätigen und ihrer immer umfassenderen Einbeziehung in den Prozeß der Verwaltung der Produktion,** der Erhöhung der Rolle der Arbeitskollektive bei der Ausarbeitung der Pläne und bei der wirtschaftlichen Entscheidung, bei der Verwirklichung von Maßnahmen zur sozialökonomischen Entwicklung der Betriebe, bei der Suche und Mobilisierung innerer Produktionsreserven fortsetzen. Sparsamkeit, kluge Verwendung volkseigener Mittel, die rationale Nutzung jedes Rubels, die Beseitigung von Mißwirtschaft und die Eliminierung verschiedener unproduktiver Ausgaben und Verluste sind Sache der ganzen Partei, des ganzen Volkes, sind Sache jedes Arbeitskollektivs und jedes Werktätigen.

Ständige Aufmerksamkeit widmet die Partei der Entwicklung des **sozialistischen Wettbewerbs.** Er ist ein außerordentlich wichtiger Bereich der Entfaltung des Schöpfertums der Werktätigen, eines der grundlegenden Mittel zur Selbstbestätigung und gesellschaftlichen Anerkennung der Persönlichkeit. Es ist notwendig, gestützt auf die Leninschen Prinzipien *der Publizität, der Vergleichbarkeit der Ergebnisse und der Möglichkeit zur Übernahme bester Erfahrungen*[1], die Organisation des Wettbewerbs zu vervollkommnen und seine Wirksamkeit zu erhöhen, Formalismus und Schablone auszumerzen und den Geist kameradschaftlicher Zusammenarbeit und gegenseitiger Hilfe zu entwickeln. Größte Bedeutung kommt der allseitigen Unterstützung der Initiative und des Schöpfertums der Massen zu, die auf die Beschleunigung des wissenschaftlich-technischen Fortschritts, die Steigerung der Arbeitsproduktivität, den sparsamen Umgang mit Ressourcen, die Erhöhung der Effektivität der Produktion und der Qualität der Erzeugnisse, die Senkung der Selbstkosten, auf die Gewährleistung eines exakten Arbeitsrhythmus und die termingerechte Erfüllung der Vertragsverpflichtungen sowie die Erreichung höchstmöglicher volkswirtschaftlicher Egebnisse gerichtet sind.

III. Die Sozialpolitik der Partei[2]

Die Partei betrachtet die Sozialpolitik als wirkungsvollen Hebel zur Beschleunigung der Entwicklung des Landes, zur Erhöhung der Leistungsbereitschaft und der gesellschaftspolitischen Aktivität der Massen, zur Herausbildung des neuen Menschen und zur Durchsetzung der sozialistischen Lebensweise, als wichtigen Faktor der politischen Stabilität der Gesellschaft. Sie geht davon aus, daß die Sozialpolitik zunehmenden Einfluß auf die Erhöhung der Effektivität der Wirtschaft, auf alle Sphären des gesellschaftlichen Lebens ausüben wird. Das nicht erlahmende Bemühen um die Lösung der sozialen Fragen der Arbeit, des täglichen Lebens und der Kultur, um die Befriedigung der Interessen und Bedürfnisse der Menschen betrachtet die KPdSU als Gesetz des Handelns aller Staats- und Wirtschaftsorgane und der gesellschaftlichen Organisationen.

1 neu hinzugefügt
2 Sozialpolitik in der Überschrift ist im Sinne von Gesellschaftspolitik gemeint.

Die Partei stellt in der **Sozialpolitik folgende Hauptaufgaben:**
- die stetige Verbesserung der Lebens- und Arbeitsbedingungen der sowjetischen Menschen;
- die immer vollständigere Verwirklichung des Prinzips der sozialen Gerechtigkeit in allen Bereichen der gesellschaftlichen Beziehungen;
- die Annäherung der Klassen, sozialen Gruppen und Schichten, die Überwindung wesentlicher Unterschiede zwischen geistiger und körperlicher Arbeit, zwischen Stadt und Land;
- die Vervollkommnung der nationalen Beziehungen, die Festigung der brüderlichen Freundschaft der Nationen und Völkerschaften des Landes.

Die Erhöhung des Wohlstandes, die Verbesserung der Arbeits- und Lebensbedingungen der sowjetischen Menschen

Das im Land geschaffene Produktions- und geistige Potential, die Aufgaben der Beschleunigung der sozialökonomischen Entwicklung des Landes machen bedeutende Fortschritte zur Erreichung der »**höchsten** Wohlfahrt und der freien **allseitigen** Entwicklung **aller** Mitglieder der Gesellschaft«* notwendig und möglich. Die KPdSU stellt die Aufgabe, den Wohlstand der sowjetischen Menschen auf eine qualitativ neue Stufe zu heben, ein solches Niveau und eine solche Struktur der Konsumtion materieller, sozialer und kultureller Güter zu sichern, die den Zielen der Herausbildung harmonisch entwickelter, geistig reicher Persönlichkeiten und der Schaffung der notwendigen Bedingungen für eine größtmögliche Entfaltung der Fähigkeiten und Talente der sowjetischen Menschen im Interesse der Gesellschaft im höchsten Maße entsprechen.
Es ist vorgesehen, bereits in den nächsten 15 Jahren den Umfang der Mittel, die zur Befriedigung der Bedürfnisse des Volkes eingesetzt werden, zu verdoppeln.
Besondere Bedeutung mißt die Partei der Verstärkung des schöpferischen Inhalts und des kollektiven Charakters der Arbeit, der Erhöhung der Arbeitskultur und der Stimulierung hochqualifizierter und hochproduktiver Arbeit zum Wohle der Gesellschaft bei. All das wird dazu beitragen, daß die Arbeit zum ersten Lebensbedürfnis jedes sowjetischen Menschen wird.
Es gilt, auch weiterhin umfassende wissenschaftlich-technische, ökonomische und soziale Maßnahmen zu verwirklichen, um die volle und effektive Beschäftigung der Bevölkerung zu sichern und zu gewährleisten, daß alle arbeitsfähigen Bürger die Möglichkeit haben, in der von ihnen gewählten Tätigkeitssphäre entsprechend ihren Neigungen und Fähigkeiten, ihrer Bildung und ihrer beruflichen Qualifikation unter Berücksichtigung der gesellschaftlichen Bedürfnisse zu arbeiten.
Konsequent wird der Kurs auf eine bedeutende Verringerung der manuellen Arbeit verfolgt, auf eine wesentliche Reduzierung und in der Perspektive auf die Beseitigung der eintönigen, körperlich schweren und wenig qualifizierten Arbeit, auf die Gewährleistung gesunder hygienisch-sanitärer Bedingungen und auf die Einführung vollkommener sicherheitstechnischer Mittel, die Betriebsunfälle und Berufs-

---

* W. I. Lenin, Werke, Bd. 6, S. 40

krankheiten verhindern. Die Intensivierung und die Erhöhung der Effektivität der Produktion sowie der Arbeitsproduktivität werden in der Perspektive neue Möglichkeiten für eine Verkürzung des Arbeitstages und die Verlängerung des bezahlten Urlaubs eröffnen.

Die Partei wird auch künftig alles Erforderliche für die ständige Steigerung der Realeinkommen der Werktätigen und für den weiteren Aufschwung des Wohlstandes aller Schichten und sozialer Gruppen in Übereinstimmung mit den ökonomischen Möglichkeiten des Landes tun.

Die Hauptquelle der Einkommen der Werktätigen bleibt während der gesamten ersten Phase des Kommunismus der leistungsabhängige Lohn. Es kommt darauf an, das Lohnsystem stetig so zu vervollkommnen, damit es in vollem Maße dem Prinzip der Bezahlung nach der Quantität und Qualität der Arbeit entspricht, ihre Bedingungen und Resultate berücksichtigt und die Erhöhung der Qualifikation der Werktätigen, die Arbeitsproduktivität, die Erzeugnisqualität, die rationelle Nutzung und den ökonomischen Umgang mit allen Ressourcen stimuliert. Gerade auf dieser Grundlage müssen der Arbeitslohn und das Lebensniveau der Werktätigen wachsen. In dem Maße, wie der gesellschaftliche Reichtum wächst, wird sich der Mindestlohn erhöhen und der Kurs auf die Senkung der von der Bevölkerung zu entrichtenden Steuern fortgesetzt. Die Partei mißt der entschlossenen Unterbindung nicht auf Arbeit beruhender Einkünfte, jeglichen Abweichungen vom sozialen Verteilungsprinzip grundsätzliche Bedeutung bei.

Das beschleunigte Wachstum und die Vervollkommnung der Verteilung der **gesellschaftlichen Konsumtionsfonds** werden fortgesetzt. Sie haben bei der Entwicklung des gesamtstaatlichen Systems der unentgeltlichen Volksbildung, des Gesundheitswesens und der Sozialversicherung sowie bei der Verbesserung der Bedingungen für die Erholung der Werktätigen eine immer größere Rolle zu spielen und die im Sozialismus objektiv unausbleiblichen Unterschiede in der materiellen Lage einzelner Bürger, Familien sowie sozialer Schichten zu mindern, die sozialökonomischen und kulturellen Bedingungen für die Erziehung der Kinder auszugleichen und zur Beseitigung der Situation beizutragen, daß es einzelne minderbemittelte Gruppen der Bevölkerung gibt.

Eine Aufgabe von erstrangiger Wichtigkeit ist die **volle Befriedigung der wachsenden Nachfrage der Bevölkerung nach qualitativ hochwertigen und verschiedenartigen Massenbedarfsgütern** – Lebensmittel, gediegene und schöne Kleidung und Schuhe, Möbel, Waren des kulturellen Bedarfs, hochwertige Haushalttechnik und Wirtschaftswaren.

Eine weitere Entwicklung erfahren der **Handel und das Gaststättenwesen.** Ihre materiell-technische Basis wird gefestigt und die kulturvolle Bedienung verbessert. Die Konsumgenossenschaften werden auch künftig entwickelt. Ihre Aufgabe ist es, den Handel auf dem Lande zu vervollkommnen und den Aufkauf landwirtschaftlicher Produkte von der Bevölkerung sowie ihren Absatz zu organisieren. Der Kolchosmarkt behält seine Bedeutung. Die Politik der Einzelhandelspreise wird im Interesse der Erhöhung des Realeinkommens der Bevölkerung gestaltet.

Es ist vorgesehen, weitreichende Maßnahmen zum Aufbau eines **modernen hochentwickelten Dienstleistungswesens** zu verwirklichen. Die Vergrößerung des Umfangs, die Erweiterung des Angebots und die Verbesserung der Qualität der

Dienstleistungen werden es erlauben, die wachsende Nachfrage der Bevölkerung nach verschiedenen Formen der Dienstleistungen in den Bereichen des Wohnungswesens und der Kommunalwirtschaft, des Verkehrs, der Hauswirtschaft und der sozialen kulturellen Betreuung vollständiger zu befriedigen, die Arbeit im Haushalt zu erleichtern und die Bedingungen für die Erholung und für eine sinnvolle Nutzung der Freizeit zu verbessern. Eine beschleunigte Entwicklung erfährt das Dienstleistungswesen in ländlichen und neu erschlossenen Gebieten.

Als Angelegenheit von besonderer sozialer Bedeutung betrachtet die Partei die beschleunigte Lösung des **Wohnungsproblems** mit dem Ziel, daß bis zum Jahr 2000 praktisch jede sowjetische Familie über eigenen Wohnraum – eine Wohnung oder ein Eigenheim – verfügt. Dem dienen der umfangreiche staatliche Wohnungsbau, die umfassendere Entwicklung des genossenschaftlichen und individuellen Wohnungsbaus sowie die Rekonstruktion, Modernisierung und die verbesserte Werterhaltung des Wohnraumfonds, die Verstärkung der Kontrolle über die Wohnraumverteilung. Besondere Aufmerksamkeit wird der Qualität des Wohnungsbaus, der Erhöhung des Komforts, der Verbesserung des Schnitts und der Vervollkommnung der technischen Ausstattung der Wohnungen und Häuser gewidmet.

Höhere Anforderungen werden an die Architektur, an die ästhetische Gestaltung und den siedlungstechnischen Ausbau der Städte und Dörfer gestellt. Die Siedlungen sollen rationell organisierte Komplexe der Produktionszonen, der Wohngebiete, des Netzes gesellschaftlicher, kultureller sowie Lehr- und Erziehungseinrichtungen, der Handels- und Dienstleistungsbetriebe, der Sportanlagen sowie der öffentlichen Verkehrseinrichtungen darstellen, die beste Bedingungen für die Arbeit, das Leben und die Erholung der Menschen gewährleisten müssen. Die Praxis, Mittel der Bevölkerung für eine Verbesserung der Wohn-, kulturellen und sozialen Bedingungen der Freizeitgestaltung und des Tourismus sowie für andere Ziele zu nutzen, wird erweitert.

Eine Angelegenheit von erstrangiger Wichtigkeit ist die **Festigung der Gesundheit der sowjetischen Menschen,** die Verlängerung ihres aktiven Lebens. Die Partei stellt die Aufgabe, überall eine vollständige Befriedigung der Bedürfnisse der Stadt- und Dorfbewohner an allen Formen einer hochqualifizierten medizinischen Betreuung sowie eine grundlegende Verbesserung ihrer Qualität zu erreichen. Dazu sind vorgesehen: die Einführung eines Systems der durchgängigen Dispensairebetreuung der Bevölkerung; der weitere Ausbau des Netzes von Einrichtungen zum Gesundheitsschutz von Mutter und Kind, von Polikliniken, Krankenhäusern, Sanatorien und deren Ausstattung mit modernen medizinischen Geräten und Ausrüstungen; die volle Versorgung mit Medikamenten, Heilmitteln und hygienisch-sanitären Mitteln.

Bei der Festigung der Gesundheit der Bevölkerung, der harmonischen Persönlichkeitsentwicklung und der Vorbereitung der Jugend auf die Arbeit und die Verteidigung der Heimat wächst die Bedeutung von **Körperkultur und Sport, deren Verankerung im täglichen Leben.** Es ist zu gewährleisten, daß jeder Mensch von Jugend an für seine physische Vervollkommnung Sorge trägt, über Kenntnisse in Fragen der Hygiene und medizinischer Hilfe verfügt und ein gesundes Leben führt.

Die KPdSU mißt der **verstärkten Sorge für die Familie** große Bedeutung bei. Sie spielt eine große Rolle bei der Festigung der Gesundheit und der Erziehung der heranwachsenden Generationen, bei der Gewährleistung des ökonomischen und sozialen Fortschritts der Gesellschaft sowie bei der Verbesserung der demographischen Prozesse. Hier bilden sich die Grundlagen des Charakters des Menschen, seiner Einstellung zur Arbeit, zu den moralischen, geistigen und kulturellen Werten heraus. Die Gesellschaft ist zutiefst an einer stabilen, geistig und moralisch gesunden Familie interessiert. Davon ausgehend, erachtet es die Partei für notwendig, einen Kurs auf Festigung der Familie, auf ihre Unterstützung bei der Erfüllung ihrer sozialen Funktionen und bei der Erziehung der Kinder, auf die Verbesserung der materiellen, der Wohn- und Lebensbedingungen von Familien mit Kindern und von jungen Ehepaaren zu verfolgen. Es ist notwendig, das Zusammenwirken von Familie, Schule und Arbeitskollektiv zu vertiefen *sowie die Verantwortung der Eltern für die Erziehung der Kinder zu erhöhen, wie auch die Verantwortung der Kinder für das Wohlergehen der Eltern, für ihren gesicherten und ruhigen Lebensabend?*[1]

Gegenstand ständiger Sorge der Partei ist die **weitere Verbesserung der Lage der Mütter.** Mit diesem Ziel werden günstige Bedingungen geschaffen, die es gestatten, die Mutterschaft mit der aktiven Teilnahme der Frauen am beruflichen und gesellschaftlichen Leben zu verbinden. Besondere Aufmerksamkeit wird dem Schutz von Mutter und Kind gewidmet. Es werden der Schwangerschafts- und Säuglingspflegeurlaub verlängert. Das Netz der Sanatorien, Erholungs- und Ferienheime für den Urlaub der ganzen Familie wird erweitert. Weiterentwickelt werden verschiedenartige Formen der Berufstätigkeit der Frauen. Auf ihren Wunsch werden gleitende Arbeitszeit, Teilzeitarbeit und *Heimarbeit*[2] breiter angewandt.

Ein umfangreicher Komplex von Maßnahmen zur Schaffung notwendiger Bedingungen für die Erziehung der heranwachsenden Generation wird verwirklicht. Schon in nächster Zeit wird der Bedarf der Bevölkerung an Kindereinrichtungen vollständig befriedigt. Das Netz der Pionierlager, Lager für Arbeit und Sportlager, der Pionierhäuser, der Häuser und Stationen des wissenschaftlich-technischen und künstlerischen Schöpfertums wird erweitert. Die Verpflegungssätze in den Vorschul- und Berufsbildungseinrichtungen sowie in den Kinderheimen werden erhöht.

Die Partei hält es für notwendig, bedeutend **höhere Aufmerksamkeit** aufzubringen **für die sozialen Probleme der Jugend,** und dabei vor allem für die Entwicklung immer vollständigerer Befriedigung der gesellschaftlich wichtigen Interessen und Bedürfnisse der Mädchen und Jungen in der Arbeit und im täglichen Leben, auf den Gebieten der Bildung und Kultur, der beruflichen und dienstlichen Entwicklung sowie der sinnvollen Gestaltung der Freizeit.

Die KPdSU wird auch künftig ständig für **die Verbesserung der materiellen Lage der Arbeits- und Kriegsveteranen,** der älteren Bürger, der Invaliden, der Familien der im Krieg Gefallenen sowie für deren soziale, medizinische und kulturelle Betreuung sorgen. Periodisch werden die Renten, vor allem die Mindestrenten sowie die früher festgelegten, erhöht. Die Rentenversorgung der Kolchosbauern wird schrittweise dem Niveau der Renten der Arbeiter und Angestellten angenähert. Das Netz der Heime für ältere Bürger und Invaliden wird erweitert, und die Betreuung wird verbessert. Eine Angelegenheit von großer sozialökonomischer Tragweite ist die Er-

1 neu hinzugefügt
2 neu hinzugefügt

124

weiterung der Möglichkeiten für die Veteranen der Arbeit, die über große Erfahrungen verfügen, eine zumutbare Berufstätigkeit auszuüben sowie am gesellschaftlichen Leben und an der Erziehungsarbeit teilzunehmen.

Für die Verbesserung des Lebens des Volkes gewinnt das harmonische Zusammenwirken von Gesellschaft und Natur, von Mensch und Umwelt immer größere Bedeutung. Die sozialistische Gesellschaft, die bewußt ihre Zukunft gestaltet, nutzt die Natur planmäßig und umsichtig und nimmt führende Positionen im Kampf der Menschheit um die Erhaltung und Mehrung der Naturressourcen der Erde ein. Die Partei hält es für notwendig, die Kontrolle über die Nutzung der Naturressourcen zu verstärken und die ökologische Erziehung der Bevölkerung zu intensivieren.

Die Überwindung der Klassenunterschiede, die Herausbildung einer sozial homogenen Gesellschaft

Eine wichtige Gesetzmäßigkeit der Entwicklung der sozialen Beziehungen in der gegenwärtigen Etappe ist die **Annäherung der Arbeiterklasse, der Kolchosbauernschaft und der Intelligenz, die Herausbildung einer klassenlosen Struktur der Gesellschaft, wobei die Arbeiterklasse in diesem Prozeß die entscheidende Rolle spielt.**

Die politische Erfahrung der Arbeiterklasse, ihr hohes Bewußtsein, ihre Organisiertheit und ihr Wille einen unsere ganze Gesellschaft. Die Erhöhung der Allgemeinbildung, des kulturellen und beruflichen Niveaus sowie der Arbeits- und Gesellschaftspolitischen Aktivität der Arbeiterklasse stärkt ihre Rolle als Vorhut bei der Vervollkommnung des Sozialismus, beim kommunistischen Aufbau.

Im Zuge der konsequenten Verwirklichung der Agrarpolitik der Partei nimmt die Arbeit in der Landwirtschaft immer stärker industriemäßigen Charakter an, verschwinden die wesentlichen sozialen und kulturellen Unterschiede zwischen Stadt und Land. Lebensweise und Charakter der Arbeit der Bauern nähern sich zunehmend denen der Arbeiterklasse an. Die Überwindung der Unterschiede zwischen diesen Klassen, die Herausbildung der klassenlosen Gesellschaft in unserem Lande werden sich im wesentlichen im historischen Rahmen der ersten, der sozialistischen Phase der kommunistischen Gesellschaftsformation vollziehen.

Die revolutionären Veränderungen im Bereich der Produktivkräfte führen zur Erhöhung des Anteils der geistigen Arbeit in der Tätigkeit breitester Massen von Arbeitern und Kolchosbauern. Gleichzeitig steigt die Anzahl der Angehörigen der Intelligenz und erhöht sich ihr schöpferischer Beitrag zur materiellen Produktion sowie für andere Bereiche des gesellschaftlichen Lebens. Das fördert die schrittweise Aufhebung der wesentlichen Unterschiede zwischen körperlicher und geistiger Arbeit sowie die gegenseitige Annäherung aller sozialen Gruppen. Die völlige Überwindung dieser Unterschiede, die Herausbildung einer sozial homogenen Gesellschaft kommt in der höheren Phase des Kommunismus zum Abschluß.

Solange jedoch diese Unterschiede existieren, hält es die Partei für ein Anliegen von erstrangiger Bedeutung, in ihrer Politik die Besonderheiten in den Interessen der Klassen und sozialen Gruppen sorgfältig zu berücksichtigen. Große Aufmerksamkeit wird der Angleichung der Arbeits- und Lebensbedingungen der Bevölkerung der verschiedenen Regionen des Landes gewidmet.

In der sozialen Struktur der sowjetischen Gesellschaft **wächst die Rolle der Arbeitskollektive.** Die Partei fördert mit allen Mitteln, daß sich jedes Arbeitskollektiv zu einer wirksamen sozialen Zelle der sozialistischen Selbstverwaltung des Volkes, der tagtäglichen und realen Beteiligung der Werktätigen an der Lösung der Fragen der Arbeit der Betriebe, Einrichtungen und Organisationen, der Entwicklung und Anwendung der schöpferischen Kräfte der Persönlichkeit entwickelt. Sie hält es für notwendig, zielgerichtet den Einfluß der Arbeitskollektive auf alle Sphären des gesellschaftlichen Lebens zu verstärken, ihre Rechte auszubauen und gleichzeitig deren Verantwortung für die Lösung der konkreten Aufgaben der ökonomischen, sozialen und kulturellen Entwicklung zu erhöhen.

Das weitere Aufblühen und die Annäherung der sozialistischen Nationen und Völkerschaften

In ihrer Tätigkeit berücksichtigt die KPdSU umfassend die multinationale Zusammensetzung der sowjetischen Gesellschaft. Die Ergebnisse des zurückgelegten Weges bezeugen eindeutig: **Die nationale Frage, wie sie uns die Vergangenheit hinterlassen hatte, wurde in der Sowjetunion erfolgreich gelöst.** Charakteristisch für die nationalen Beziehungen in unserem Land sind sowohl das weitere Aufblühen der Nationen und Völkerschaften als auch ihre ständige Annäherung, die auf der Grundlage der Freiwilligkeit, Gleichheit und brüderlichen Zusammenarbeit erfolgt. Hierbei ist es gleichermaßen unzulässig, herangereifte objektive Entwicklungstendenzen künstlich zu forcieren oder zu behindern. Diese Entwicklung wird in ferner historischer Perspektive zur völligen Einheit der Nation führen.

Die KPdSU geht davon aus, daß in unserem sozialistischen multinationalen Staat im Prozeß der gemeinsamen Arbeit und des Zusammenlebens von mehr als 100 Nationen und Völkerschaften gesetzmäßig **neue Aufgaben bei der Vervollkommnung der nationalen Beziehungen** entstehen. Die Partei löste sie und wird sie auf der Grundlage der bewährten Prinzipien der Leninschen Nationalitätenpolitik auch weiterhin lösen. Sie stellt auf diesem Gebiet folgende Hauptaufgaben:

– die größtmögliche Festigung und Entwicklung des einheitlichen multinationalen Bundesstaates. Die KPdSU wird auch weiterhin jegliche Erscheinungen von Lokalegoismus und nationaler Engstirnigkeit konsequent bekämpfen und gleichzeitig ständig für die weitere Erhöhung der Rolle der Republiken, autonomen Gebiete und autonomen Bezirke bei der Lösung von Aufgaben des gesamten Volkes, für die aktive Beteiligung der Werktätigen aller Nationalitäten an der Arbeit der Macht- und Verwaltungsorgane sorgen. Auf der Grundlage der schöpferischen Anwendung der Leninschen Prinzipien des sozialistischen Föderalismus und des demokratischen Zentralismus werden die Formen der Beziehungen zwischen den Nationen im Interesse des gesamten sowjetischen Volkes, jeder Nation und Völkerschaft bereichert werden;

– die Stärkung des materiellen und geistigen Potentials jeder Republik im Rahmen des einheitlichen Volkswirtschaftskomplexes. Die Verbindung der Initiative der Unions- und autonomen Republiken, der autonomen Gebiete und Bezirke mit der zentralen Verwaltung im Unionsmaßstab ermöglicht die rationelle Nutzung der

Ressourcen des Landes sowie der örtlichen natürlichen und anderen Besonderheiten. Es ist notwendig, die Arbeitsteilung zwischen den Republiken konsequent zu vertiefen, die ökonomischen Bedingungen anzugleichen, die aktive Teilnahme der Republiken an der ökonomischen Erschließung neuer Regionen zu stimulieren, den Austausch von Facharbeitern und Spezialisten zwischen den Republiken zu entwickeln, die Ausbildung qualifizierter Arbeiter aus den Reihen der Bürger aller in den Republiken lebenden Nationen und Völkerschaften zu erweitern und zu verbessern;

– die Entwicklung der einheitlichen Kultur des Sowjetvolkes mit sozialistischem Inhalt, mannigfaltigen nationalen Formen und internationalistischem Geist auf der Grundlage der besten Errungenschaften und eigenständigen progressiven Traditionen der Völker der UdSSR. Die Entwicklung und Annäherung der nationalen Kulturen, die Festigung ihrer Wechselbeziehungen führen zu einer fruchtbareren gegenseitigen Bereicherung und eröffnen den sowjetischen Menschen breiteste Möglichkeiten, an allem Wertvollen, was das Talent eines jeden Volkes unseres Landes hervorbringt, teilzuhaben.

Auch künftig werden die freie Entwicklung und gleichberechtigte Anwendung der Muttersprache für alle Bürger der UdSSR gewährleistet. Gleichzeitig erweitert die Beherrschung der russischen Sprache, die von den sowjetischen Menschen neben der Sprache der eigenen Nationalität als Mittel der Verständigung zwischen den Nationen angenommen worden ist, den Zugang zu den Leistungen von Wissenschaft und Technik und zu den Errungenschaften der Kultur unseres Landes und der Weltkultur.

Die Partei geht davon aus, daß die konsequente Verwirklichung der Leninschen Nationalitätenpolitik, die umfassende Festigung der Freundschaft der Völker Bestandteil der Vervollkommnung des Sozialismus und der von der gesellschaftlichen Praxis bestätigte Weg des weiteren Aufblühens unserer multinationalen sozialistischen Heimat ist.

IV. Die Entwicklung des politischen Systems der sowjetischen Gesellschaft

Die im Ergebnis der sozialistischen Revolution errichtete Diktatur des Proletariats spielte die entscheidende Rolle bei der Schaffung der neuen Gesellschaft. In diesem Prozeß wurde sie selbst verändert. Mit der Beseitigung der Ausbeuterklassen entfiel schrittweise die Funktion zur Unterdrückung des Widerstandes der gestürzten Ausbeuter. Mit voller Kraft wurde darangegangen, ihre wichtigsten, die schöpferischen Aufgaben zu realisieren. Nach Erfüllung ihrer historischen Mission wuchs die Diktatur des Proletariats in die politische Macht aller Werktätigen, der proletarische Staat in den Staat des ganzen Volkes hinüber. Er ist das Hauptmittel zur Vervollkommnung des Sozialismus in unserem Land. In der internationalen Arena verwirklicht er die Funktionen des Schutzes der sozialistischen Errungenschaften, der Stärkung der Positionen des Weltsozialismus, der Zurückweisung der aggressiven Politik der imperialistischen Kräfte, der Entwicklung einer friedlichen Zusammenarbeit mit allen Völkern.

Die KPdSU ist der Ansicht, daß in der gegenwärtigen Etappe die strategische Linie der Entwicklung des politischen Systems der Gesellschaft darin besteht, die sowjetische Demokratie zu vervollkommnen, die sozialistische Selbstverwaltung des Volkes auf der Grundlage einer aktiven und wirksamen Teilnahme der Werktätigen, ihrer Kollektive und Organisationen an der Lösung der Fragen des staatlichen und gesellschaftlichen Lebens immer umfassender zu verwirklichen.

Die führende Kraft dieses Prozesses ist die Partei – der Kern des politischen Systems der sowjetischen Gesellschaft. Unter ihrer Führung funktionieren alle anderen Glieder dieses Systems – der sowjetische Staat, die Gewerkschaften, der Komsomol, genossenschaftliche und andere gesellschaftliche Organisationen, die die Einheit und die Spezifik der Interessen aller Schichten der Bevölkerung, aller Nationen und Völkerschaften des Landes widerspiegeln. Im Rahmen der Verfassung lenkt und koordiniert die KPdSU die Arbeit der Staatsorgane und gesellschaftlichen Organisationen, sorgt dafür, daß sie alle die ihnen obliegenden Funktionen voll wahrnehmen. Mit ihrer gesamten Tätigkeit gibt die Partei das Beispiel dafür, wie man den Interessen des Volkes dient und die Prinzipien der sozialistischen Demokratie einhält.

Die Partei sorgt dafür, daß bei der Verwaltung der Gesellschaft und des Staates die Prinzipien der sozialistischen Selbstverwaltung des Volkes konsequent verwirklicht werden, das heißt, daß die Verwaltung nicht nur im Interesse der Werktätigen realisiert, sondern auch gesetzmäßig in einem immer höheren Maße unmittelbare Angelegenheit der Werktätigen selbst wird, die über sich – den Worten Lenins zufolge – »keine Macht außer der Macht ihrer eigenen Vereinigung«* kennen.

Die Partei wird auch weiterhin dazu beitragen, daß die sozialökonomischen, politischen und persönlichen Rechte und Freiheiten der Bürger erweitert und bereichert, daß immer günstigere Bedingungen und Garantien für ihre vollständige Realisierung geschaffen werden. Der sowjetische Mensch verfügt über alle Möglichkeiten, seinen Willen und seine Interessen als Staatsbürger zum Ausdruck zu bringen und zu verwirklichen. Er macht von allen Vorzügen Gebrauch, die der Sozialismus ihm bietet. Die Wahrnehmung der Rechte und Freiheiten durch den sowjetischen Bürger ist nicht zu trennen von der Erfüllung seiner verfassungsmäßigen Pflichten. Es gibt keine Rechte ohne Pflichten, keine Pflichten ohne Rechte. Das ist ein unabdingbares politisches Prinzip der sozialistischen Gesellschaft. Die KPdSU wird auch weiterhin beharrlich dafür wirken, daß jeder sowjetische Mensch im Geiste eines klaren Verständnisses der Einheit seiner Rechte, Freiheiten und Pflichten erzogen wird.

Eine Kernfrage der Politik der Partei ist die **Entwicklung und Stärkung des sowjetischen sozialistischen Staates,** die immer umfassendere Ausprägung seines demokratischen, allgemeinen Volkscharakters und seiner auf Schöpfertum und Aufbau gerichteten Rolle.

Die KPdSU sorgt sich ständig um die Verbesserung der Tätigkeit der Sowjets der Volksdeputierten, der politischen Basis der UdSSR, des Hauptgliedes der sozialistischen Selbstverwaltung des Volkes. Die Partei mißt der Vervollkommnung der Formen der Volksvertretungen, der Entwicklung der demokratischen Prinzipien des sowjetischen Wahlsystems, der Gewährleistung einer freien und umfassenden Erörte-

---

* W. I. Lenin, Werke, Bd. 29, S. 412

rung der persönlichen und fachlichen Eigenschaften der Deputierten-Kandidaten große Bedeutung bei, damit die würdigsten und angesehensten Vertreter der Arbeiterklasse, der Kolchosbauernschaft, der Volksintelligenz aller Nationen und Völkerschaften des Landes in die Sowjets gewählt werden. Um die Arbeit der Sowjets zu verbessern und ihnen neue Kräfte zuzuführen, damit Millionen weiterer Werktätiger die Schule der Staatsverwaltung durchlaufen, wird die Zusammensetzung der Sowjets bei Wahlen systematisch erneuert.

Die KPdSU trägt ständig dazu bei, daß der Oberste Sowjet der UdSSR und die Obersten Sowjets der Unionsrepubliken die Gesetzgebung konsequent vervollkommnen und die Schlüsselprobleme der Innen- und Außenpolitik, *die zu ihren Kompetenzen gehören*[1], effektiv lösen, die Sowjets der Volksdeputierten aktiv anleiten und die Tätigkeit der rechenschaftspflichtigen Organe kontrollieren. Die Rolle und die Verantwortung der örtlichen Sowjets bei der Gewährleistung der komplexen ökonomischen und sozialen Entwicklung ihrer Territorien, bei der selbständigen Lösung von Aufgaben örtlicher Bedeutung, bei der Koordinierung und Kontrolle der Tätigkeit der auf ihrem Gebiet befindlichen Organisationen werden auch weiterhin anwachsen.

Es müssen alle Bedingungen geschaffen werden, damit die Leninschen Hinweise über die Sowjets als Organe, die nicht nur Beschlüsse fassen, sondern die auch ihre Verwirklichung und die Kontrolle ihrer Realisierung gewährleisten, streng beachtet werden. In der Tätigkeit der Sowjets aller Ebenen müssen die demokratischen Prinzipien der Arbeit immer umfassender durchgesetzt werden: die kollektive, freie und sachliche Erörterung und Lösung der Fragen; der öffentliche Charakter der Arbeit; die Kritik und Selbstkritik; die regelmäßige Rechenschaftslegung und Verantwortlichkeit der Deputierten bis hin zur Abberufung jener, die das Vertrauen der Wähler nicht rechtfertigen; die Kontrolle der Tätigkeit der Exekutiv- und anderen Organe; die umfassende Einbeziehung der Bürger in die Verwaltung.

Die Partei wird unablässig die Linie der **Demokratisierung der Verwaltung und des Prozesses der Ausarbeitung und Annahme staatlicher Entscheidungen** verfolgen, die die Auswahl optimaler Varianten, die Berücksichtigung und Gegenüberstellung verschiedener Meinungen und Vorschläge *der Werktätigen*[2] gewährleistet. Der Kreis jener Fragen wird erweitert, zu denen Beschlüsse nur nach vorheriger Beratung in den Arbeitskollektiven, in den Ständigen Kommissionen der Sowjets, in den Gewerkschaften, im Komsomol und in anderen gesellschaftlichen Organisationen gefaßt werden können. Die wichtigsten Gesetzesvorlagen und Beschlüsse werden dem gesamten Volk zur Beratung und Abstimmung vorgelegt. Auch das System der Auswertung und Realisierung von Wähleraufträgen, Eingaben und Vorschlägen der Bürger, der Erforschung der öffentlichen Meinung ist zu vervollkommnen, und die Information der Bevölkerung über getroffene Entscheidungen und die Ergebnisse ihrer Verwirklichung ist zu verbessern.

Besondere Bedeutung erlangen die Erweiterung der Rechte und die Entwicklung der aktiven Mitwirkung der Arbeitskollektive in allen Fragen der Verwaltung der Produktion, des sozialen und kulturellen Bereichs, im politischen Leben der Gesellschaft.

---

1 neu hinzugefügt
2 der Werktätigen anstelle »von den Versammlungen der Arbeitskollektive sowie Bürgern in ihren Wohngebieten« im Entwurf.

Im weiteren wird die Rolle der Belegschaftsversammlungen und der Räte der Arbeitskollektive sowie die Verantwortlichkeit der Leitung für die Erfüllung ihrer Beschlüsse erhöht und der Übergang zur Wählbarkeit von Meistern, Abschnittsleitern und Leitern anderer Produktionseinheiten vollzogen.[1]

Von großer Wichtigkeit ist die Vervollkommnung der Tätigkeit des Staatsapparates und aller Verwaltungsorgane. Der Apparat der Sowjets dient dem Volk und ist dem Volk rechenschaftspflichtig. Er muß qualifiziert und operativ sein. Es gilt, darauf hinzuwirken, den Verwaltungsapparat zu vereinfachen und seine Kosten zu senken, nicht gerechtfertigten Personalbestand zu verringern, Erscheinungen von Bürokratismus und Formalismus, von Ressortgeist und Lokalegoismus unablässig auszumerzen und sich ohne Verzögerung von unkompetenten und initiativlosen Mitarbeitern zu befreien, Unzuverlässigkeit, Mißbrauch der Dienststellung, Karrierismus, Streben nach persönlicher Bereicherung, Vettern- und Protektionswirtschaft müssen entschieden unterbunden und bestraft werden.

Die Partei erachtet es als notwendig, daß das Prinzip der Rechenschaftslegung der Mitarbeiter der Staatsorgane strikt eingehalten sowie die Wählbarkeit und das Ausschreibungssystem für die Besetzung von Funktionen erweitert werden. Beharrlich müssen die Kollektivität der Arbeit bei persönlicher Verantwortlichkeit eines jeden Leiters realisiert, die objektive Bewertung der Mitarbeiter nach ihrer praktischen Tätigkeit und die effektive Kontrolle der tatsächlichen Erfüllung gefaßter Beschlüsse gewährleistet werden.

Die KPdSU wird die Erhöhung der Wirksamkeit der staatlichen und gesellschaftlichen Kontrolle aktiv unterstützen. Sie betrachtet die Tätigkeit der Werktätigen in den Organen der **Volkskontrolle** als wichtige Form der Entwicklung ihrer politischen Reife und Aktivität beim Schutz der Interessen des Volkes, bei der Erziehung zu einer staatsbürgerlichen Haltung, zum Bewußtsein, Besitzer des Volkseigentums zu sein.

Ständiges Anliegen der Partei war und bleibt die **Festigung der Rechtsgrundlagen des staatlichen und gesellschaftlichen Lebens,** die strikte Einhaltung der sozialistischen Gesetzlichkeit und Rechtsordnung, die Verbesserung der Arbeit der Organe der Rechtsprechung, der staatsanwaltschaftlichen Aufsicht, der Justiz und *für innere Angelegenheiten.*[2] *Unterstützt durch die Arbeitskollektive, die gesellschaftlichen Organisationen und alle Werktätigen*[3], sind die staatlichen Organe verpflichtet, alles Notwendige für die Gewährleistung des Schutzes und der Mehrung des sozialistischen Eigentums, des Schutzes des persönlichen Eigentums, der Ehre und der Würde der Bürger zu tun, einen entschiedenen Kampf gegen die Kriminalität, Trunksucht und den Alkoholmißbrauch zu führen, jeglichen Rechtsverletzungen vorzubeugen und ihre Ursachen zu beseitigen.

Die Kommunistische Partei der Sowjetunion betrachtet den Schutz des sozialistischen Vaterlandes, die Stärkung der Landesverteidigung und die Gewährleistung der staatlichen Sicherheit als eine der wichtigsten Funktionen des sowjetischen Staates.[4]

1 Der ganze Absatz ist neu.
2 Im Entwurf »Miliz«
3 neu hinzugefügt
4 Der anschließende Satz »Im ganzen Volke« im Entwurf ist gestrichen worden.

Vom Gesichtspunkt der inneren Bedingungen her benötigt unsere Gesellschaft keine Armee. Solange aber die Gefahr der Entfesselung von Aggressionskriegen und militärischen Konflikten seitens des Imperialismus existiert, wird die Partei der Stärkung der Verteidigungskraft der UdSSR, der Festigung ihrer Sicherheit und der Bereitschaft der Streitkräfte zur Zerschlagung jedes beliebigen Aggressors unablässig Aufmerksamkeit schenken. Die Streitkräfte und die Organe der Staatssicherheit müssen hohe Wachsamkeit üben und immer bereit sein, die Machenschaften des Imperialismus gegen die UdSSR und ihre Verbündeten zu durchkreuzen.

Die Grundlage der Grundlagen für die Festigung der Verteidigung der sozialistischen Heimat ist die Führung des Militärwesens und der bewaffneten Kräfte durch die kommunistische Partei. Unter Führung der Partei werden die Verteidigungs- und Sicherheitspolitik des Landes sowie die sowjetische Militärdoktrin, die ausschließlich Verteidigungscharakter besitzt und auf den Schutz gegen einen Angriff von außen gerichtet ist, ausgearbeitet und durchgesetzt.

Die KPdSU wird alle Anstrengungen unternehmen, um die Streitkräfte der UdSSR stets auf einem Niveau zu halten, das eine strategische Überlegenheit der Kräfte des Imperialismus ausschließt, um die Verteidigungsfähigkeit des Sowjetstaates allseitig zu vervollkommnen und die Kampfgemeinschaft der Armeen der sozialistischen Bruderländer zu stärken.

Die Partei wird auch künftig unverändert dafür Sorge tragen, daß dem Kampfpotential der sowjetischen Streitkräfte eine feste Einheit von militärischer Meisterschaft und eines hohen technischen Ausrüstungsstandes, ideologischer Standhaftigkeit, Organisiertheit und Disziplin aller ihrer Angehörigen, ihrer Treue zur patriotischen und internationalistischen Pflicht zugrunde liegt.

Die KPdSU hält es für notwendig, auch weiterhin ihren organisierenden und lenkenden Einfluß auf das Leben und die Tätigkeit der Streitkräfte zu verstärken, die Einzelleitung zu festigen, die Rolle und den Einfluß der politischen Organe und der Parteiorganisationen in der sowjetischen Armee und der Seekriegsflotte zu erhöhen und das unzerreißbare Band zwischen Armee und Volk noch fester zu knüpfen. Jeder Kommunist, jeder sowjetische Mensch ist verpflichtet, alles von ihm Abhängende zu tun, damit die Verteidigungsfähigkeit des Landes auf dem notwendigen Niveau gewährleistet wird.

Die Verteidigung des sozialistischen Vaterlandes, der Dienst in den Reihen der Streitkräfte ist Ehrensache und heilige Pflicht des Bürgers der UdSSR.

Die Partei mißt der Erhöhung der Rolle der gesellschaftlichen Organisationen, die wichtige Glieder des Systems der sozialistischen Selbstverwaltung des Volkes darstellen, erstrangige Bedeutung bei.

Die KPdSU stellt sich die Aufgabe, die ständige Erhöhung der Autorität und des Einflusses der **Gewerkschaften** – der größten Massenorganisation der Werktätigen, einer Schule der Verwaltung, der Wirtschaftsführung und des Kommunismus – zu fördern. Die Gewerkschaften sind berufen, mit Konsequenz ihre Hauptfunktionen zu erfüllen: nach Kräften zur Mehrung des Volkswohlstandes, zur Verbesserung der Arbeits- und Lebensbedingungen sowie der Erholungsbedingungen der Werktätigen beizutragen, ihre Rechte und Interessen zu verteidigen, sich ständig der kommunistischen Erziehung der Massen zu widmen, sie in die Verwaltung der Produktion und der gesellschaftlichen Angelegenheiten einzubeziehen und die bewußte Arbeitsdisziplin zu festigen.

Die Aufgabe der Gewerkschaften ist, noch aktiver an der Entwicklung der sozialistischen Selbstverwaltung des Volkes und an der Lösung der Grundfragen des staatlichen, wirtschaftlichen und kulturellen Aufbaus teilzunehmen, enger mit den Sowjets und den anderen Organisationen der Werktätigen zusammenzuwirken, das Niveau des sozialistischen Wettbewerbs, der Propagierung und Einführung von fortschrittlichen Erfahrungen zu erhöhen, die Formen der gesellschaftlichen Kontrolle der Einhaltung des Prinzips der sozialen Gerechtigkeit zu entwickeln sowie die Wahrnehmung der Vollmachten der Arbeitskollektive zu fördern.

Die KPdSU betrachtet den **Leninschen Kommunistischen Jugendverband der Sowjetunion** – die gesellschaftliche und politische Organisation vieler Millionen Jugendlicher, *die den fortschrittlichsten Teil der sowjetischen Jugend vereint* –[1] zu Recht als ihren aktiven Helfer, als ihre zuverlässige Reserve. Die Partei wird auch in Zukunft die Rolle des Komsomol bei der Erziehung der heranwachsenden Generation, *bei der Verbesserung der Arbeit der Pionierorganisation*[2], bei der praktischen Lösung der Aufgaben der Beschleunigung der sozialökonomischen Entwicklung des Landes erhöhen. Die KPdSU führt den Komsomol und widmet dabei der organisatorisch-politischen Festigung seiner Reihen und dem eigenständigen Charakter des Jugendverbandes besondere Aufmerksamkeit. Der Komsomol muß beharrlich die Leistungsbereitschaft und die gesellschaftliche Aktivität der Jungen und Mädchen entwickeln, ihre marxistisch-leninistische Weltanschauung, die politische und moralische Kultur und das Bewußtsein der historischen Verantwortung für den Sozialismus und den Frieden herausbilden.

Die Partei fördert die Vervollkommnung der Tätigkeit der **Genossenschaften** – der Kolchosen, Konsumgenossenschaften, der Wohnungsbaugenossenschaften und anderer genossenschaftlicher Organisationen und Vereinigungen. Die Partei betrachtet sie als wichtige Form der sozialistischen Selbstverwaltung und als effektives Mittel zur Entwicklung der Volkswirtschaft.

Die KPdSU wird den weiteren Aufschwung der Aktivitäten der **schöpferischen Verbände, der wissenschaftlichen, wissenschaftlich-technischen, der Kultur- und Bildungs-, der Sport-, Verteidigungs- und anderen freiwilligen Vereinigungen sowie der Organe der gesellschaftlichen Initiative der Bevölkerung** fördern. Diese Organisationen sind aufgerufen, durch die Erfüllung ihrer Funktionen einen immer größeren Beitrag zur Verwirklichung der Politik der Partei zu leisten, noch mehr die Interessen der in ihnen zusammengeschlossenen Werktätigen zum Ausdruck zu bringen und zu verwirklichen, für die Verstärkung der staatsbürgerlichen Initiative und des Verantwortungsgefühls der sowjetischen Menschen Sorge zu tragen.

---

1 neu hinzugefügt
2 neu hinzugefügt

V. Ideologisch-erzieherische Arbeit, Bildung, Wissenschaft und Kultur

Die Partei wird alles Notwendige tun, um die umgestaltende Kraft der marxistisch-leninistischen Ideologie für die Beschleunigung der sozialökonomischen Entwicklung des Landes in vollem Umfang zu nutzen, eine zielstrebige Arbeit zur politisch-ideologischen, zur Arbeits- und zur sittlichen Erziehung der sowjetischen Menschen zu leisten, **harmonisch entwickelte, gesellschaftlich aktive Persönlichkeiten herauszubilden, die geistigen Reichtum, moralische Reinheit und physische Vollkommenheit in sich vereinen.**
Als wichtigste Aufgabe der ideologischen Arbeit betrachtet die KPdSU die Erziehung der Werktätigen zu hoher Ideentreue und Ergebenheit gegenüber dem Kommunismus, im Geiste des sowjetischen Patriotismus und des proletarischen, sozialistischen Internationalismus, zu einer bewußten Einstellung zur Arbeit und zum gesellschaftlichen Eigentum, die zunehmende Heranführung der Massen an die Schätze der geistigen Kultur sowie die Ausmerzung von Gewohnheiten, die der sozialistischen Lebensweise widersprechen.
Die Partei geht davon aus, daß die Erziehung des Menschen nicht getrennt werden kann von seiner praktischen Teilnahme an der schöpferischen Arbeit zum Wohle des Volkes, am gesellschaftlichen Leben, an der Lösung der Aufgaben des sozialökonomischen und kulturellen Aufbaus. Die Loslösung der Wirklichkeit, von ihren realen Problemen verurteilt die ideologische Erziehungsarbeit zu abstrakter Aufklärung, zu gegenstandsloser Buchstabengelehrtheit, führt an den herangereiften Aufgaben des kommunistischen Aufbaus vorbei. Die ideologische Tätigkeit muß sich durch eine enge Verbindung mit der gesellschaftlichen Praxis und einen tiefen ideologisch-theoretischen Inhalt auszeichnen, sie muß vollständig und genau die Realitäten des inneren und internationalen Lebens, die gewachsenen geistigen Ansprüche der Werktätigen berücksichtigen, sie muß den Menschen nahe, wahr, beweiskräftig und konkret sein.
Die Einheit von Wort und Tat, eines der wichtigsten Prinzipien der gesamten Tätigkeit von Partei und Staat, ist ein unbedingtes Erfordernis auch der ideologischen Erziehungsarbeit. Daran aktiv teilzunehmen ist Pflicht aller leitenden Kader, ist Pflicht eines jeden Kommunisten.
Die Partei stellt folgende Aufgaben:

Auf dem Gebiet der ideologischen Eziehungsarbeit

Herausbildung der wissenschaftlichen Weltanschauung. Der Sozialismus hat die Vorherrschaft der wissenschaftlichen Weltanschauung im geistigen Leben der sowjetischen Gesellschaft gewährleistet, deren Grundlage der Marxismus-Leninismus als ein in sich geschlossenes System philosophischer, ökonomischer und gesellschaftspolitischer Auffassungen ist. Die Partei hält es für eine ihrer wichtigsten Pflichten, die marxistisch-leninistische Theorie auf der Grundlage der Erforschung und der Verallgemeinerung der neuen Erscheinungen im Leben der sowjetischen Gesellschaft, der Berücksichtigung der Erfahrungen der anderen Länder der sozialistischen Gemeinschaft, der internationalen kommunistischen und Arbeiterbewegung, der nationalen Befreiungs- und demokratischen Bewegungen, der Analyse der Errungenschaften der Natur-, technischen und Gesellschaftswissenschaften schöpferisch weiterzuentwickeln.

Die KPdSU wird ständig dafür Sorge tragen, daß sich alle sowjetischen Menschen die marxistisch-leninistische Lehre tiefgründig aneignen, ihre politische Kultur erhöhen und bewußt an der Ausarbeitung und aktiven Verwirklichung der Politik der Partei teilnehmen.

Erziehung zur Arbeit. In den Mittelpunkt der Erziehungsarbeit stellt die Partei, bei jedem sowjetischen Menschen eine hohe Achtung vor gewissenhafter Arbeit zum Allgemeinwohl, gleich ob geistiger oder körperlicher Arbeit, und seine Bereitschaft dazu, auszuprägen. Die Arbeit – die Hauptquelle des materiellen und geistigen Reichtums der Gesellschaft, das Hauptkriterium für das soziale Prestige des Menschen – ist seine heilige Pflicht und das Fundament der kommunistischen Erziehung der Persönlichkeit. Die Partei wird auch künftig für die Erhöhung des Ansehens ehrlicher, hochproduktiver Arbeit, für die Entwicklung von Initiative und Schöpfertum in der Arbeit, für die Festigung von Elementen der kommunistischen Einstellung zur Arbeit Sorge tragen.

Durchsetzung der kommunistischen Moral. Unter den Bedingungen des allmählichen Voranschreitens zum Kommunismus entfaltet sich immer mehr das schöpferische Potential der kommunistischen Moral, der menschlichsten, gerechtesten und edelsten Moral, die auf der Treue zu den Zielen des revolutionären Kampfes, zu den Idealen des Kommunismus beruht. Unsere Moral hat sowohl die allgemeinmenschlichen sittlichen Werte in sich aufgenommen als auch die Verhaltensnormen der Menschen und Beziehungen zwischen ihnen, die von den Volksmassen in jahrhundertelangem Kampf gegen Ausbeutung, für Freiheit und soziale Gleichheit, für Glück und Frieden hervorgebracht wurden.

Die kommunistische Moral, für deren Durchsetzung die KPdSU eintritt, ist:

– **eine kollektivistische Moral.** »Einer für alle, alle für einen«, das ist ihr grundlegendes Prinzip. Sie ist unvereinbar mit Egoismus, Eigenliebe und Eigennutz, sie verbindet harmonisch die Interessen des gesamten Volkes, die kollektiven und die persönlichen Interessen;

– **eine humanistische Moral.** Sie ehrt den arbeitenden Menschen, ist durchdrungen von Hochachtung für ihn, duldet keine Anschläge auf seine Würde. Sie verwirklicht wahrhaft menschliche Beziehungen zwischen den Menschen, Beziehungen der kameradschaftlichen Zusammenarbeit und gegenseitigen Hilfe, des Wohlwollens, der Ehrlichkeit, Schlichtheit und Bescheidenheit im persönlichen und gesellschaftlichen Leben;

– **eine aktive, tätige Moral.** Sie regt den Menschen zu neuen Arbeitstaten und schöpferischen Leistungen an, zur engagierten Teilnahme am Leben des Kollektivs und des ganzen Landes, zur aktiven Zurückweisung all dessen, was der sozialistischen Lebensweise widerspricht, zum beharrlichen Kampf für die kommunistischen Ideale.

Patriotische und internationalistische Erziehung. Die Partei wird auch künftig unermüdlich daran arbeiten, daß der sowjetische Mensch die Liebe zur Heimat des Oktober, zu dem Land, in dem er geboren und aufgewachsen ist, den Stolz auf die historischen Leistungen des ersten sozialistischen Staates der Welt mit dem proletarischen, sozialistischen Internationalismus verbindet, mit dem Gefühl der Klassensolidarität gegenüber den Werktätigen der Bruderländer, gegenüber allen, die gegen den Imperialismus, für sozialen Fortschritt und Frieden kämpfen.

Die Partei und unser Staat[1] sind daran interessiert, daß das Wesen jedes sowjetischen Menschen geprägt wird von den Gefühlen der Freundschaft und Brüderlichkeit, die alle Nationen und Völkerschaften der UdSSR vereinen, von einer hohen Kultur der zwischennationalen Beziehungen, von Unduldsamkeit gegenüber Erscheinungen von Nationalismus und Chauvinismus, nationaler Beschränktheit und nationalem Egoismus, gegenüber Sitten und Bräuchen, die der kommunistischen Erneuerung des Lebens im Wege stehen.

Eine wichtige Aufgabe der ideologischen Erziehungsarbeit der Partei bleibt die patriotische Wehrerziehung, die Ausprägung der Bereitschaft, das sozialistische Vaterland zu verteidigen, ihm alle seine Kräfte und, wenn es sein muß, auch das Leben zu geben.

Rechtliche Erziehung. *Die Partei mißt der Erziehung der Persönlichkeit zu hohem staatsbürgerlichem Bewußtsein, zur Achtung vor den sowjetischen Gesetzen und den Regeln des sozialistischen Zusammenlebens, zur Unversöhnlichkeit gegenüber jeglichen Verletzungen der sozialistischen Gesetzlichkeit und zur Bereitschaft, aktiv am Schutz der Rechtsordnung mitzuwirken, große Bedeutung bei.*[2]

Atheistische Erziehung. *Die Partei nutzt Mittel der ideologischen Einwirkung, um die materialistisch-wissenschaftliche Weltanschauung zu verbreiten und religiöse Vorurteile zu überwinden, wobei eine Beleidigung der Gefühle der Gläubigen nicht zugelassen wird.*[3] Die Partei tritt für die strikte Einhaltung der verfassungsmäßigen Garantien der Gewissensfreiheit ein und verurteilt zugleich die Versuche, die Religion zum Schaden der Interessen der Gesellschaft und der Persönlichkeit zu mißbrauchen. Einen äußerst wichtigen Bestandteil der atheistischen Erziehung bilden die Erhöhung der Leistungsbereitschaft und der gesellschaftlichen Aktivität der Menschen, ihre Aufklärung, die Schaffung und weitgehende Verbreitung neuer sowjetischer Bräuche und Sitten.[4]

Die Arbeit zur kommunistischen Erziehung ist untrennbar vom **Kampf gegen Erscheinung fremder Ideologie und Moral, gegen alle negativen Erscheinungen,** die mit Überresten der Vergangenheit im Bewußtsein und Verhalten der Menschen, mit Mängeln der praktischen Arbeit auf verschiedenen Gebieten des gesellschaftlichen Lebens und mit Verzögerungen bei der Lösung herangereifter Probleme verbunden sind. Die Partei mißt der konsequenten und beharrlichen Ausmerzung von Verstößen gegen die Arbeitsdisziplin, von Diebstahl und Bestechung, Spekulation und Müßiggang, Trunksucht und Rowdytum, Privateigentümermentalität und Raffgier, Kriecherei und Lobhudelei erstrangige Bedeutung bei. Für den Kampf gegen diese Erscheinungen ist es notwendig, sowohl die Autorität der öffentlichen Meinung als auch die Kraft des Gesetzes umfassend zu nutzen.[5]

---

1 Statt »KPdSU« im Entwurf.
2 Der ganze Absatz ist neu.
3 Der erste Satz ist neu.
4 neu hinzugefügt
5 Der Schluß des Absatzes im Entwurf »Überaus große erzieherische Bedeutung hat das gute Beispiel im gesellschaftlichen und persönlichem Leben, den der Erfüllung der staatsbürgerlichen Pflicht« ist weggefallen.

Kampf gegen die bürgerliche Ideologie. Der äußerst scharfe Kampf zwischen den beiden Weltanschauungen in der internationalen Arena widerspiegelt die Gegensätzlichkeit der beiden Weltsysteme, des Sozialismus und des Kapitalismus. Die KPdSU sieht ihre Aufgabe darin, den Völkern die Wahrheit über den realen Sozialismus, über die Innen- und Außenpolitik der Sowjetunion zu vermitteln, aktiv die sowjetische Lebensweise zu propagieren, offensiv und gut begründet den volksfeindlichen und unmenschlichen Charakter des Imperialismus, sein Ausbeuterwesen aufzuzeigen. Sie wird die sowjetischen Menschen zu einem hohen politischen Bewußtsein und zu Wachsamkeit erziehen, sie befähigen, von klaren Klassenpositionen die gesellschaftlichen Erscheinungen einzuschätzen, die Ideale und geistigen Werte des Sozialismus zu verteidigen.

Im Leben der Gesellschaft verstärkt sich die Rolle der **Massenmedien und der Propaganda.** Die KPdSU wird darauf hinwirken, daß sie die Tendenzen und Erscheinungen des inneren und internationalen Lebens, die ökonomischen und sozialen Prozesse tiefgründig analysieren, daß sie aktiv alles Neue, Fortschrittliche unterstützen, aktuelle, die Menschen bewegende Probleme aufgreifen und Wege zu ihrer Lösung aufzeigen. Das Wirken von Presse, Fernsehen und Rundfunk muß sich durch politische Klarheit und Zielstrebigkeit, durch tiefen Inhalt, Aktualität, Informationsdichte, Einprägsamkeit und Verständlichkeit der Beiträge auszeichnen. Die Partei wird auch künftig der Presse, allen Massenmedien und der Propaganda aktive Unterstützung und Hilfe erweisen.

Besonderes Augenmerk wird der Entwicklung des Fernsehens, der größtmöglichen Erweiterung des Rundfunk- und Fernsehempfangs durch die Bevölkerung, der Verbesserung des Inhalts, der Erhöhung des ideologischen und künstlerischen Niveaus und der Attraktivität der Sendungen geschenkt.

In der ideologisch-erzieherischen und propagandistischen Arbeit gilt es, Erscheinungen von Phrasendrescherei und Schaumschlägerei entschieden auszumerzen; alle Formen und Mittel dieser Arbeit müssen helfen, die Massen zur Erfüllung der vor dem Lande stehenden Aufgaben zu mobilisieren, wobei eine weitgehende Publizität der Arbeit der Partei- und Staatsorgane und der gesellschaftlichen Organisationen, Direktheit und Offenheit im Umgang mit den Menschen, eine richtige Herausbildung der öffentlichen Meinung und die Stärkung ihres Einflusses auf die praktischen Angelegenheiten zu gewährleisten sind. Die KPdSU wird ständig für die Festigung der materiellen Basis der ideologischen Arbeit Sorge tragen.

Auf dem Gebiet der Volksbildung

Die Partei verfolgt konsequent die Linie der Erziehung und Ausbildung von bewußten, hochgebildeten Menschen, die sowohl zur körperlichen als auch zur geistigen Arbeit, zur aktiven Tätigkeit in der Volkswirtschaft und in den verschiedenen Bereichen des gesellschaftlichen und staatlichen Lebens, in Wissenschaft und Kultur fähig sind. Die in der UdSSR geschaffene Schule, eine wahrhafte Schule für das Volk, hat allen Bürgern den Zugang zum Wissen gesichert und es in historisch kurzer Frist gestattet, das massenhafte Analphabetentum zu beseitigen und zur allgemeinen Oberschulbildung überzugehen.

Die KPdSU wird unter Berücksichtigung der Erfordernisse der beschleunigten sozialökonomischen Entwicklung, der Perspektiven des kommunistischen Aufbaus und der aus dem wissenschaftlich-technischen Fortschritt resultierenden Anforderungen die Vervollkommnung des Systems der Volksbildung fortsetzen. Die im Lande vor sich gehende Reform der allgemeinbildenden und der Berufsschule beruht auf der schöpferischen Entwicklung der Leninschen Prinzipien der einheitlichen, auf der Erziehung zur Arbeit und durch Arbeit beruhenden polytechnischen Schule und soll das Bildungs- und Erziehungsniveau der Jugend noch weiter erhöhen, soll deren Vorbereitung auf ein selbständiges Arbeitsleben verbessern und den allmählichen Übergang zur allgemeinen Berufsbildung vollziehen. Die Schule ist berufen, in den Schülern Liebe zur Heimat, Kollektivgeist, Achtung gegenüber Erwachsenen, den Eltern und Lehrern zu wecken, die heranwachsende Generation im Geiste hoher Verantwortung für die Qualität des Lernens und der Arbeit, für das Benehmen zu erziehen und die Schülerselbstverwaltung zu entwickeln. Im Rahmen der Verwirklichung der vorgesehenen Maßnahmen wird es zu einer weiteren Entwicklung und Annäherung und in der Perspektive zu einer Verschmelzung der berufs- und der allgemeinbildenden Schule kommen.

Im Einklang mit den Anforderungen des wissenschaftlich-technischen und des sozialen Fortschritts wird das System der Fach- und Hochschulbildung eine weitere Entwicklung erfahren. Es muß feinfühlig und rechtzeitig auf die Bedürfnisse der Produktion, der Wissenschaft und Kultur reagieren, den Bedarf der Volkswirtschaft an Fachleuten sichern, die eine hohe berufliche Qualifikation mit politisch-ideologischer Reife sowie organisatorischen und Verwaltungsfähigkeiten verbinden. Große Bedeutung mißt die Partei der Entwicklung des Qualifizierungssystems bei, das zusammen mit dem Fern- und Abendstudium allen Werktätigen günstige Möglichkeiten zur Weiterbildung, zur ununterbrochenen Erweiterung und Erneuerung ihrer Kenntnisse, zur ständigen Erhöhung ihrer allgemeinen Kultur und ihres beruflichen Niveaus bieten wird.

Die Partei wird unermüdlich für die pädagogischen Kader, für die Festigung und Entwicklung der materiellen Basis des gesamten Bildungssystems sorgen.

Auf dem Gebiet der Wissenschaft

Eine zunehmende Rolle bei der Entwicklung der Produktivkräfte und der Vervollkommnung der gesellschaftlichen Verhältnisse, bei der Schaffung prinzipiell neuer Arten von Technik und Technologie, bei der Steigerung der Arbeitsproduktivität, bei der Erschließung des Erdinnern, der Ozeane und des Weltraums, beim Schutz und bei der Verbesserung der Umwelt spielt die Wissenschaft.

Die Politik der Partei im Bereich der Wissenschaft bezweckt die Schaffung günstiger Bedingungen für einen dynamischen Fortschritt aller Wissenschaftsgebiete, die Konzentration der Kader sowie der materiellen und finanziellen Ressourcen auf die aussichtsreichsten Richtungen, die die Erreichung der vorgesehenen wirtschaftlichen und sozialen Ziele und die geistige Entwicklung der Gesellschaft beschleunigen und eine zuverlässige Landesverteidigung gewährleisten sollen.

Die prinzipielle und bewährte Grundlage der naturwissenschaftlichen und sozialen Erkenntnis war und bleibt die dialektisch-materialistische Methode. Sie muß auch weiterhin schöpferisch entwickelt und in der Forschungsarbeit sowie der gesellschaftlichen Praxis geschickt angewandt werden.

Vor der sowjetischen Wissenschaft steht die Aufgabe, führende Positionen in den Hauptrichtungen des wissenschaftlich-technischen Fortschritts einzunehmen, effektive und rechtzeitige Lösungen der laufenden und perspektivischen Probleme der Produktion und der sozialökonomischen Entwicklung zu finden. Es ist wichtig, einen Vorsprung in der Entwicklung einer zukunftsträchtigen Grundlagenforschung zu sichern und eine schnellstmögliche Umsetzung der wissenschaftlichen Ideen in der Volkswirtschaft und auf anderen Gebieten der menschlichen Tätigkeit zu erreichen. Die wirtschaftsorganisatorischen Formen der Integration von Wissenschaft und Produktion, der Verwaltung des wissenschaftlich-technischen Fortschritts müssen ständig vervollkommnet, aktuelle angewandte Forschungs- und Entwicklungsarbeiten müssen in breitem Umfang durchgeführt und höhere Ergebnisse erreicht werden. Es ist notwendig, das Zusammenwirken des in den Akademien, Hochschulen und Industriezweigen vorhandenen Wissenschaftspotentials konsequent zu festigen.

Die Aufmerksamkeit der Gesellschaftswissenschaftler muß auf das Studium und die allseitige Analyse der Erfahrungen der weltweiten Entwicklung, der Schaffung der neuen Gesellschaft in der UdSSR und in den anderen sozialistischen Ländern, der Dialektik von Produktivkräften und Produktionsverhältnissen, der materiellen und der geistigen Sphäre unter den Bedingungen des Sozialismus, der Gesetzmäßigkeiten der Herausbildung der kommunistischen Gesellschaftsformation, der Wege und Mittel des allmählichen Vormarschs zu ihrer höheren Phase konzentriert werden.

Die wissenschaftliche Analyse der objektiven Widersprüche der sozialistischen Gesellschaft, die Erarbeitung begründeter Empfehlungen für ihre Lösung sowie zuverlässiger ökonomischer und sozialer Prognosen sind unaufschiebbare Aufgaben der Gesellschaftswissenschaften in der gegenwärtigen Entwicklungsetappe.

Die Prozesse, die sich in der kommunistischen und Arbeiterbewegung, in der nationalen Befreiungsbewegung und in der kapitalistischen Gesellschaft vollziehen, bedürfen einer tiefgehenden Erforschung. Die weltweite Entwicklung stellt die Menschheit vor nicht wenige Fragen von globalen Ausmaßen. Das wissenschaftliche Denken muß diese Fragen richtig beantworten. Eine wichtige Aufgabe der Gesellschaftswissenschaft war und bleibt der Kampf gegen die bürgerliche Ideologie[1], gegen Revisionismus und Dogmatismus.

Die Partei unterstützt mutiges Suchen, den Wettstreit von Ideen und Richtungen in der Wissenschaft und fruchtbare Diskussionen. Schädlich für die Wissenschaft sind sowohl scholastische Betrachtungen als auch das passive Registrieren von Tatsachen, bei dem man kühne theoretische Verallgemeinerungen meidet, sind Konjunkturrittertum ebenso wie das Loslösen von der Wirklichkeit. Der komplizierte und komplexe Charakter der gegenwärtigen Probleme erfordert eine vertiefte Integration der Gesellschaftswissenschaften, der Natur- und technischen Wissenschaften. Solche Formen der Organisation der Wissenschaft, die die interdisziplinäre Erforschung

---

1 Jetzt nur bürgerliche und nicht bürgerliche und reformistische Ideologie.

aktueller Probleme, die notwendige Mobilität der wissenschaftlichen Kader, eine flexible Struktur der wissenschaftlichen Einrichtungen, die Effektivität der Forschungen und Entwicklungen sichern, müssen breiter entwickelt werden, ihre Rolle bei der
Ausarbeitung und Verwirklichung der Pläne der wirtschaftlichen und sozialen Entwicklung muß verstärkt werden. Eine unerläßliche Voraussetzung für den Fortschritt
der Wissenschaft ist der ständige Zustrom frischer Kräfte, darunter aus der Produk-
tionssphäre, ist die geschickte Nutzung der schöpferischen Möglichkeiten der Wis-
senschaftler, die Stimulierung ihrer Arbeit in Abhängigkeit vom realen Beitrag zur
Bewältigung theoretischer und angewandter Probleme.

Auf dem Gebiet des kulturellen Aufbaus, der Literatur und Kunst

Die Schaffung einer wirklich vom Volk getragenen weltweit anerkannten multinationalen Sowjetkultur stellt eine historische Errungenschaft unserer Gesellschaftsordnung dar. Die Quellen ihres mächtigen Einflusses sind ihre Treue zur Wahrheit des
Lebens, zu den Idealen des Sozialismus und Kommunismus, ihr humanistischer und
optimistischer Charakter sowie ihre enge Volksverbundenheit.
**Die KPdSU mißt der immer vollständigeren und gründlicheren Aneignung der
Schätze der geistigen und materiellen Kultur durch die werktätigen Massen,
ihrer aktiven Heranführung an das künstlerische Schöpfertum große Bedeutung bei.** Die Partei läßt sich konsequent von den Leninschen Prinzipien des kulturellen Aufbaus leiten und wird dafür sorgen, daß die ästhetische Erziehung der Werktätigen und der heranwachsenden Generation an den besten Werken der Kunst unseres Landes und der Welt erfolgt. Das ästhetische Element wird die Arbeit geistig
noch mehr bereichern, den Menschen auf ein höheres Niveau bringen und sein
Leben verschönern.
Die Sphäre der Kultur hat die wachsenden Ansprüche der verschiedenen Katego-
rien der Bevölkerung zu befriedigen, die notwendigen Bedingungen für das volks-
künstlerische Schaffen zu sichern, die Begabungen zu entwickeln, die sozialistische
Lebensweise zu bereichern, gesunde Bedürfnisse und hohen ästhetischen Ge-
schmack zu bilden. Eine unerläßliche Bedingung für die erfolgreiche Lösung dieser
Aufgaben sieht die Partei in der ständigen Vervollkommnung des Inhalts und der Methoden der Kultur- und Bildungsarbeit, in der Stärkung ihrer materiellen Basis, im
intensiven kulturellen Aufbau auf dem Dorfe und in den Gebieten, die neu erschlossen werden.
**Die Partei wird auf jede Weise zur Erhöhung der Rolle von Literatur und Kunst
beitragen.** Literatur und Kunst sollen den Interessen des Volkes und der Sache des
Kommunismus dienen und eine Quelle von Freude und Begeisterung für Millionen
Menschen sein, ihren Willen, ihre Gefühle und Gedanken ausdrücken, aktiv bei ihrer
geistigen Bereicherung und sittlichen Erziehung helfen.
Die Hauptlinie bei der Entwicklung von Literatur und Kunst besteht darin, ihre Ver-
bundenheit mit dem Leben des Volkes zu festigen, die sozialistische Wirklichkeit
wahrheitsgetreu und auf hohem künstlerischem Niveau widerzuspiegeln, das Neue
und Fortschrittliche begeisternd und einprägsam darzustellen sowie alles leiden-
schaftlich zu entlarven, was den Vormarsch der Gesellschaft behindert.

Die Kunst des sozialistischen Realismus beruht auf den Prinzipien der Volksverbundenheit und Parteilichkeit. Sie vereint kühnes Neuerertum bei der wahrheitsgetreuen künstlerischen Darstellung des Lebens mit der Nutzung und Entwicklung aller fortschrittlichen Traditionen der Kultur unseres Landes und der Weltkultur. Den Literatur- und Kunstschaffenden bietet sich weiter Raum für wirklich freies Schöpfertum, für eine Erhöhung ihrer Meisterschaft, für die Weiterentwicklung mannigfaltiger realistischer Formen, Stile und Genres. Mit der Erhöhung des kulturellen Niveaus des Volkes verstärkt sich der Einfluß der Kunst auf das Leben der Gesellschaft, auf ihr moralisch-psychologisches Klima. Dies erhöht die Verantwortung der Kulturschaffenden für die geistige Zielrichtung des Schöpfertums, für die künstlerische Wirkung ihrer Werke.

Die Haltung der KPdSU zum Talent und zum künstlerischen Suchen ist von Behutsamkeit und Achtung geprägt. Gestützt auf die Künstlerverbände, die öffentliche Meinung und die marxistisch-leninistische Kunstkritik, hat sie gleichzeitig stets gegen Erscheinungen ideologischer und weltanschaulicher Indifferenz und gegen ästhetische Verarmung[1] gekämpft und wird dies auch in Zukunft tun.

Die sowjetische Kultur trägt zum gegenseitigen Verstehen und zur Annäherung der Völker bei, nimmt aktiv am Kampf gegen Imperialismus, Reaktion und Krieg teil. Indem die sowjetische Kultur den Ideenreichtum und die Vielfalt des geistigen Lebens der sozialistischen Gesellschaft, deren realen Humanismus verkörpert, bereichert sie die Weltkultur, entwickelt sie sich immer mehr zu einem einflußreichen Faktor des geistigen Fortschritts der Menschheit, zu einem Prototyp der zukünftigen Kultur des Kommunismus.

---

1 »Handwerkelei« nach »ästhetische Verarmung« ist gestrichen.

Dritter Teil

Die Aufgaben der KPdSU in der internationalen Arena, im Kampf für Frieden und sozialen Fortschritt

Die internationale Politik der KPdSU entspringt dem humanistischen Wesen der sozialistischen Gesellschaft, die frei von Ausbeutung und Unterdrückung ist, in der es keine Klassen und sozialen Schichten gibt, die an der Entfesselung von Kriegen interessiert sind. Sie ist untrennbar verbunden mit den grundlegenden strategischen Aufgaben der Partei im Innern des Landes und widerspiegelt das einheitliche Streben des sowjetischen Volkes, schöpferisch zu arbeiten und in Frieden mit allen Völkern zu leben.

Hauptziele und Hauptrichtungen der internationalen Politik der KPdSU:

– Gewährleistung günstiger äußerer Bedingungen für die Vervollkommnung der sozialistischen Gesellschaft und das Voranschreiten zum Kommunismus in der UdSSR; Beseitigung der Gefahr eines Weltkrieges, Erreichung weltweiter Sicherheit und Abrüstung;
– ständiger Ausbau und Vertiefung der Zusammenarbeit der UdSSR mit den sozialistischen Bruderländern, umfassender Beitrag zur Festigung und zum Voranschreiten des sozialistischen Weltsystems;
– Entwicklung von gleichberechtigten und freundschaftlichen Beziehungen zu den befreiten Ländern;
– Aufrechterhaltung und Entwicklung von Beziehungen der UdSSR zu den kapitalistischen Staaten auf der Grundlage der friedlichen Koexistenz, sachlicher und gegenseitig vorteilhafter Zusammenarbeit;
– internationale Solidarität mit den kommunistischen und revolutionär-demokratischen Parteien der internationalen Arbeiterbewegung und dem nationalen Befreiungskampf der Völker.

Im Herangehen der KPdSU an die Probleme der Außenpolitik verbinden sich die entschlossene Verteidigung der Interessen des sowjetischen Volkes und der entschiedene Widerstand gegen die aggressive Politik des Imperialismus mit der Bereitschaft zum Dialog und zur konstruktiven Lösung internationaler Fragen auf dem Weg von Verhandlungen.

Der von der Partei ausgearbeitete und vom Sowjetstaat konsequent verwirklichte friedliche außenpolitische Kurs hat in Verbindung mit der Festigung der Verteidigungsfähigkeit des Landes dem Sowjetvolk und der Mehrheit der Bevölkerung unseres Planeten die längste Friedensperiode im 20. Jahrhundert gesichert. Die KPdSU wird auch in Zukunft alles in ihrer Macht Stehende tun, um friedliche Bedingungen für die schöpferische Arbeit der sowjetischen Menschen aufrechtzuerhalten, die internationalen Beziehungen zu sanieren, dem auf der Welt lastenden Wettrüsten ein Ende zu setzen und die drohende Gefahr eines Kernwaffenkrieges von den Völkern abzuwenden.

Es gibt keine höhere und verantwortungsvollere Mission, als den Frieden zu verteidigen und zu festigen, die Kräfte der Aggression und des Militarismus um des Lebens der gegenwärtigen und künftiger Generationen willen zu zügeln. **Eine Welt ohne Kriege und ohne Waffen – das ist das Ideal des Sozialismus.**

I. Die Zusammenarbeit mit den sozialistischen Ländern

Die KPdSU mißt der weiteren Entwicklung und Festigung der freundschaftlichen Beziehungen der Sowjetunion zu den anderen sozialistischen Ländern erstrangige Bedeutung bei. **Die Partei strebt feste kameradschaftliche Beziehungen und eine allseitige Zusammenarbeit der UdSSR mit allen Staaten des sozialistischen Weltsystems an.** Die KPdSU geht davon aus, daß die Geschlossenheit der Länder des Sozialismus den Interessen jedes einzelnen Landes und ihren gemeinsamen Interessen entspricht, dem Frieden und dem Triumph der sozialistischen Ideale dient.

Ein besonderes Anliegen der Partei ist die umfassende Festigung der Freundschaft, die Entwicklung und Vervollkommnung der Beziehungen der Sowjetunion mit den Ländern der sozialistischen Gemeinschaft.

Die regierenden kommunistischen und Arbeiterparteien sind die Triebkraft ihrer allseitigen Zusammenarbeit. Mit dem Ziel der Festigung der Geschlossenheit der Kommunisten der Bruderländer, der gegenseitigen Bereicherung der Praxis der Führung der Gesellschaft wird die KPdSU auch künftig den Ausbau der Parteibeziehungen auf allen Ebenen – von den Zentralkomitees bis zu den Grundorganisationen der Partei – sowie den Meinungs- und Erfahrungsaustausch sowohl auf bi- als auch auf multilateraler Ebene fördern.

Die KPdSU wird die Linie der Festigung der staatlichen Beziehungen der Sowjetunion zu den Ländern des Sozialismus, ihrer vertraglichen Verankerung, der Entwicklung der Kontakte zwischen den gesetzgebenden Organen, gesellschaftlichen Organisationen, der weiteren Aktivierung aller Formen der politischen Zusammenarbeit fortsetzen.

Die sowjetischen Kommunisten treten für ein immer effektiveres Zusammenwirken der Bruderländer in der internationalen Arena unter Berücksichtigung der Lage und der Interessen jedes Landes sowie der gemeinsamen Interessen der Gemeinschaft ein.

Solange der imperialistische Militärblock der NATO existiert, hält es die Partei für notwendig, die Vervollkommnung der Tätigkeit der Organisation des Warschauer Vertrages als Instrument der kollektiven Verteidigung gegen die aggressiven Bestrebungen des Imperialismus und des gemeinsamen Kampfes für einen dauerhaften Frieden und den Ausbau der internationalen Zusammenarbeit allseitig zu fördern.

Auf dem Gebiet der Wirtschaftsbeziehungen tritt die KPdSU für die weitere Vertiefung der sozialistischen ökonomischen Integration als der materiellen Basis für den Zusammenschluß der Länder des Sozialismus ein. Besondere Bedeutung mißt sie dem Anliegen bei, die Anstrengungen der Bruderländer in den Hauptrichtungen der Intensivierung der Produktion und der Beschleunigung des wissenschaftlich-technischen Fortschritts konsequent zu vereinigen, um gemeinsam eine Aufgabe von historischer Tragweite zu lösen – im Interesse des weiteren Wachstums des Wohlstandes ihrer Völker und der Festigung ihrer Sicherheit den Höchststand in Wissenschaft und Technik zu erreichen.

Die Partei geht davon aus, daß die Integration in wachsendem Maße zum Fortschritt der gesellschaftlichen Produktion und der sozialistischen Lebensweise in den Ländern der Gemeinschaft, zur Beschleunigung des Prozesses der Angleichung des Niveaus ihrer ökonomischen Entwicklung und zur Festigung der Positionen des Sozialismus in der Welt beitragen muß.

Die KPdSU wird sich aktiv an der gemeinsamen Arbeit der Bruderparteien beteiligen, bei der es darum geht, die Wirtschaftspolitik abzustimmen, den Mechanismus des wirtschaftlichen Zusammenwirkens zu vervollkommnen, nach dessen neuen Formen zu suchen, die Spezialisierung und Kooperation der Produktion zu vertiefen, die Pläne zu koordinieren, die besten Erfahrungen auszutauschen und Direktbeziehungen zwischen Vereinigungen und Betrieben herzustellen. Sie wird zur Erhöhung der Rolle des Rates für Gegenseitige Wirtschaftshilfe und zum Ausbau der ökonomischen und wissenschaftlich-technischen Zusammenarbeit auf der Grundlage von zwei- und mehrseitigen Programmen beitragen.

Die KPdSU sieht die gleichberechtigte und gegenseitig vorteilhafte ökonomische Zusammenarbeit von sozialistischen und kapitalistischen Staaten als natürlich und nützlich an, vertritt jedoch zugleich die Auffassung, daß die Entwicklung der sozialistischen Integration stärker dazu beitragen muß, die Gemeinschaft in technischer und ökonomischer Hinsicht gegenüber feindlichen Aktionen des Imperialismus, den Einflüssen von Wirtschaftskrisen sowie anderen negativen, dem Kapitalismus innewohnenden Prozessen unverwundbar zu machen.

In der Sphäre der Ideologie tritt die KPdSU für die Vereinigung der Anstrengungen der Bruderparteien ein, die auf das Studium und die Nutzung der Erfahrungen des sozialistischen Aufbaus und der kommunistischen Erziehung der Werktätigen, auf die Entwicklung der marxistisch-leninistischen Theorie durch die Vertiefung ihres schöpferischen Charakters und die Wahrung ihres revolutionären Wesens gerichtet sind. Die Aktivierung des kollektiven Denkens, die ständige Intensivierung des Austauschs von geistigen Werten und der Zusammenarbeit in Wissenschaft und Kultur dienen der weiteren Vertiefung der Freundschaft zwischen den sozialistischen Ländern.

Die Partei wird auch künftig zur Stärkung des Bewußtseins der Einheit, der Gemeinsamkeit des historischen Schicksals der Brudervölker beitragen. Die Verbreitung der Wahrheit über den Sozialismus, die Entlarvung der imperialistischen Politik und Propaganda, der Kampf gegen Antikommunismus und Antisowjetismus, die Auseinandersetzung mit dogmatischen und revisionistischen Ansichten – diese Aufgaben werden erfolgreicher gelöst, wenn die Kommunisten in einheitlicher Front vorgehen.

Die KPdSU hält es für ihre internationalistische Pflicht, gemeinsam mit den anderen Bruderparteien die Einheit der sozialistischen Gemeinschaft zu festigen, ihre Macht und ihren Einfluß zu stärken. Von ihrer Stabilität, von den Erfolgen der Aufbauarbeit in jedem Lande, von der Zielstrebigkeit und der Abgestimmtheit ihres Vorgehens hängen weitestgehend der Verlauf des Wettstreits zwischen Sozialismus und Kapitalismus und die Zukunft der Weltzivilisation ab.

Die Erfahrungen der Entwicklung des sozialistischen Weltsystems zeugen davon, daß die sozialistische Ordnung sowohl für den sicheren Fortschritt der Gesellschaft als auch für harmonische Beziehungen zwischen den Ländern alle Möglichkeiten schafft. Aber weder das eine noch das andere vollzieht sich im Selbstlauf.

Unterschiedlich ist das Niveau der ökonomischen und politischen Entwicklung, sind die historischen und kulturellen Traditionen der Länder und die Bedingungen, unter denen sie wirken. Nicht immer verläuft die gesellschaftliche Entwicklung der sozialistischen Länder geradlinig. Jede ihrer bedeutenden Etappen stellt neue, komplizierte Aufgaben, deren Lösung mit Kampf und Suche, mit der Überwindung von Widersprüchen und Schwierigkeiten verbunden ist.

Dies alles erfordert nach Überzeugung der KPdSU höchste Aufmerksamkeit, wohlgemeinte Gegenüberstellung der Standpunkte und tatkräftige Solidarität, damit kein Boden für Meinungsverschiedenheiten entsteht, die den gemeinsamen Interessen schaden könnten. Besondere Bedeutung besitzen das abgestimmte Handeln in prinzipiellen Fragen, das kameradschaftliche Interesse des einen an den Erfolgen des anderen, die strikte Erfüllung übernommener Verpflichtungen, das tiefe Verstehen sowohl der nationalen als auch der gemeinsamen internationalen Interessen in ihrer organischen Wechselbeziehung.

Das Werden und Wachsen der neuen Gesellschaft vollzieht sich unter den Bedingungen der scharfen Auseinandersetzung zwischen den beiden Weltsystemen. Um die Position des Sozialismus zu schwächen, die Beziehungen zwischen den sozialistischen Staaten und vor allem zur Sowjetunion zu stören, setzt der Imperialismus ein ganzes System differenzierter Maßnahmen – politische, ökonomische und ideologische – ein, versucht er, aus auftretenden Problemen Profit zu ziehen und nationalistische Stimmungen für seine subversiven Ziele zu nutzen. Die KPdSU geht davon aus, daß unter diesen Bedingungen der festen Einheit und Klassensolidarität der sozialistischen Länder besonders große Bedeutung zukommt.

Die Erfahrungen der UdSSR und des gesamten Weltsozialismus zeugen davon, daß die Treue der regierenden kommunistischen und Arbeiterparteien zur Lehre des Marxismus-Leninismus, die schöpferische Anwendung dieser Lehre, die feste Verbindung der Partei mit den werktätigen Massen, die Festigung ihres Ansehens und ihrer führenden Rolle in der Gesellschaft, die strikte Einhaltung der Leninschen Normen des Partei- und Staatslebens, die Entwicklung der sozialistischen Volksmacht, die nüchterne Einschätzung der realen Lage, die rechtzeitige und wissenschaftlich begründete Lösung anstehender Probleme, die Gestaltung der Beziehungen zu den anderen Bruderländern nach den Prinzipien des sozialistischen Internationalismus die wichtigsten Faktoren erfolgreichen Voranschreitens des Sozialismus sind.

Bei allen Besonderheiten, bei allen Unterschieden des ökonomischen Niveaus, der Größe, der historischen und nationalen Traditionen jedes einzelnen sozialistischen Landes haben sie alle ein und dieselben Klasseninteressen. Das, was die sozialistischen Länder eint und zusammenschließt, ist das Hauptsächliche, ist unermeßlich mehr als das, was sie trennen könnte.

Die KPdSU ist überzeugt: Bei vollständiger Wahrung der Gleichberechtigung und gegenseitiger Achtung der nationalen Interessen werden die sozialistischen Länder auf dem Weg eines immer besseren gegenseitigen Verstehens und gegenseitiger Annäherung voranschreiten. Die Partei wird diesen historisch progressiven Prozeß fördern.

II. Die Festigung der Beziehungen zu den befreiten Ländern

Bei der Ausarbeitung der Politik gegenüber den ehemaligen Kolonien und halbkolonialen Ländern geht die KPdSU davon aus, daß das Beschreiten des Weges der Unabhängigkeit durch die früher geknechteten Völker und das Entstehen von Dutzenden neuen Staaten sowie die Erhöhung ihres Gewichts in der Weltpolitik und Weltwirtschaft einer der herausragenden Züge der gegenwärtigen Epoche ist. Die befreiten Völker werden, wie es W. I. Lenin voraussah, eine große Rolle bei der Gestaltung der Geschichte der ganzen Menschheit spielen. **Die KPdSU tritt dafür ein, daß der wachsende Einfluß dieser Völker immer stärker die Sache des Friedens und des sozialen Fortschritts fördern sollte.**

Die Partei verwirklicht konsequent den Kurs der Erweiterung der Beziehungen[1] der Sowjetunion zu den befreiten Ländern, verfolgt voller Sympathie die Bestrebungen der Völker, die das qualvolle, entwürdigende Joch kolonialer Sklaverei erfahren haben. Ihre Beziehungen zu diesen Ländern gestaltet die Sowjetunion auf der Grundlage der strikten Achtung ihrer Unabhängigkeit und Gleichberechtigung. Sie unterstützt den Kampf dieser Länder gegen die neokolonialistische Politik des Imperialismus, gegen die Überreste des Kolonialismus, für Frieden und weltweite Sicherheit.

Große Bedeutung mißt die Partei der Solidarität, der politischen und wirtschaftlichen Zusammenarbeit mit den **Ländern sozialistischer Orientierung** bei. Jedes Volk errichtet vor allem durch eigene Anstrengungen die für den Aufbau einer neuen Gesellschaft notwendige materiell-technische Basis und bemüht sich um die Erhöhung des Wohlstandes und der Kultur der Massen. Die Sowjetunion erweist im Rahmen ihrer Möglichkeiten den Völkern, die in diese Richtung gehen, nach wie vor Hilfe beim wirtschaftlichen und kulturellen Aufbau, bei der Ausbildung nationaler Kader, bei der Erhöhung der Verteidigungsfähigkeit und auf anderen Gebieten.

Die KPdSU vertieft ihre Beziehungen zu den **revolutionär-demokratischen Parteien** der befreiten Länder. Eine besonders enge Zusammenarbeit entstand mit jenen, die bestrebt sind, ihre Tätigkeit auf der Grundlage des wissenschaftlichen Sozialismus zu entfalten. Die KPdSU ist für die Entwicklung von Verbindungen zu allen national-fortschrittlichen Parteien, die auf antiimperialistischen und patriotischen Positionen stehen.

Die Praxis der Beziehungen der UdSSR zu den befreiten Ländern hat gezeigt, daß ein realer Boden für die Zusammenarbeit auch mit den jungen Staaten existiert, die den kapitalistischen Weg gehen. Dazu zählt das gemeinsame[2] Interesse an der Erhaltung des Friedens, an der Festigung der internationalen Sicherheit und an der Einstellung des Wettrüstens. Dazu zählt der sich zuspitzende Widerspruch zwischen den Interessen der Völker und der imperialistischen Politik von Diktat und Expansion. Dazu zählt auch die Einsicht der jungen Staaten in die Tatsache, daß politische und ökonomische Beziehungen zur Sowjetunion die Festigung ihrer Unabhängigkeit fördern.

So unterschiedlich die befreiten Länder auch sind, welchen Weg sie auch gehen, so vereint ihre Völker doch der Wunsch, sich selbständig zu entwickeln, ohne ausländi-

---

1 Im Entwurf »freundschaftliche Beziehungen«.
2 »gemeinsame« hinzugefügt.

sche Einmischung ihre Angelegenheiten zu entscheiden. Die Sowjetunion ist mit ihnen voll und ganz solidarisch. Für die KPdSU ist es unumstößlich, daß die Bestimmung des Schicksals der befreiten Länder, die Wahl ihrer Gesellschaftsordnung deren eigenes, heiliges Recht ist.

Die KPdSU unterstützt den gerechten Kampf der Länder Asiens, Afrikas und Lateinamerikas gegen den Imperialismus und gegen das Joch der transnationalen Monopole, für die Durchsetzung ihres souveränen Rechts, über die eigenen Ressourcen zu verfügen, für die Umgestaltung der internationalen Beziehungen auf gleichberechtigter, demokratischer Grundlage, für die Errichtung einer neuen internationalen Wirtschaftsordnung, für die Erlösung aus der Schuldknechtschaft, die ihnen die Imperialisten aufgezwungen haben.

Die Sowjetunion steht an der Seite der Staaten und der Völker, die die Angriffe der aggressiven Kräfte des Imperialismus abwehren, die ihre Freiheit, ihre Unabhängigkeit und nationale Würde verteidigen. Die Solidarität mit ihnen ist in unserer Zeit auch ein wichtiger Bestandteil des allgemeinen Kampfes um Frieden und internationale Sicherheit. Die Partei hält es für ihre internationalistische Pflicht, den Kampf der Völker zu unterstützen, die sich noch unter dem Joch des Rassismus befinden und Opfer des Apartheidsystems sind.

Die KPdSU bringt den Zielen und der Tätigkeit der Bewegung der Nichtpaktgebundenen Verständnis entgegen, tritt für die Stärkung ihrer Rolle in der Weltpolitik ein. Auch künftig wird die UdSSR an der Seite der nichtpaktgebundenen Staaten im Kampf gegen die Kräfte der Aggression und der Hegemonie stehen, für die Überwindung auftretender Streitfälle und Konflikte durch Verhandlungen, gegen die Einbeziehung dieser Staaten in militärpolitische Gruppierungen eintreten.

Die KPdSU ist für die gleichberechtigte Mitwirkung der befreiten Länder an den internationalen Angelegenheiten, für die Vergrößerung ihres Beitrags zur Lösung der wichtigsten Probleme der Gegenwart. Das Zusammenwirken dieser Länder mit den sozialistischen Staaten ist für die Festigung der Unabhängigkeit der Völker, für die Gesundung der internationalen Beziehungen und für die Erhaltung des Friedens von größter Bedeutung.

Das Bündnis der Kräfte des sozialen Fortschritts und der nationalen Befreiung ist Gewähr für eine bessere Zukunft der Menschheit.

III. Die Beziehungen zu den kapitalistischen Ländern.
Der Kampf um dauerhaften Frieden und Abrüstung

Die KPdSU geht davon aus, daß die historische Auseinandersetzung zwischen den beiden entgegengesetzten Gesellschaftssystemen, in die die Welt von heute geteilt ist, mit friedlichen Mitteln entschieden werden kann und muß. Der Sozialismus beweist seine Vorzüge nicht durch die Gewalt der Waffen, sondern durch die Kraft des Beispiels in allen Bereichen des gesellschaftlichen Lebens – durch eine dynamische Entwicklung von Wirtschaft, Wissenschaft und Kultur, durch die Erhöhung des Lebensstandards der Werktätigen, durch die Vertiefung der sozialistischen Demokratie.

146

Die sowjetischen Kommunisten sind überzeugt, daß dem Sozialismus die Zukunft gehört. Jedes Volk hat Anspruch auf ein Leben in einer Gesellschaft, die frei von sozialer und nationaler Unterdrückung ist, in einer Gesellschaft wahrer Gleichberechtigung und echter Demokratie. Sich von Ausbeutung und Ungerechtigkeit zu befreien, ist das souveräne Recht eines unterdrückten und ausgebeuteten Volkes. Revolutionen sind das gesetzmäßige Ergebnis der gesellschaftlichen Entwicklung, des Klassenkampfes im jeweiligen Land. Die KPdSU war und ist auch weiterhin der Ansicht, daß ein »Export« der Revolution prinzipiell unzulässig ist und daß sie niemandem von außen aufgezwungen werden darf. Aber auch beliebige Formen eines »Exports« der Konterrevolution sind ein flagranter Anschlag auf die freie Willensäußerung der Völker, auf ihr Recht, ihren Entwicklungsweg selbständig zu wählen. Die Sowjetunion stellt sich entschieden Versuchen entgegen, den Gang der Geschichte gewaltsam aufzuhalten oder umzukehren.

Die Interessen der Völker verlangen, daß die zwischenstaatlichen Beziehungen in die Bahnen des friedlichen Wettstreits und der gleichberechtigten Zusammenarbeit gelenkt werden.

Die Kommunistische Partei der Sowjetunion verteidigt fest und konsequent das Leninsche Prinzip der friedlichen Koexistenz von Staaten unterschiedlicher Gesellschaftsordnung. Die Politik der friedlichen Koexistenz, wie sie die KPdSU versteht, bedeutet Verzicht auf Krieg, auf Anwendung oder Androhung von Gewalt als Mittel zur Lösung von Streitfragen, ihre Lösung auf dem Verhandlungsweg, Nichteinmischung in die inneren Angelegenheiten und gegenseitige Berücksichtigung der legitimen Interessen, das Recht der Völker, selbständig ihr Schicksal zu bestimmen, strikte Achtung der Souveränität der territorialen Integrität der Staaten und der Unverletzlichkeit ihrer Grenzen, Zusammenarbeit auf der Grundlage völliger Gleichberechtigung und gegenseitigen Vorteils, gewissenhafte Erfüllung der Verpflichtungen, die sich aus den allgemein anerkannten Prinzipien und Normen des Völkerrechts und aus geschlossenen internationalen Verträgen ergeben.

Das sind die fundamentalen Grundlagen, auf denen die Sowjetunion ihre Beziehungen zu den kapitalistischen Staaten gestaltet. Sie sind in der Verfassung der UdSSR verankert.

Die KPdSU wird die umfassende Durchsetzung des Prinzips der friedlichen Koexistenz in den internationalen Beziehungen als allgemein anerkannte und von allen zu beachtende Norm der zwischenstaatlichen Beziehungen zielgerichtet fördern. Sie erachtet die Übertragung von ideologischen Widersprüchen zwischen beiden Systemen auf die Sphäre dieser Beziehungen für unzulässig.

Die Partei setzt sich für die Entwicklung des internationalen Entspannungsprozesses ein und betrachtet ihn als eine natürliche und notwendige Etappe auf dem Weg zur Schaffung eines umfassenden und zuverlässigen Systems der Sicherheit. Die vorliegenden Erfahrungen der Zusammenarbeit bestätigen die Realisierbarkeit einer solchen Perspektive. Die KPdSU ist dafür, internationale Mechanismen und Strukturen zu schaffen und zu nutzen, die es gestatten würden, ein optimales Verhältnis zwischen den nationalen, staatlichen und den die gesamte Menschheit betreffenden Interessen zu finden. Sie tritt für die Erhöhung der Rolle der UNO bei der Festigung des Friedens und der Entwicklung der internationalen Zusammenarbeit ein.

Eine besondere Verantwortung für die Situation in der Welt tragen die Kernwaffen- mächte. Staaten, die über Kernwaffen und andere Massenvernichtungswaffen ver- fügen, sollten auf ihre Anwendung oder die Androhung ihrer Anwendung verzichten und keine Schritte unternehmen, die zur Verschärfung der internationalen Lage führen.

Die KPdSU ist für normale, stabile Beziehungen zwischen der Sowjetunion und den USA, die die Nichteinmischung in die inneren Angelegenheiten, die ge- genseitige Respektierung der legitimen Interessen, die Anerkennung und die prakti- sche Verwirklichung des Prinzips der Gleichheit und gleichen Sicherheit und die Herstellung größtmöglichen gegenseitigen Vertrauens auf dieser Grundlage vor- aussetzen. Unterschiede in den sozialen Systemen und den Ideologien dürfen nicht zu gespannten Beziehungen führen. Es bestehen objektive Voraussetzungen, eine fruchtbringende, gegenseitig vorteilhafte sowjetisch-amerikanische Zusammenar- beit auf den verschiedenen Gebieten in Gang zu bringen. Nach Auffassung der KPdSU muß die Politik beider Mächte sich auf gegenseitiges Verstehen orientieren und nicht auf Feindschaft, die gefährliche, katastrophale Folgen sowohl für das sowjetische und das amerikanische als auch für andere Völker heraufbeschwört.

Die Partei ist der Überzeugung, daß an der Suche nach Lösungen für akute Pro- bleme, an der Beilegung von Konfliktsituationen sowie an Maßnahmen zum Abbau der Spannungen und zur Eindämmung des Wettrüstens alle Staaten teilnehmen können und müssen: große und kleine, unabhängig von ihrem Potential, ihrer geo- graphischen Lage und ihrer Zugehörigkeit zu gesellschaftlichen Systemen.

Die KPdSU mißt der weiteren Entwicklung einer friedlichen, guten Nachbar- schaft und der Zusammenarbeit der Staaten Europas große Bedeutung bei. Unabdingbare Voraussetzung für die Stabilität positiver Prozesse in dieser wie auch in anderen Regionen ist die Achtung der im Ergebnis des zweiten Weltkrieges ent- standenen territorialen und politischen Realitäten. Die KPdSU tritt entschieden ge- gen Versuche deren Revision, ganz gleich unter welchen Vorwänden, ein und wird jeglichem Revanchismus eine Abfuhr erteilen.

Die Partei wird konsequent darauf hinwirken, daß der auf Initiative und unter aktiver Teilnahme der Sowjetunion begonnene Prozeß der Festigung von Sicherheit, Ver- trauen und friedlicher Zusammenarbeit in Europa sich entwickelt und vertieft **und die ganze Welt erfaßt.** Die KPdSU tritt für die Vereinigung der Anstrengungen aller in- teressierten Staaten zur Gewährleistung der Sicherheit in Asien und für das gemein- same Suchen nach einer konstruktiven Lösung für dieses Problem ein. Asien, Afrika, Lateinamerika, der Stille und der Indische Ozean können und müssen Zonen des Friedens und guter Nachbarschaft werden.

Die KPdSU ist für die Entwicklung umfassender, langfristiger und stabiler Beziehun- gen zwischen den Staaten auf den Gebieten von Wirtschaft, Wissenschaft und Tech- nik auf der Grundlage der völligen Gleichberechtigung und des gegenseitigen Vor- teils. Die außenwirtschaftliche Zusammenarbeit hat große politische Bedeutung, da sie die Festigung des Friedens und der Beziehungen friedlicher Koexistenz von Staaten unterschiedlicher Gesellschaftsordnung fördert. Die Sowjetunion weist jeg- liche Formen von Diskriminierung, Mißbrauch von Handels-, Wirtschafts- und wis- senschaftlich-technischen Beziehungen als Druckmittel zurück, sie setzt sich für die Gewährleistung der wirtschaftlichen Sicherheit der Staaten ein.

Die KPdSU ist Befürworter eines umfassenden gegenseitigen Austauschs echter kultureller Werte zwischen allen Ländern. Ein solcher Austausch muß humanistischen Zielen dienen: der geistigen Bereicherung der Völker, der Festigung des Friedens und der guten Nachbarschaft.

Der Sowjetstaat[1] wird mit anderen Ländern bei der Lösung der globalen Probleme zusammenarbeiten, die sich in der zweiten Hälfte des 20. Jahrhunderts besonders verschärft haben und lebenswichtig für die gesamte Menschheit sind: Schutz der Umwelt, Energie-, Rohstoff-, Lebensmittel- und Bevölkerungsprobleme, friedliche Erschließung des Kosmos und der Reichtümer der Weltmeere, Überwindung ökonomischer Rückständigkeit vieler befreiter Länder, Ausrottung gefährlicher Krankheiten und andere. Ihre Lösung erfordert gemeinsame Anstrengungen aller Staaten. Sie wird wesentlich erleichtert, wenn die Vergeudung von Kräften und Mitteln für das Wettrüsten eingestellt wird.

Im Interesse der Menschheit und zum Wohle aller Völker **verfechten die KPdSU und der Sowjetstaat ein umfassendes und konstruktives Programm von Maßnahmen, die auf die Beendigung des Wettrüstens und auf Abrüstung, auf die Gewährleistung von Frieden und Sicherheit gerichtet sind.**

Die KPdSU betrachtet die **allgemeine und vollständige Abrüstung** unter strenger, allumfassender internationaler Kontrolle als historische Aufgabe, setzt den Kampf um ihre Verwirklichung fort und strebt konsequent folgendes an:

– **Begrenzung und Einengung der Sphäre für die Vorbereitung von Kriegen,** besonders solcher mit Massenvernichtungswaffen. Aus dieser Sphäre ist in erster Linie der Weltraum völlig herauszuhalten, damit er nicht zur Arena militärischer Rivalität, zum Ausgangspunkt von Tod und Zerstörung wird. Erforschung und Erschließung des Weltraums dürfen nur friedlichen Zwecken zur Entwicklung von Wissenschaft und Produktion dienen und müssen in Übereinstimmung mit den Bedürfnissen aller Völker stehen. Die UdSSR ist für kollektive Anstrengungen zur Lösung dieses Problems und wird tatkräftig an einer solchen internationalen Zusammenarbeit teilnehmen. Die Sowjetunion tritt auch für Maßnahmen ein, die zur Nichtweiterverbreitung von Kernwaffen und zur Schaffung von Zonen, die frei von Kernwaffen und anderen Massenvernichtungsmitteln sind, beitragen;

– Herbeiführung einer etappenweisen **vollständigen Liquidierung der Kernwaffen** bis Ende des 20. Jahrhunderts[2] durch Beendigung der Erprobung und Produktion aller ihrer Arten, den Verzicht aller Kernwaffenmächte auf den Ersteinsatz solcher Waffen, das Einfrieren, die Verringerung und Vernichtung ihrer Arsenale;

– **Einstellung der Produktion und Liquidierung der anderen Arten von Massenvernichtungswaffen,** darunter der chemischen, Verbot der Schaffung neuer Typen solcher Waffen;

– **Reduzierung der Streitkräfte der Staaten,** vor allem der ständigen Mitglieder des UNO-Sicherheitsrates und der Länder, die mit diesen durch militärische Abkommen verbunden sind, Begrenzung der konventionellen Rüstungen, Einstel-

1 Die Partei, die im Entwurf vor dem Staat genannt wurde, ist an dieser Stelle gestrichen worden.
2 Im Entwurf lautete die Formulierung »Durchführung von Schritten, die zur vollständigen Liquidierung der Kernwaffen führen«.

lung der Schaffung neuer Typen solcher Waffen, die nach ihrer Zerstörungskraft den Massenvernichtungswaffen nahekommen, Kürzung der Militärausgaben;
- **Einfrieren und Reduzierung der Streitkräfte und Rüstungen in den explosivsten Regionen der Erde,** Liquidierung von Militärbasen auf fremden Territorien, Ergreien von Maßnahmen zur Festigung des gegenseitigen Vertrauens, zur Verminderung des Risikos des Ausbruchs von bewaffneten Konflikten, darunter auch im Ergebnis von Zufällen.

Die Position der KPdSU ist es, die Spaltung der Welt in militärpolitische Gruppierungen zu überwinden. Die KPdSU ist für die gleichzeitige Auflösung der NATO und des Warschauer Vertrages oder als ersten Schritt für die Liquidierung ihrer militärischen Organisationen. Mit dem Ziel des Abbaus der Konfrontation zwischen den Militärblöcken tritt die Sowjetunion für den Abschluß eines Vertrages über den gegenseitigen Gewaltverzicht und die Aufrechterhaltung friedlicher Beziehungen zwischen ihnen ein, eines Vertrages, der allen anderen Staaten offenstehen würde.

Die Partei wird Anstrengungen unternehmen, damit Fragen der Rüstungsbegrenzung und der Bannung der Kriegsgefahr durch ehrliche und strikt einzuhaltende Vereinbarungen auf der Grundlage der Gleichheit und der gleichen Sicherheit der Seiten gelöst und jegliche Versuche ausgeschaltet werden, Verhandlungen aus der »Position der Stärke« zu führen und sie als Deckmantel für das Aufstocken der Rüstungen zu benutzen.

Der Sowjetstaat und seine Verbündeten streben nicht nach militärischer Überlegenheit, werden aber auch keine Verletzung des in der Welt entstandenen militärstrategischen Gleichgewichts zulassen. Zugleich treten sie konsequent dafür ein, das Niveau dieses Gleichgewichts ständig zu senken und den Umfang der Rüstungen beider Seiten bei Gewährleistung der Sicherheit aller Völker zu verringern.

Die KPdSU erklärt feierlich: Es gibt keine Waffenart, zu deren Begrenzung oder Verbot auf gegenseitiger Grundlage bei Anwendung einer wirksamen Kontrolle die Sowjetunion nicht bereit wäre.

Die UdSSR gefährdet die Sicherheit keines Landes, weder im Westen noch im Osten. Sie bedroht niemanden, sie strebt nicht nach Auseinandersetzungen mit anderen Staaten und möchte mit allen Ländern in Frieden leben. Seit dem Großen Oktober hält die sozialistische Sowjetstaat das Banner des Friedens und der Völkerfreundschaft hoch. Die KPdSU wird auch künftig diesem Leninschen Banner die Treue halten.

IV. Die KPdSU in der internationalen Arbeiter- und kommunistischen Bewegung

Die KPdSU ist Bestandteil der internationalen kommunistischen Bewegung. Sie betrachtet ihre Tätigkeit zur Vervollkommnung der sozialistischen Gesellschaft und ihr Voranschreiten zum Kommunismus als äußerst wichtige internationale Aufgabe, deren Lösung den Interessen des sozialistischen Weltsystems, der internationalen Arbeiterklasse und der gesamten Menschheit entspricht.

Die Kommunisten, die stets die konsequentesten Kämpfer gegen soziale und nationale Unterdrückung waren, stehen heute in der vordersten Front auch des Kampfes

150

für die Erhaltung des Friedens auf der Erde, für das Recht der Menschen auf Leben. Sie sehen klar die Ursachen der Kriegsgefahr, entlarven die tatsächlich Schuldigen an der Verschärfung der internationalen Spannungen und am Wettrüsten, streben nach Zusammenarbeit mit allen, die fähig sind, einen Beitrag zum Kampf gegen den Krieg zu leisten.

Die KPdSU berücksichtigt, daß die kommunistischen und Arbeiterparteien der nichtsozialistischen Welt unter komplizierten widersprüchlichen Bedingungen wirken. Außerordentlich breit ist das Spektrum der Bedingungen und der Formen ihres Kampfes. Aber das engt die Möglichkeiten der Bewegung nicht ein, sondern erweitert sie im Gegenteil. Die Mannigfaltigkeit der Formen ihrer Tätigkeit ermöglicht es den Kommunisten, die nationale Spezifik und die konkrete historische Situation sowie die Interessen unterschiedlicher sozialer Gruppen und Schichten der Bevölkerung besser zu berücksichtigen.

Die KPdSU geht davon aus, daß die Kommunisten jedes Landes die Lage selbständig analysieren und einschätzen, ihren strategischen Kurs und ihre Politik unabhängig bestimmen und die Wege des Kampfes für die Nah- und Endziele, für die kommunistischen Ideale festlegen. Die von den kommunistischen Parteien gesammelten Erfahrungen sind wertvolles internationales Gut.

Die KPdSU studiert aufmerksam die Probleme und Erfahrungen der ausländischen kommunistischen Parteien. Sie hat Verständnis für deren Streben, ihre Strategie und Taktik zu vervollkommnen, die Klassenbündnisse auf der Grundlage antimonopolistischer, gegen den Krieg gerichteter Aktivitäten zu verbreitern, die wirtschaftlichen Interessen und politischen Rechte der Werktätigen zu verteidigen, und geht davon aus, daß der Kampf um Demokratie ein Bestandteil des Kampfes um den Sozialismus ist.

Die imperialistischen Kreise verschiedener Länder koordinieren ihre Aktionen gegen den Sozialismus, gegen alle demokratischen Kräfte und versuchen, die kommunistischen Parteien einander entgegenzustellen. Unter diesen Bedingungen wächst die Bedeutung des proletarischen Internationalismus und der kameradschaftlichen Solidarität der Kommunisten.

Die KPdSU ist der Auffassung, daß das Bestehen von Meinungsverschiedenheiten in einzelnen Fragen die internationale Zusammenarbeit und einheitliche Aktionen der kommunistischen Parteien nicht behindern darf.

In den Fällen, da zwischen Bruderparteien Divergenzen zu einzelnen Problemen entstehen, hält es die KPdSU für nützlich, kameradschaftliche Diskussionen mit dem Ziel eines besseren gegenseitigen Verstehens der Auffassungen und der Erarbeitung gegenseitig annehmbarer Einschätzungen zu führen. Wenn es sich jedoch um das revolutionäre Wesen des Marxismus-Leninismus, das Wesen und die Rolle des realen Sozialismus handelt, wird die KPdSU auch künftig mit Nachdruck prinzipielle Positionen verfechten. Davon wird auch die Haltung der KPdSU zu beliebigen Versuchen bestimmt, die Tätigkeit der Kommunisten ihres Klasseninhalts zu berauben, den revolutionären Charakter der Ziele des Kampfes und die Mittel zu ihrer Verwirklichung zu verfälschen. Die Erfahrung zeigt, daß Abweichungen von den Grundlagen der Lehre von Marx, Engels und Lenin die Möglichkeiten der kommunistischen Bewegung schwächen.

In ihren Beziehungen zu den Bruderparteien **hält die KPdSU konsequent am Prinzip des proletarischen Internationalismus fest,** das sowohl die revolutionäre Solidarität als auch die Anerkennung der vollen Selbständigkeit und Gleichberechtigung jeder Partei organisch einschließt. Auf der Grundlage dieses Prinzips entwickkelt die KPdSU aktiv ihre Beziehungen zu den kommunistischen und Arbeiterparteien, pflegt sie den Austausch von Informationen, nimmt sie an zwei- und mehrseitigen Treffen sowie an regionalen oder breiteren internationalen Beratungen teil, die je nach Notwendigkeit einberufen werden.

Die sowjetischen Kommunisten stehen stets an der Seite ihrer Klassenbrüder in der Welt des Kapitals. Die KPdSU wird ihre internationale Autorität für die Verteidigung der Kommunisten, die Opfer der Willkür der Reaktion sind, einsetzen. Sie weiß die Solidarität der Bruderparteien und deren Kampf gegen den Antisowjetismus hoch zu schätzen. Die gegenseitige Unterstützung der kommunistischen und Arbeiterparteien sozialistischer und nichtsozialistischer Länder ist ein wichtiger Faktor des gesellschaftlichen Fortschritts.

Die KPdSU wird ihren Kurs auf die Entwicklung der Verbindungen zu sozialistischen, sozialdemokratischen und Labour-Parteien fortsetzen. Die Zusammenarbeit mit ihnen kann vor allem bei der Verhütung eines Atomkrieges eine bedeutende Rolle spielen. Wie tief die Divergenzen zwischen den verschiedenen Strömungen der Arbeiterbewegung auch immer sein mögen, so ist dies doch kein Hindernis für einen fruchtbaren und systematischen Meinungsaustausch, für parallele oder gemeinsame Aktionen gegen die Kriegsgefahr, für die Gesundung der internationalen Lage, die Liquidierung der Reste des Kolonialismus, für die Interessen und Rechte der Werktätigen.

Die Partei mißt der Aktivierung der Zusammenarbeit aller Abteilungen der internationalen Arbeiterbewegung, der Vertiefung des Zusammenwirkens der Gewerkschaften unterschiedlicher Richtungen, der Jugend-, Frauen-, Bauern- und anderen demokratischen Organisationen verschiedener Länder große Bedeutung bei.

Im tiefen Bewußtsein ihrer historischen Verantwortung gegenüber der Arbeiterklasse der Welt und ihrer kommunistischen Avantgarde wird die KPdSU auch künftig:

– die revolutionären Ideale und marxistisch-leninistischen Grundlagen der kommunistischen Weltbewegung verteidigen, die Theorie des wissenschaftlichen Sozialismus schöpferisch entwickeln, konsequent gegen Dogmatismus und Revisionismus, gegen alle Einflüsse der bürgerlichen Ideologie auf die Arbeiterbewegung kämpfen;

– alles für die Geschlossenheit und das Zusammenwirken der Bruderparteien, die internationale Solidarität der Kommunisten, die Erhöhung des Beitrags der kommunistischen Bewegung zur Verhinderung eines Weltkrieges tun;

– einen konsequenten Kurs der Aktionseinheit der internationalen Arbeiterklasse, aller arbeitenden Menschen im Kampf für ihre gemeinsamen Interessen, für einen dauerhaften Frieden und die Sicherheit der Völker, für nationale Unabhängigkeit, Demokratie und Sozialismus verwirklichen.

Vierter Teil

Die KPdSU – die führende Kraft der sowjetischen Gesellschaft

Die Kommunistische Partei der Sowjetunion hat einen Weg zurückgelegt, der sich beispiellos tief und stark auf die gesellschaftliche Entwicklung ausgewirkt hat. Sie hat einen steilen Aufstieg genommen – von den ersten marxistischen Zirkeln über drei Volksrevolutionen zur Führung einer sozialistischen Großmacht.

Die historischen Errungenschaften des sowjetischen Volkes beim Aufbau der neuen Gesellschaft, der Sieg im Großen Vaterländischen Krieg, der unbeirrbare Vormarsch des Landes zu immer höheren Stufen des sozialökonomischen und geistigen Fortschritts, der wachsende Einfluß der Sowjetunion auf die internationale Entwicklung sind untrennbar mit der Tätigkeit der Kommunistischen Partei verbunden. Sie ist der Inspirator und Organisator des historischen Schöpfertums der Massen, die führende und lenkende Kraft unserer Gesellschaft. Ausgerüstet mit der marxistisch-leninistischen Theorie, bestimmt die Partei die Generallinie der Entwicklung des Landes, gewährleistet sie die wissenschaftliche Leitung der schöpferischen Arbeit des Volkes, verleiht sie dem kommunistischen Aufbau organisierten, planmäßigen und zielgerichteten Charakter.

Mit dem Aufbau des Sozialismus in der UdSSR, dem Übergang aller Schichten der Werktätigen auf die Positionen der Arbeiterklasse, der Festigung der sozialen, politischen und ideologischen Einheit der sowjetischen Gesellschaft wurde die Kommunistische Partei, die ihrem Klassenwesen und ihrer Ideologie nach die Partei der Arbeiterklasse bleibt, zur Partei des gesamten Volkes. Davon werden die revolutionäre Kontinuität, der Klassencharakter der Innen- und Außenpolitik der KPdSU, ihr gesamtes Wirken geprägt.

Unter den neuen historischen Bedingungen, angesichts derer das Land vor verantwortungsvollen Aufgaben der Entwicklung im Innern und auf internationalem Gebiet steht, **nimmt die führende Rolle der Partei** im Leben der sowjetischen Gesellschaft **gesetzmäßig zu**, werden höhere Forderungen an das Niveau ihrer politischen, organisatorischen und ideologischen Tätigkeit gestellt. Das erwächst aus solchen grundlegenden Faktoren wie:

– dem Anwachsen des Umfangs und der Kompliziertheit der Aufgaben zur Vervollkommnung des Sozialismus und zur Beschleunigung der sozialökonomischen Entwicklung des Landes, der Notwendigkeit, eine Politik auszuarbeiten und konsequent zu verwirklichen, die eine erfolgreiche Erfüllung der Aufgaben und die organische Verbindung des ökonomischen, sozialen und geistigen Fortschritts der Gesellschaft gewährleistet;

– der Entwicklung des politischen Systems, der Vertiefung der Demokratie, der sozialistischen Selbstverwaltung des Volkes auf der Grundlage der Erhöhung der politischen und Arbeitsaktivität der Massen, ihrer umfassenden Einbeziehung in die Leitung der Produktion, des Staates und der Gesellschaft;

– der Notwendigkeit der schöpferischen Weiterentwicklung der marxistisch-leninistischen Theorie, des tieferen geistigen Durchdringens der Praxis des kommunistischen Aufbaus, der Suche nach wissenschaftlich begründeten und aktuellen Antworten auf Fragen, die das Leben stellt, der Erhöhung des Bewußtseins der Werktätigen, der Überwindung von Erscheinungen kleinbürgerlicher Denkweise

und Moral, jeglicher Abweichungen von den Normen der sozialistischen Lebensweise; den Interessen der Vertiefung der allseitigen Zusammenarbeit, der Festigung der Geschlossenheit der sozialistischen Länder, der internationalen kommunistischen und Arbeiterbewegung, der Solidarität mit den Kräften der nationalen Befreiungsbewegung, des Kampfes gegen bürgerliche Ideologie, Revisionismus und Dogmatismus, *Reformismus*[1] und Sektierertum;
– den im Zusammenhang mit der wachsenden Aggressivität des Imperialismus komplizierter werdenden außenpolitischen Bedingungen, der Notwendigkeit der Erhöhung der Wachsamkeit, der Gewährleistung der Sicherheit des Landes und neuer und noch beharrlicherer Anstrengungen, die auf die Zügelung der Kräfte der Aggression, auf die Einstellung des Wettrüstens, die Befreiung der Menschheit von der Gefahr einer nuklearen Katastrophe, die Festigung des Friedens auf der Erde gerichtet sind.

Bei der politischen Führung der Gesellschaft wird die KPdSU auch künftig **die bewährten Leninschen Prinzipien** konsequent **anwenden, den Leninschen Stil** in der Parteiarbeit, in allen Bereichen der Verwaltung des Staates und der Wirtschaft **durchsetzen,** ihre Politik noch stärker wissenschaftlich fundieren, sich fest auf die kollektive Weisheit und die Erfahrungen der Massen stützen und ihre gesellschaftliche Initiative entwickeln. Prinzipielle Bedeutung mißt sie der Einheit von ideologisch-theoretischer, politisch-erzieherischer, organisatorischer und wirtschaftlicher Tätigkeit, dem kompromißlosen Kampf gegen jegliche Stagnation und Konservatismus, dem schöpferischen Suchen nach effektiven Lösungen entstehender Probleme bei.

Die KPdSU erachtet es als notwendig, die Besonderheit der Funktionen der Partei- und der Staatsorgane sowie der gesellschaftlichen Organisationen sorgfältig zu berücksichtigen, ihre Arbeit zu koordinieren, keine Überschneidungen in ihrer Tätigkeit zuzulassen, die Rolle der Parteikomitees als politische Führungsorgane zu erhöhen, Erscheinungen von Formalismus und Beamtengeist, bürokratische und andere Verzerrungen in der Arbeit des Verwaltungsapparates auszumerzen; die Kontrolle der Erfüllung der Parteibeschlüsse und der Volkswirtschaftspläne zu verstärken; die Staats- und Arbeitsdisziplin, Ordnung und Organisiertheit zu festigen.

Die KPdSU wird in der Tätigkeit aller Parteiorganisationen und Arbeitskollektive schöpferisches Herangehen, Sachlichkeit, hohes Verantwortungsbewußtsein und Prinzipienfestigkeit unermüdlich durchsetzen und zur Fähigkeit erziehen, die erzielten Ergebnisse objektiv und selbstkritisch einzuschätzen, sich aufmerksam und taktvoll gegenüber den Menschen, ihren Bedürfnissen und Wünschen zu verhalten.

Die Erhöhung des Niveaus der Leitung des staatlichen, wirtschaftlichen und kulturellen Aufbaus verbindet die Partei untrennbar mit der weiteren **Verbesserung der Arbeit mit den Kadern.** Sie erachtet es als notwendig, daß überall, von oben bis unten, die Leninschen Prinzipien der Auswahl und Beurteilung der Kader nach politischen, fachlichen und moralischen Eigenschaften strikt eingehalten werden und die öffentliche Meinung stärker berücksichtigt wird.

Mit ihrer gesamten Kaderpolitik wird die KPdSU dazu beitragen, daß politisch reife, moralisch gefestigte, sachkundige und initiativreiche Kader aus den Reihen der

---

1 neu hinzugefügt

Kommunisten und Parteilosen in leitende Stellungen berufen sowie in stärkerem Maße Frauen in Leitungsfunktionen eingesetzt werden. Prinzipielle Bedeutung mißt die Partei solchen Eigenschaften eines Leiters bei, wie dem Gefühl für das Neue, der engen Beziehung zu den Menschen, der Bereitschaft, Verantwortung zu übernehmen, dem Wunsch, besser arbeiten zu lernen, der Fähigkeit, die politische Bedeutung der Wirtschaftsführung zu begreifen und hohe Anforderungen an sich selbst und andere zu stellen.

Die Partei sorgt dafür, daß in allen Bereichen Hand in Hand mit bewährten Kadern der älteren Generationen entwicklungsfähige Nachwuchskader arbeiten, Erfahrungen sammeln und sich in erforderlichem Maße stählen. Das ist ein natürlicher Prozeß, der eine zuverlässige Garantie gegen Konservatismus, Stagnation und Voluntarismus schafft.

Das Vertrauen zu den Kadern muß mit hohen Anforderungen an sie, mit der Erhöhung ihrer persönlichen Verantwortung gegenüber den Parteiorganisationen und Arbeitskollektiven für die Ergebnisse der Arbeit und die Einhaltung der Partei- und Staatsdiszipin sowie mit einer stärkeren Kontrolle der Tätigkeit der Leiter durch die Massen verbunden werden. Jeder Leiter muß in vollem Maße die Verantwortung für die ihm übertragenen Aufgaben wahrnehmen; er muß sein Verhältnis zu den Menschen richtig gestalten und sie durch sein persönliches Beispiel mitreißen. **Keine einzige Parteiorganisation und kein einziger Funktionär dürfen außerhalb der Kontrolle bleiben.**

Die Entwicklung der Partei wird durch das weitere **Wachstum und die Festigung ihrer Reihen und die Vervollkommnung der innerparteilichen Beziehungen auf der Grundlage des Prinzips des demokratischen Zentralismus charakterisiert.**

Durch die Aufnahme der besten Vertreter der Arbeiterklasse, der Kolchosbauernschaft und der sowjetischen Intelligenz verstärkt die Partei ihren Einfluß in den verschiedenen Bereichen des kommunistischen Aufbaus. Die KPdSU erachtet es für notwendig, daß in ihrer sozialen Zusammensetzung die Arbeiter den führenden Platz einnehmen. Die Hauptbedingungen für die Aufnahme in die Partei waren und bleiben die politischen und fachlichen Qualitäten eines Menschen, Ehrlichkeit und Anständigkeit, die Bereitschaft, seine Kraft für die Sache des Kommunismus einzusetzen. Versuche, aus karrieristischen Erwägungen in die Partei zu gelangen, müssen entschieden unterbunden werden.

Die Zugehörigkeit zur Partei verschafft keinerlei Privilegien, sondern bedeutet lediglich höhere Verantwortung für alles, was im Lande geschieht, für den kommunistischen Aufbau, den gesellschaftlichen Fortschritt. Jeder Kommunist ist verpflichtet, Vorbild in der Arbeit und im Verhalten, im gesellschaftlichen und persönlichen Leben zu sein. Davon, wie umfassend die **Vorhutrolle der Kommunisten** sichtbar wird, hängt weitgehend die Festigung der Verbindungen der Partei zu den Massen und ihr Ansehen im Volke ab. Die Partei wird die Anforderungen an jedes Parteimitglied hinsichtlich seiner Haltung zu seinen Pflichten, seiner Ehrlichkeit und Sauberkeit als Genosse ständig erhöhen und es nach seinen Leistungen und seinem Verhalten beurteilen.

Die KPdSU sieht in der weiteren **Entfaltung und Vertiefung der innerparteilichen Demokratie,** in der strikten Einhaltung der Leninschen Normen des Parteilebens, in der Entwicklung von Kritik und Selbstkritik und in breiter Publizität das Unterpfand für die erfolgreiche Tätigkeit der Partei und hohe schöpferische Aktivität der Kommunisten.

Die Partei wird ihre gesamte Arbeit auch künftig auf der Grundlage des bewährten **Prinzips der Kollektivität** gestalten. Zu seiner weiteren Vervollkommnung und Entwicklung erachtet es die KPdSU für notwendig, die Rolle und die Bedeutung der Parteiversammlungen, Plenartagungen, Konferenzen und Parteitage, der Parteikomitees und der Büros als kollektive Führungsorgane zu erhöhen und günstige Bedingungen dafür zu schaffen, daß in der Partei die freimütige und sachliche Behandlung von Fragen ihrer Politik und praktischen Tätigkeit gesichert wird.

Um die demokratischen Prinzipien des innerparteilichen Lebens in der Praxis konsequent durchzusetzen, schenkt die KPdSU gleichzeitig der **Festigung der Parteidisziplin** unablässige Aufmerksamkeit. Eine feste, bewußte Disziplin der Parteimitglieder ist die notwendige Voraussetzung hoher sozialistischer Disziplin in allen Bereichen des Lebens der Gesellschaft.

Die erfolgreiche Tätigkeit der Partei und die wachsende Aktivität der Kommunisten sind untrennbar verbunden mit der weiteren Verbesserung der Arbeit der Parteigrundorganisationen. Als politischer Kern der Arbeitskollektive haben sie mit allen Mitteln die Verbindung der Politik der Partei mit dem lebendigen Schöpfertum der Massen zu fördern.

Die Partei wird stets die Einheit und Geschlossenheit ihrer Reihen festigen. Im Arsenal ihrer Mittel bewahrt sie die durch das Statut der KPdSU vorgesehenen organisatorischen Garantien gegen jegliche Erscheinungen von Fraktionsmacherei und Gruppenbildung. **Die unerschütterliche ideologische und organisatorische Geschlossenheit der Partei ist die wichtigste Quelle ihrer Kraft und Unbesiegbarkeit.**

Die KPdSU geht von dem marxistisch-leninistischen Grundsatz aus, daß das Volk der Gestalter der Geschichte und der kommunistische Aufbau das Werk seiner Hände, seiner Energie und seines Verstandes ist. Das lebendige Schöpfertum des Volkes ist Unterpfand all unserer Errungenschaften.

Die Partei ist für das Volk da, im Dienst am Volk sieht sie den Sinn ihrer Tätigkeit. Die Ziele und Aufgaben, die sie sich stellt, bringen die Hoffnungen und die Grundinteressen der sowjetischen Menschen zum Ausdruck. Die Partei wird auch weiterhin im Geiste ihrer hohen Verantwortung vor dem Volk wirken, ständig die Verbindungen zu den Massen erweitern und vertiefen, ihre Nöte und Sorgen teilen. Sie hält es für ihre Pflicht, sich ständig mit den Werktätigen über die wichtigsten Fragen der Innen- und Außenpolitik zu beraten, die öffentliche Meinung sorgsam zu berücksichtigen und die Parteilosen stärker in die Arbeit der Parteiorganisationen einzubeziehen. Je aktiver das Volk die Partei unterstützt, desto größeren Einfluß übt sie auf den Verlauf der gesellschaftlichen Entwicklung aus.

In ihrer gesamten Tätigkeit läßt sich die KPdSU unbeirrt von den **bewährten marxistisch-leninistischen Prinzipien des proletarischen, sozialistischen Internationalismus** leiten. Sie wird mit aller Kraft für die Festigung der Geschlossenheit der internationalen kommunistischen Bewegung auf der Grundlage des Marxismus-Leninismus wirken, brüderliche Beziehungen zu allen kommunistischen und Arbeiterparteien entwickeln und mit ihnen im Kampf für den Frieden, gegen die Gefahr einer nuklearen Katastrophe aktiv zusammenarbeiten. Sie wird deren Kampf für die Verteidigung der grundlegenden Interessen der Werktätigen, für nationale Befreiung, Demokratie und Sozialismus unterstützen.

*

Das ist das Programm der Kommunistischen Partei der Sowjetunion. Die Partei ruft die Kommunisten, alle Werktätigen – die Arbeiter, Kolchosbauern und die Intelligenz – auf, mit ganzer Energie die Erfüllung der im Programm gestellten historischen Aufgaben in Angriff zu nehmen. Die Partei ist davon überzeugt, daß die sowjetischen Menschen das Programm der KPdSU als ihre ureigenste Angelegenheit ansehen und alle Kräfte daransetzen werden, um es zu verwirklichen.

Durch eine bedeutende Beschleunigung des sozialökonomischen Fortschritts eine neue Qualität der Gesellschaft zu erreichen – das ist die Strategie der Partei. Die allseitige Vervollkommnung des Sozialismus gereicht jeder Familie, jedem sowjetischen Menschen zum Wohle. Sie führt zum weiteren Aufblühen unseres sozialistischen Vaterlandes und schließlich zum Triumph des Kommunismus.

Das Voranschreiten unseres Volkes zu diesem ersehnten Ziel wird die Anziehungskraft der Ideen des Marxismus-Leninismus und der Ideen von der Umgestaltung der Gesellschaft auf der Grundlage des Humanismus und der sozialen Gerechtigkeit vervielfachen. Diese Ideen erobern die Hirne und Herzen der Menschen durch das Beispiel einer vollkommeneren Organisation der Gesellschaft, des stetigen Wachstums der Produktivkräfte und der Gewährleistung der Bedingungen für die schöpferische Arbeit, für das Glück und den Wohlstand der Menschen, durch die entschiedene Ablehnung von Aggressionskriegen, durch die Durchsetzung der Prinzipien des Friedens *und der umfassenden Zusammenarbeit*[1] zwischen den Völkern auf der Grundlage von Gleichberechtigung und allgemeiner Sicherheit.

Die Kommunisten und alle Werktätigen unseres Landes blicken mit Optimismus in die Zukunft. Die Partei ist fest überzeugt[2], daß durch die selbstlose Arbeit des Sowjetvolkes, dieses schöpferischen und schaffenden Volkes, die gestellten Aufgaben gelöst und die vorgezeichneten Ziele erreicht werden.

UNTER DER FÜHRUNG DER PARTEI, UNTER DEM BANNER DES MARXISMUS-LENINISMUS HAT DAS SOWJETVOLK DEN SOZIALISMUS ERRICHTET. UNTER DER FÜHRUNG DER PARTEI, UNTER DEM BANNER DES MARXISMUS-LENINISMUS WIRD DAS SOWJETVOLK DIE KOMMUNISTISCHE GESELLSCHAFT ERRICHTEN.

1 neu hinzugefügt
2 Die Formulierung »wir vertrauen auf unsere Kraft und sind überzeugt« im Entwurf ist durch »Die Partei ist fest überzeugt« ersetzt worden.

Boris Meissner

Außenpolitik
und Völkerrecht
der Sowjetunion

Ausgewählte Beiträge

Die 16 Abhandlungen des bekannten
Völkerrechtlers und hervorragenden
Kenners der Sowjetunion ergeben einen
thematisch abgeschlossenen Komplex.
Während im ersten Teil die
außenpolitische Theorie und die
Völkerrechtslehre der Sowjetunion sowie
ihre Konzeptionen von »friedlicher
Koexistenz«, »proletarisch-sozialisti-
schem Internationalismus«,
Entspannung, Souveränität und
Selbstbestimmungsrecht der Völker
dargestellt und erörtert werden, ist der
zweite Teil den Triebkräften und Faktoren
der sowjetischen Außenpolitik gewidmet.
Eingehend wird die Entwicklung von
Stalins Imperium zum hegemonialen
Bündnis behandelt. Ein Beitrag gilt der
Einstellung der Sowjetunion zur
Intervention und dem Fall Afghanistan.
Andere Aufsätze befassen sich mit der
Außenpolitik in den Verfassungen der
UdSSR und der DDR und den
Bündnisverträgen beider Staaten. Der
Band schließt mit dem überaus
instruktiven Aufsatz über die
Beziehungen zwischen der
Bundesrepublik Deutschland und der
Sowjetunion von ihrem Beginn bis zur
Gegenwart.

359 Seiten, Paperback DM 38,00
ISBN 3-8046-8685-0

Verlag Wissenschaft
und Politik